講談社文庫

戦時下の外交官

ナチス・ドイツの崩壊を目撃した吉野文六

佐藤 優

講談社

はじめに

外交は人であるということを現役外交官時代に私は痛感した。

私が交遊をもった中で人柄が強く印象に残った人が数名いるが、イスラエルのエフライム・ハレビー元ＥＵ（欧州連合）大使もその一人である。イスラエルの場合、重要な外交交渉は外務省ではなくモサド（課報特務庁）が行う。ハレビー大使もモサド出身で、ヨルダンとの和平交渉をフセイン国王と休憩時間にトイレの中でまとめ上げるとか、単身、北朝鮮に乗り込んで弾道ミサイル「ノドン」の開発中止を迫るなど、インテリジェンス（課報）専門家の間でその活躍は有名だった。一九三四年生まれのハレビー氏は、一九九五年に六十一歳でモサドを副長官で引退した。その後、ＥＵ大使に転出し、表世界の外交官としてキャリアを全うするはずであったが、運命が別の方向に向いてしまった。

一九九七年から一九九八年にかけて、モサド秘密工作員をめぐる深刻なスキャンダルが露見した。まず一九九七年九月にモサドによる、ヨルダン在住のパレスチナ過激派「ハマス」指導者のハレード・マシャル政治局長の毒殺未遂が発覚した。それに続き、一九九八年二月にスイスのベルンで、モサドがイランとの関係が深いレバノン人の電話を盗聴していることが露見してしまったのである。さらに、これに関連したモサドの工作員がカナダの偽造パスポートを持っていたことから、大きな外交問題に発展した。暗殺未遂、非合法盗聴などの責任をとってダニ・ヤトム・モサド長官は辞任し、組織を立て直すために、ハレビー大使がイスラエルに呼び戻されモサド長官に就任した。

オックスフォード大学が生んだ著名な政治哲学者アイザイア・バーリンの親族であるハレビー長官は学識豊かで、思考も柔軟だが、同時に目的達成のためには手段を選ばず、欺瞞工作を巧みに用いる。なぜか私はハレビー長官に気に入られ、インテリジェンスの基本哲学について教えられた。

「調査のための調査、分析のための分析はインテリジェンスの世界に存在しない。インテリジェンスは常に目的のために教養を用いる」

「インテリジェンスは時間的制約の中で判断を求められる。時間という要素を常に頭に入れろ」

「インテリジェンスの世界では、成功した工作は痕跡が残らない。従って、工作がもっとも上手くいっているときと、何もしていないときが表面上は同じように見える」

「神を畏れよ。国家のために、われわれは、現実政治の世界で、真実を隠蔽したり、嘘をつかなくてはならないこともある。しかし、歴史に対して嘘をついてはいけない。神がすべてを見ている」

「インテリジェンス機関の命は人間である。人間を大切にしない組織は、ほんとうの成果をあげることはできない」

「友人をつくるときは、慎重に過ぎるほど慎重になれ。しかし、ひとたび友人になったら、その友人の命を自分の命と同じくらい重いものと思え」

食事や旅行をしながらの雑談で、ハレビー長官が述べたこのような発言が私の記憶に鮮明に残っている。ハレビー長官は熱心なユダヤ教徒で、神への祈りを絶やさなかった。

詳しく事情を披露するとイスラエルの友人たちに迷惑をかけることになるので差し控えるが、二〇〇二（平成十四）年五月、鈴木宗男疑惑絡みの事件で私が東京地方検察庁特別捜査部に逮捕され、五百十二日間勾留されたときも、イスラエルの友人たちからは常に連絡が入ってきた。

ハレビー長官の指導でモサドは完全に立ち直った。二〇〇三年六月にハレビー氏はモサド長官職を退き、エルサレムのヘブライ大学教授に就任した。私のことを心配して、ハレビー氏からメッセージをいくつもいただいたが、返事を出せずにいる。ハレビー氏に返事をするときには、その後の日本外務省のインテリジェンスをめぐる現状について語らないと不自然であるが、このテーマについて実態を説明することは恥ずかしくてとてもできないからだ。コンピュータに向かってインテリジェンスのテーマに関する原稿を書いていると、ときどき、「神を畏れよ」「真理を畏れよ」「歴史に対して嘘をついてはいけない」というハレビー氏の声が頭の中で響く。

二〇〇六年七月二十六日、私は横浜の吉野文六氏（元外務省アメリカ局長）の私邸を訪問し、沖縄返還密約問題を中心にお話をうかがったが、このとき私の頭の中でハレビー氏の言葉が再び響いた。

沖縄返還密約問題とは、一九七一（昭和四十六）年に調印された沖縄返還協定で、アメリカの資産買い取りや、核兵器の日本国外への移転費用として、日本側が支払う三億二〇〇〇万ドルの中に、本来ならばアメリカが支払うべき軍用地の復元費四〇〇万ドルを日本が肩代わりして支払う密約がなされていたという事案だ。密約疑惑を報じたのは、毎日新聞記者（当時）の西山太吉氏である。西山氏は、安川壮外務省外務審議官付の蓮見喜久子事務官から四〇〇万ドルの密約を裏付ける公電の写しを入手した。この公電をもとに社会党（当時）の横路孝弘衆議院議員が国会質問を行った。西山氏、蓮見氏は国家公務員法第一〇〇条の「秘密を守る義務」に違反したとして、逮捕、起訴され、裁判では両名の有罪が確定する。いわゆる「西山記者事件」である。

ところで、二〇〇九年六月まで外務省に在職していた間、私の言論、執筆活動に対して、外務省は基本的に黙殺するという姿勢をとっていた。外務省の内規（寄稿・出版届）に従って、事前に原稿を提出しても、ほとんどの場合、何のコメントもないのであるが、沖縄返還密約問題を扱うと、当該部分を「削除ありたい」という激しい反応が返ってきた。このことから沖縄返還密約問題について外務省がきわめて神経質になっていることがわかった。

「敵が嫌がることを徹底的に行う」というのはインテリジェンスの定石なので、私は、吉野文六氏と西山太吉氏から直接インタビューをとり、それによって外務省の欺瞞を実証的に明らかにすることを試みた（「外務省『犯罪白書』第五回　吉野文六元アメリカ局長インタビュー」『現代』二〇〇六年十月号、「同第六回　西山太吉元毎日新聞記者が語る35年目の真実」『現代』二〇〇六年十二月号）。

横浜市の私邸で、これまで沖縄返還密約を頑強に否定していた吉野氏が、何故に密約があったという真実を二〇〇六年二月になって初めて公に認めるようになったかについて、真意を端的に質《ただ》した。

吉野氏は、

結局、私の署名なり、イニシャルのついた文書が、アメリカで発見されまして、これはおまえのサインじゃないか、イニシャルじゃないかと言われたら、肯定せざるを得ないという話です。

と淡々と答えた（「外務省『犯罪白書』第五回」）。
インタビューの最後に私は吉野氏にこう問いかけた。

――この期に及んで、アメリカから公文書が出てきて、当事者である吉野さんがそういった約束があったということを言っているにもかかわらず、なぜ外務省が事実を明らかにしないのか、私には理解できません。ここで事実を明らかにしたほうが国民の外交に対する信頼は増すと思うんです。

吉野　沖縄協定は氷山の一角で、外務省にはまだ公表していない、あるいは公表すると差し支えがあると思うような、協定がほかにもあるでしょう。外務省がアメリカ式に三十年ごとに公表することができないセット・アップであるならば、現段階では私はそれでいい、仕方がないことだと思います。しかし、いずれは日本も三十年とはいわないまでも、四十年、五十年を経た文書は公表されていくだろうと思っていますがね。それはあなたの言われる歴史の真実を伝えるためにそういうことをしていかなければならないだろうと、私は思うんです。

吉野氏とこのやりとりをしたとき、私にハレビー元長官の「神を畏れよ」「真理を畏れよ」「歴史に対して嘘をついてはいけない」という声の記憶が鮮明に甦ってきたのである。最初は、なぜ私にそのような記憶が甦ってきたのか自分でもよくわからなかったのであるが、しばらく時間が経ってから吉野氏には類《たぐ》い稀なインテリジェンス感覚があることに気づいた。戦後、アメリカは日本の対外インテリジェンス活動を封印してしまった。しかし、国家はインテリジェンス抜きに存在できない。従って、通常の外交活動の中にインテリジェンスが潜っていくことになる。

前述の吉野氏とのインタビューをもとにした原稿の締めくくりを私は以下のようにした。

〈外交官は国民と歴史に対して謙虚でなければならない。重要な外交交渉について真実の記録を残さないという現下外務官僚の為体《ていたらく》が外務省の隠蔽体質を助長し、犯罪を多発させる温床になっているのだと思う。吉野文六氏は青年外交官としてみたナチス・ドイツ第三帝国の崩壊の姿から学んだ「国民に嘘をつく国家は滅びる」という歴史の法則を、沖縄密約に関する証言をリスクを冒して行うことで、後輩の外交官たち

に伝えようとしているように筆者には見えた。〉（同右）

この締めくくりで私が述べた内容を、日本外交を最前線で担う若き外交官たちに対してのみならず、もっと広範な、日本外交を憂えるすべての日本人にきちんとした言葉で伝えたいという思いが、時間の経過とともに強くなり、私は二〇〇七年五月十六日、吉野邸を再訪し、私の意図を伝え、回想録作成について吉野氏の了承を得た。

これから吉野氏に道案内を頼み、私は読者を戦前、戦中の世界に誘《いざな》いたい。旧制高等学校で国際スタンダードの教養を身につけた青年外交官が、ファシズムと戦争の時代をどのように観察したかを追体験したい。そして、ナチス・ドイツ第三帝国崩壊過程を吉野氏の視座からたどることで、現下の閉塞状況にある日本国家の崩壊を避けるためのヒントを得たいと考える。日本では対外インテリジェンス機関の創設が焦眉の課題になっているが、このような任務に堪えうる人材育成についても、教養、国益観の両面において吉野氏から学ぶべきことが多い。

以下、吉野氏の発言のうち、出典を記していないものは、私が直接取材したものである。本文中の敬称は原則として略すことにする。

はじめに――3
第一章　教養主義――19
第二章　若き外交官のアメリカ――79
第三章　動乱の欧州へ――115
第四章　学究の日々と日米開戦――149
第五章　在独日本大使館・一九四四――215

第六章　ベルリン籠城——247
第七章　ソ連占領下からの脱出——317
第八章　帰朝——377
吉野文六　ドイツ語日記——427
あとがき——499
文庫版あとがき——503

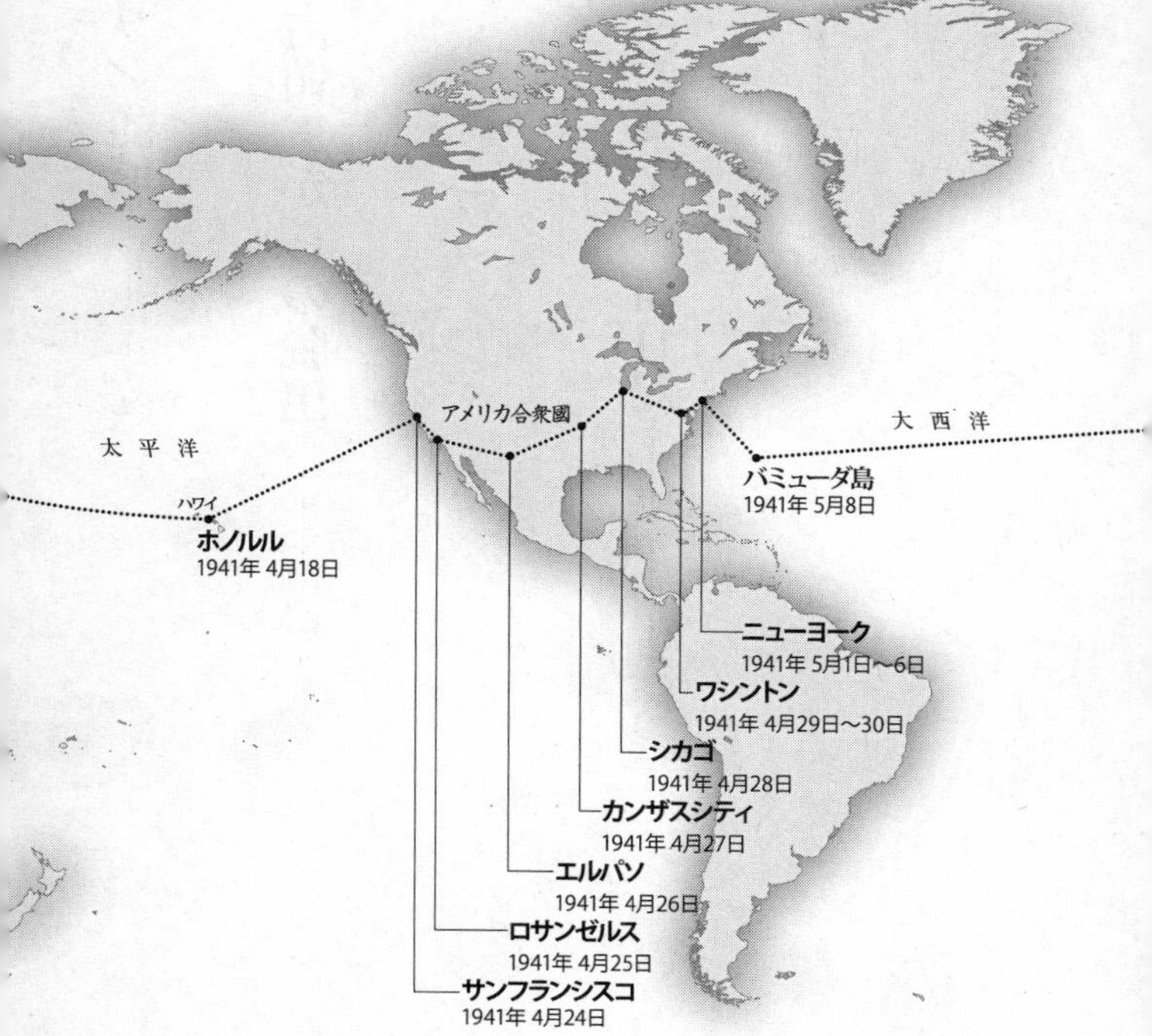
太平洋
ハワイ
ホノルル
1941年 4月18日
アメリカ合衆國
大西洋
バミューダ島
1941年 5月8日
ニューヨーク
1941年 5月1日〜6日
ワシントン
1941年 4月29日〜30日
シカゴ
1941年 4月28日
カンザスシティ
1941年 4月27日
エルパソ
1941年 4月26日
ロサンゼルス
1941年 4月25日
サンフランシスコ
1941年 4月24日

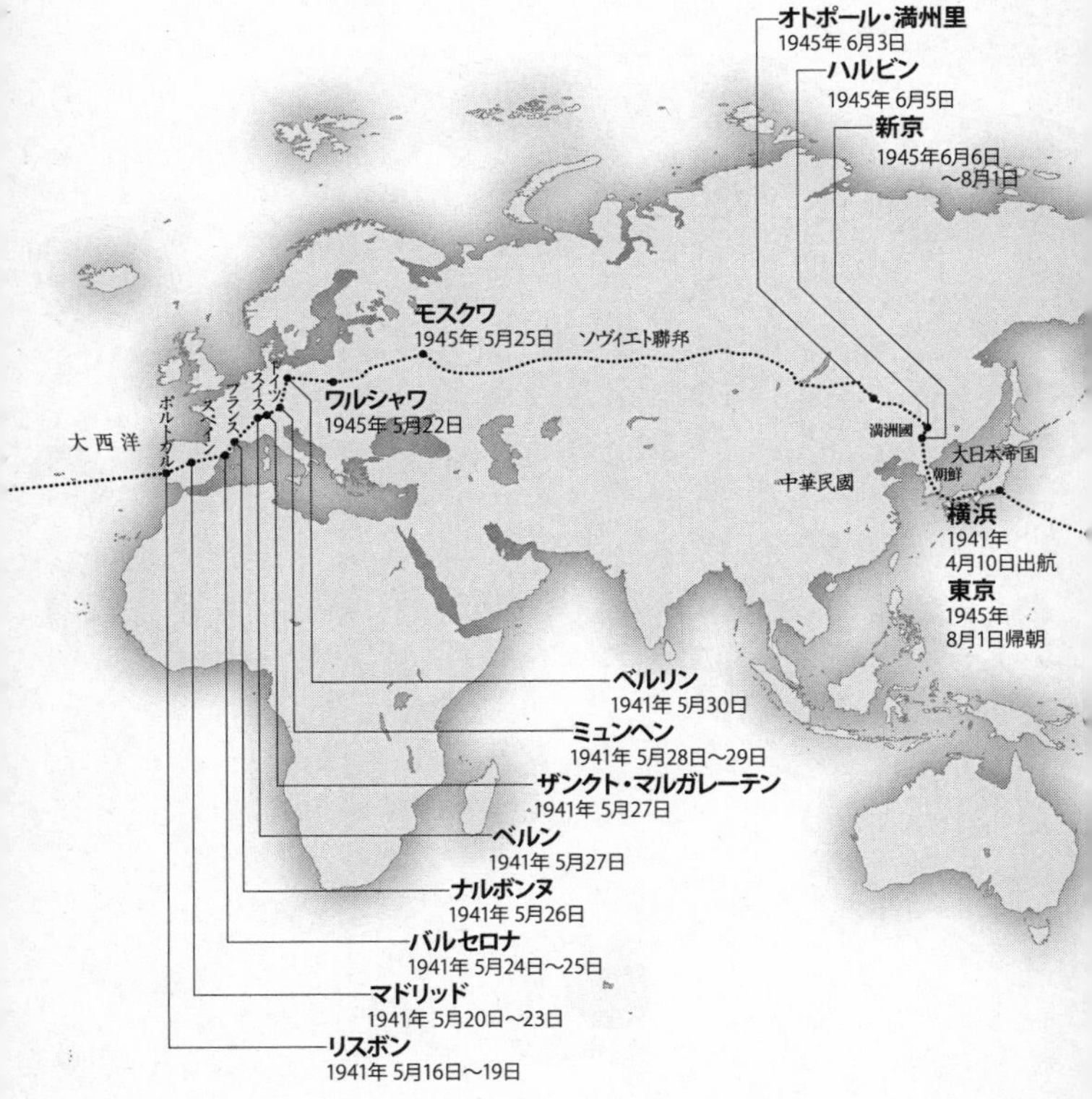

オトポール・満洲里
1945年 6月3日
ハルビン
1945年 6月5日
新京
1945年6月6日
〜8月1日
モスクワ
1945年 5月25日
ソヴィエト聯邦
ワルシャワ
1945年 5月22日
ドイツ
スイス
フランス
スペイン
ポルトガル
大西洋
滿洲國
中華民國
大日本帝国
朝鮮
横浜
1941年
4月10日出航
東京
1945年
8月1日帰朝
ベルリン
1941年 5月30日
ミュンヘン
1941年 5月28日〜29日
ザンクト・マルガレーテン
1941年 5月27日
ベルン
1941年 5月27日
ナルボンヌ
1941年 5月26日
バルセロナ
1941年 5月24日〜25日
マドリッド
1941年 5月20日〜23日
リスボン
1941年 5月16日〜19日

戦時下の外交官

ナチス・ドイツの崩壊を目撃した吉野文六

第一章　教養主義

父・吉野勝六

母・ふく

父・勝六を中心に撮られた家族の集合写真。右から二人目が吉野。時計回りに妹、三人の弟たち、末弟を抱く母・ふく、姉、父、お手伝いと住み込みの書生たち

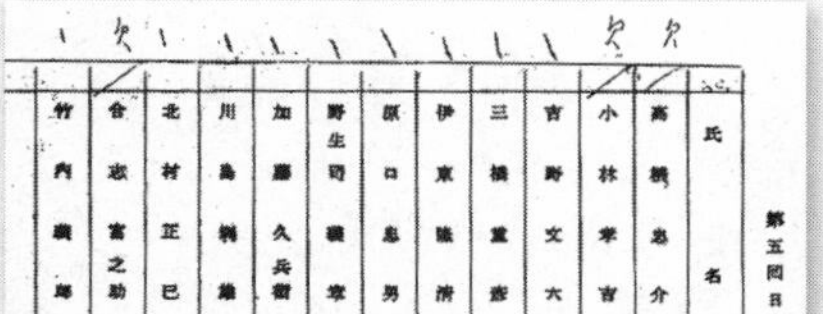

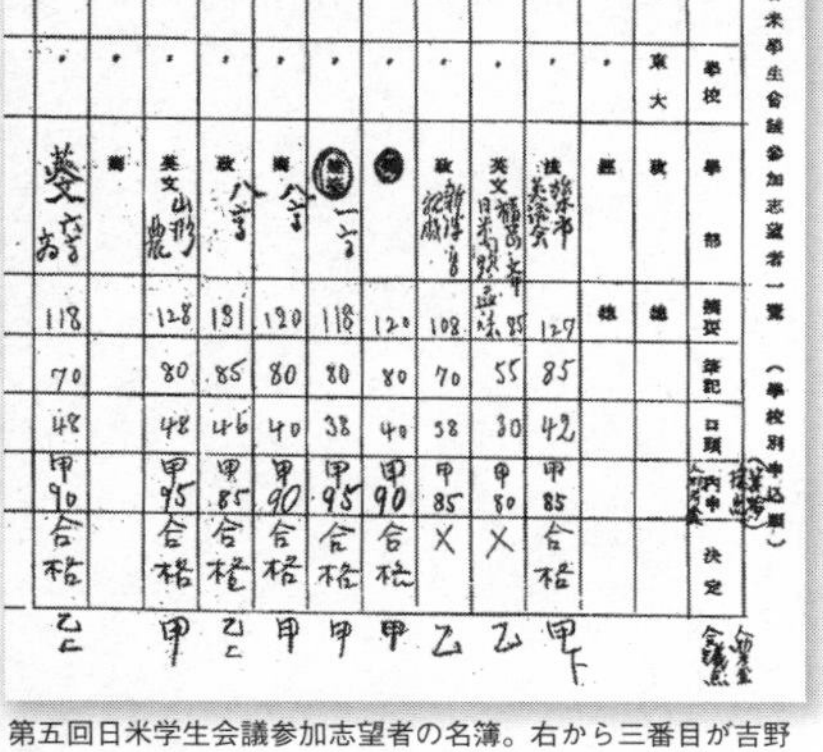

第五回日米學生會議參加志望者一覽（學校別申込順）

氏名	學校	學部	摘要	筆記	口頭	內申	決定	
高橋忠介	東大	政	[illegible]					
小林孝吉	〃	經	[illegible]					
吉野文六	〃	法	127	85	42	甲 85	合格	甲下
三橋[illegible]	〃	英文	85	55	30	甲 80	×	乙
伊東[illegible]清	〃	政	108	70	58	甲 85	×	乙
原口忠男	〃	[illegible]	120	80	40	甲 90	合格	甲
野生司[illegible]	〃	[illegible]	118	80	38	甲 95	合格	甲
加藤久兵衛	〃	[illegible]	120	80	40	甲 90	合格	甲
川島[illegible]	〃	政	131	85	46	甲 85	合格	乙
北村正巳	〃	英文	128	80	48	甲 95	合格	甲
合志富之助	〃	[illegible]						
竹内[illegible]郎	〃	[illegible]	118	70	48	甲 90	合格	乙

第五回日米学生会議参加志望者の名簿。右から三番目が吉野

吉野文六

南原繁東大総長

銃声が止んだようだ。

一九四五（昭和二十）年五月二日、ドイツ軍は組織的抵抗を止め、ベルリンは陥落した。在ドイツ帝国大日本帝国大使館外交官補の吉野文六（当時二十六歳）は、大使館の地下壕から一階に上がった。地下壕は中庭の下にあり、大使館の地下一階とつながるようになっていた。久しぶりに見る陽の光で目が痛い。地下壕への籠城は四月二十一日から五月二日までの約二週間で済んだ。

日本大使館に近接してドイツ陸軍省があったため、流れ弾で大使館の窓ガラスはほとんど割れ、自慢のシャンデリアも床に落ちて粉々になっている。日本はまだソ連と外交関係を維持している。そのことに配慮して、ベルリンに総攻撃をかけたソ連軍も日本大使館へ本格的攻撃を仕掛けることは避けたようである。それでも大使館に砲弾が数発当たったが、大事には至らなかった。運が良かったのだ。

ある朝起きると大使館のロビーの絨毯の上に一トン爆弾の不発弾が落ちていたことがある。もし爆発すれば、大使館全体が吹っ飛んでしまう。信管を外す技術をもっている者もいないので、ドイツ人の現地職員が絨毯にくるみ、四人くらいで持ち上げて、大使館の外に運び出した。大使館の前にティーアガルテンという公園がある。直訳すると動物園だが、動物のいないただの公園だ。爆撃で公園内の樹木も相当なくなっている。その真ん中に、現地職員は不発弾を放置してきた。

四月十四日、大島浩大使（陸軍中将）をはじめとする大使館員の大多数はドイツ南部の温泉地バート・ガシュタイン（戦後はオーストリア領）に避難したが、吉野を含む十人の大使館員と数名のドイツ人現地スタッフは「決死隊」として、ベルリンに残留することを命じられた。その間、大島大使から、「酒と肴をもってこい」と命じられ、吉野はバート・ガシュタインとの間を二度往復している。米軍のP51戦闘機の執拗な機銃掃射を免れたのは、奇跡としかいえない。

吉野はちょうど四年前、一九四一（昭和十六）年五月に、外務省研修生としてベルリンに着任した際、大島大使に食事に招かれたときの様子を思い出した。大島に関しては、東京で耳にした話から、ヒトラー崇拝者の武闘派という印象をもっていたが、実際に会ってみると、他人の見解にも耳を傾ける大いなる常識人だ。この食事の席で大島に投げかけられた質問が吉野の記憶に焼き付いている。

「君、外交官の仕事は何と心得るか」

「大使閣下、国際紛争を極力外交交渉によって、平和裏に解決することです」

「吉野君、君の考え方は古い。外交の選択肢に戦争も含めて考えるべきである。戦争を恐れてはいかん。松岡（洋右外相）の奴がスターリンと中立条約など結んで。バカなことをしたもんだ。ドイツは必ずソ連と戦争をする」

大島浩は一八八六（明治十九）年四月十九日、岐阜県で生まれた。陸軍幼年学校から士官学校に進み、陸軍大学校を卒業した後は参謀畑に進む。一九三四（昭和九）年にドイツに駐在武官として赴任した後、ヒトラーのブレインであったリッベントロップ外相と親交を深め、外務省を迂回して日独防共協定（一九三六年十一月）の締結に向け強力な働きかけをする。一九三八年十月にドイツ大使に就任した後は、防共協定を同盟に発展させようと腐心する。しかし、一九三九年八月二十三日に独ソ不可侵条約が締結された。これは日独防共協定と矛盾する。同二十八日、日独防共協定違反に対する政治責任を取り平沼騏一郎首相は、「欧州情勢は複雑怪奇」という有名な発言を残して総辞職する。大島も帰朝（外務省用語で帰国のこと）を命じられ、同年十二月二十七日に大使職を解かれる。

その後も、日独提携を働きかけ、一九四〇年九月二十七日に日独伊三国同盟が調印された後、同年十二月二十日、ドイツ大使に再任命される。一九四五年五月、避難先のバート・ガシュタインでアメリカ軍の捕虜になる。日本に送還され、極東国際軍事裁判（東京裁判）においてA級戦犯として起訴され、終身刑の判決を言い渡される。一九五五年に減刑で出獄した後には、公的な席には一切顔を出さなかった。一九七五年六月六日死去、享年八十九。

戦後、外務省は、「大島大使による二元外交が国を誤らせた」という論理で、外交案件をすべて外務省が独占する「外交一元化」を実現した。しかし、「軍部による二元外交」という言説は、実際には牛場信彦（元事務次官）をはじめとする日独伊三国同盟を推進した外務官僚の責任から目を逸らす役割を果たした。

大島大使が吉野研修生に述べた「外交の選択肢に戦争も含めて考えるべきである」という「新しい外交哲学」は、典型的な帝国主義者の発想で、それほど新しいものではない。第一次世界大戦の大量殺戮と破壊の経験を経て生まれた国際協調外交が破綻し、再び帝国主義外交の地金が出てきたに過ぎない。十九世紀ドイツの軍事学者クラウゼビッツの『戦争論』には、「戦争は政治の延長である」という有名なテーゼがある。

吉野も、大島は恐らくそのことを念頭に置いてこう言ったのだろうと考えた。それに大島が自信をもってドイツはソ連と戦争すると言っている。独ソ不可侵条約をドイツが反故《ほご》にするという情報を大島はヒトラー側近からつかんでいるのであろう。大島がヒトラー政権中枢に食い込んでいるというのは事実のようだ。しかし、「外交の選択肢に戦争を含める」という大島の考えは違うと思ったことを吉野は昨日のことのように覚えている。

それにしても、ソ連軍が近づいてきたときのあの大島のうろたえようは情けなかった。大使館の地下壕だって、リッベントロップ外相が大島のために特別に造ったものだった。自家発電機、空調施設を整えた、長期籠城に耐えることができる地下壕だ。ヒトラーと最期をともにしようと大島は思わなかったのだ。いざとなると自分の命が大切になる。それはそれで人間らしくていいじゃないかと吉野は思った。

吉野の思考は、大使館の扉を激しく叩く音で中断された。扉を開けると、泥だらけの戦闘着に身を包んだソ連兵が三〜四名飛び込んできた。

「マダム、ダワイ！（女を寄こせ）」と言う。

「ここには女はいない」と、吉野や他の大使館員たちが返答したが、ソ連兵は「マダム、ダワイ！」を繰り返す。

実は大使館にはドイツ人の女性タイピストが二人いる。二人ともユダヤ系だ。日本大使館は、あえてユダヤ系ドイツ人を雇用していた。親日だが反ナチスというドイツの知識人は多かった。そのような人々の依頼に応じて、日本大使館は、あえてユダヤ系ドイツ人を庇護したのだ。同盟国である日本の大使館に勤めているならばゲシュタポ（秘密国家警察）もうかつに手を出すことができない。ソ連軍が侵攻してきたドイツ東部で、無差別に婦女子が陵辱されたことについては、大使館にも正確な情報が入ってきていた。前線部隊にしばらく遅れてコミッサール（共産党員の政治将校）が入ってくる。それまで、ソ連軍は赤軍兵士によるレイプや略奪をあえて見逃し、一種の「ガス抜き」をさせているようだ。地下壕の底にマンホールがあった。二人のタイピストにはパンと水だけを与え、マンホールの蓋を閉め、隠れさせている。

吉野らはソ連兵に対し、「日本はソ連と外交関係をもっている。国際法に基づき大使館の領域は不可侵権を享受するので、ここに立ち入ってはならない」と伝えるのだが、聞く耳をもたない。最前線で戦ってきた兵士のようで、ドイツ語は全く話さないが、身振り手振りと、ドイツ語とロシア語に共通する断片的な単語から、相手が言っていることはだいたい推察できる。

「国際法の不可侵権など知ったことじゃない。俺たちはスターリングラードから歩いてベルリンまで来たんだ。とにかくまず女を出せ!」

吉野を押しのけて、ソ連兵は地下壕に入ってきた。女を探索したが、見つからない。そこで、食料と万年筆や時計を略奪して出て行った。一人の兵士は、左腕の上のほうまで時計を六~七個も巻き付けている。強い力で巻きすぎるものだから、ゼンマイが切れて動かなくなってしまう。そうすると「ウーメリ(死んだ)」と言って、時計を投げ捨てる。

二人のタイピストが無事でとりあえずよかった。その瞬間、吉野は横浜で待っている許嫁《いいなずけ》の節子のことが気になった。横浜も空襲に遭ったはずだ。長野県松本で弁護士を開業する父勝六は電話を引いていたので、四月初めに国際電話で話をしたときには、父も母も元気ということだった。その頃までは、ベルリンの無線電話局が稼働していたので、日本との通話も可能だったのである。
吉野は山に囲まれた故郷のことを思い出した。再び、両親や節子と顔を合わせることができるのだろうか。先のことは全く予測できなかった。

本に囲まれた幼少時代

吉野文六は、一九一八（大正七）年八月八日、長野県松本で、父勝六と母ふくの間に生まれた。七人兄弟姉妹の二番目、長男である。勝六は松本郊外の麻績《おみ》村字野口の農家に生まれた。勝六の父は、これからの時代は高等教育が重要になるという認識をもち、子どもたちの教育を重視した。勝六は松本中学（現松本深志高校）から金沢の第四高等学校に進み、東京帝国大学法科大学（東京大学法学部の前身）を卒業して、松本で弁護士を開業した。

吉野　親父には兄弟姉妹が本当は六人いたんです。親父よりも上の兄貴がいましたが、十六歳くらいのときに亡くなったらしいんですね。それで結局、親父が自分の弟たちの面倒を全部みることになり、それぞれ学校へやって、医者にしたり、養子に出したりした。そういうことで、親父は松本で法律事務所を開業したんです。当時は司法試験なんて受ける必要がなくて、大学の法科を卒業すれば弁護士になれましたからね。

――なぜお父様は弁護士を選ばれたんですか。官僚になるという道がごく普通にありましたよね。

吉野　その頃なら、官僚になるのが普通なんでしょうね。しかし、弟妹がたくさんいて、彼らを教育しなきゃいかんということもあって、早いところ郷里で一家を構えたんだろうと思います。

当時、高等文官試験に合格して官僚になると高給を保証されていた。東京帝国大学出身者の数も少なかったため、エリート間には現在では追体験できないような相互扶助の習慣もあった。つまり官僚を実業界で成功した人々が経済的に支援するということもよくあったので、東京にとどまっても、仕送りで松本の一族郎党を養うことは可能だったはずだ。しかし、勝六は故郷に戻ることを選択した。惣領としての意識が強かったとともに、地域共同体のために貢献したいという気持ちもあったのだと思う。勝六は、弁護士になってからも小作争議で農民側の弁護を引き受けている。

吉野は次のように回想する。

自宅が法律事務所になっていましたから、私の家にはいろんな人が出入りしていました。小作争議や人権蹂躙《じゆうりん》の問題を相談する声が、自然に、私の耳にも入ってくるわけです。子どもですから詳しいことはわからないけれども、中学生頃になると「けしからんな」と思うようになりました。

文六の母ふくは十六歳のときに勝六に嫁いだ。嫁ぐ際に弟と妹をひとりずつ連れてきた。勝六は、自らの弟妹と、ふくの連れてきた義理の弟、妹をわけへだてすることなく面倒をみた。義理の妹は勝六の下で学んでいた書生と結婚する。この文六からみると母方の義理の叔父は後に、現代風にいえば人権派弁護士になる。

吉野　ただ、親父も小作争議や人権蹂躙の問題ばかりやっているわけではなかったので、そういうときは親父に代わって、若い叔父が一生懸命やっていました。家にやって来ると、書生たちとそういう問題について話し合ったりしていました。それだけでなく、貧しい家の娘が芸妓に売られたり、奥さんが虐待を受けたりという家庭内の問題もよく持ち込まれていましたね。

——意識しないうちに、社会にはさまざまな問題があるということを知っていったわけですね。

吉野　そうです。生活が苦しい親が十歳くらいの子どもの手を引いて連れてきて、「先生のところで使ってやってください」と頼みにくることもありましたよ。「飯を食べさせてくれるだけでいい、月給も何もいらないから」と置いていくんです。そうすると仕方がないから私の家で引き取って、それぞれ学校に通わせてやったり、お手伝いさんとして働いてもらったりしていましたよ。

——吉野さんの家で面倒をみてあげるんですね。

吉野　なかには、後妻をもらった男が先妻との間にできた娘を置いていったことがありました。そういう親に限って、地方選挙が好きでね。私の親父は、選挙のたびに出てくれ、出てくれと請われて、結局、県会議員まで行ったんですが、この男が選挙があると私の家にやって来て、いかにも支援者のふりをして、酒を飲んだり、飯を食ったりして帰っていくんです。そしてどういうわけか、来るたびに、お手伝いとして働いている実の娘をいじめるんですよ。その様子をみて、私たち兄弟は非常に腹が立ってね。「なんだ、この親父は。けしからんやつだ」と娘の味方をしたものですよ。

吉野は、子どもの頃から常に本や雑誌がそばにある環境で育った。活字好きは生涯抜けないようで、私が吉野邸を訪れるときも、テーブルの上の書見台にはいつも洋書が開かれており、部屋には『フィナンシャルタイムズ』の最新号が置かれている。最初に触れた本は、鈴木三重吉が創刊した『赤い鳥』だ。

――そうすると、お父さん、お母さんが活字に触れるような環境というのを、その頃からつくっていたわけですか。

吉野　大家族だったので、家では、みんな本や雑誌を読んだり、聞いたり、話したりするわけですから、活字はべつに積極的にこちらが探したわけではなくても、自然と入ってきましたね。『赤い鳥』は、それから間もなく廃刊になったんです。それで小学校二年頃から『幼年倶楽部』をとり、小学校四年のときから『少年倶楽部』に切り替えました。

『幼年倶楽部』『少年倶楽部』は大日本雄弁会講談社（講談社の前身）が発行した子ども向け月刊誌で、田河水泡の「のらくろ」、江戸川乱歩の「少年探偵団」は『少年倶楽部』に連載された。吉野は、小学校時代から「綴り方」（作文）が得意だった。

小学校卒業後、進学校である松本中学に入学するのだが、その後の吉野の選択が少し変わっている。東京の第一高等学校（駒場の東京大学教養学部の前身）ではなく、地元の松本高等学校に進学するのだ。旧制高校は最終的に三十九校になったが、そのうち明治期に創設された第一高等学校から第八高等学校（一・東京、二・仙台、三・京都、四・金沢、五・熊本、六・岡山、七・鹿児島、八・名古屋）は、早期から官界、政界、財界に多くの人材を輩出してきたので、他の高等学校と区別して〝ナンバースクール〟と呼ばれていた。政官界を目指す上昇志向の強い青年は一高から東京帝大法学部というコースを志向するのが通例だった。成績優秀だった吉野は、中学四年（旧制中学は五年制だが、四年生から高校受験資格があった）で入学試験に合格し、一九三五（昭和十）年に松本高等学校に入学する。なぜ超エリートコースである一高を選ばなかったのか。

――中学校から高校に上がるときに、一高とか三高をお考えにならなかったんですか。

吉野　特に一高へ行きたいとかいうアンビション（野心）はなかったですね。親父は一高に行けとかなんとか言った記憶はあります。私は家から通うのがいちばんいいと考えました。一高は全寮制で、私は寮生活をしたいとは思わなかった。また私の叔父――母が連れて来た弟――は、松本高等学校へ行っていたんですよ。それが私より十二歳ぐらい年長でしたが、その影響もあります。

――そのへんのところが面白いです。というのは、吉野さんはその後、外務審議官という外務省の中枢まで上ります。他の外務省幹部になる人たちは、だいたい一高とか三高に、中学生のときから行きたがるようなタイプが多いでしょう。そのところを自宅から通いたいという理由で、近いところにある高校に行くという発想はあまり官僚型じゃない感じがするんですね。

吉野　そういう意味のアンビションというのはないですね。

――あるいは裏返すと、自分の内側に自信があるわけですね。べつにナンバースクールを出ていようがどうだろうが関係ないと。

吉野　そもそも私は、学歴とかそういうものはあんまり重視しないですね。

――おそらくは上司としても、部下を見るときに人物本位で見たと。

吉野　それはそうです。だから、私が課長をしていたときも、事務官がどこの大学出身だかなんだかということを聞いたこともないし、また今もそれを覚えていないですよ。

――そういうところが面白いのです。群れをつくらないという吉野さんは、日本の中で、官僚の中で非常に珍しいと思うんですね。

吉野　そうですね。だいたい外務省に入ったというのが、私の経歴としてはおかしいですね。

外務官僚の回想録は、そのほとんどが自慢話の羅列か、たいして重要でもない話にふくらし粉をいれたものがほとんどだ。この種の本は読むだけ時間の無駄である。不思議なことであるが、現役外交官時代に鋭い見識をもっているので私が尊敬していたロシア・スクール（ロシア語を研修し、主にソ連、ロシアとの外交案件を担当した外交官）の元幹部でも、退官して数年経つと愚痴が多くなる。愚痴のほとんどが、「自分が担当していたときは、北方領土交渉はうまくいっていたのに、その後ダメになった」「自分の能力が正当に評価されていない」という筋書きに収斂《しゅうれん》する。年長者には礼を尽くさなくてはならないので、現役外交官時代は私も黙って先輩外交官の話を聞いていたが、率直に言って不愉快であった。だから決してあいづちは打たなかった。このような元外務省幹部はロシア語力、人脈形成能力、教養に関して実は劣等感を強くもっている。それが退官後にこのような虚勢に形を変えて現れるのだ。吉野にはそのような卑しさがない。それは、吉野が自分の能力に対して心底自信をもっているからである。

松本高校では、図書館に籠もる秀才型学生が少ないので、吉野には好都合だったという。私も同志社大学神学部で学んだときに同じような感想をもったことがある。

吉野　むしろ、松本高校へ入ったおかげで、図書館の本を自由に読むことができました。図書館へ行きますと、一応の洋書がたくさん揃っているわけです。注文すればすぐ貸してくれる。「その本は誰かが読んでますよ」と言われるような貸し出し中だったことがほとんどないんですよ。これはありがたいことだなと思ったですね。おそらく一高とか三高とか、優秀な学生がたくさんいるところじゃ、みんな争って読んでいたかもわからないし。

――私も入学試験の偏差値からいうとほんとに低い同志社大学神学部に行きました。ただし、今でも同志社の神学部で勉強をすることができてほんとうによかったと思っています。神学部図書室が実に充実しているんですよ。それから学校に学生がほとんど来ないんです。図書室には自分の机もありました。だから十数万冊の神学や哲学の専門文献に囲まれて、私が借りるのが初めてだというドイツ語や英語の本もたくさんありました。十九世紀に同志社に入ってきた本のページを、初めて繰る。そういう本に行き当たったときは非常に愉快でしたね。

吉野　本当にそういうことですね。だから、図書館というのは非常にありがたいなと思いましたよ。もっとも高等学校の教育なんていうのはほとんど勉強しなくていいんですからね。

――ただ、旧制高等学校というのは教養を自分でつけないといけないってみんな思うじゃないですか。

吉野　そうそう。それができるわけですよ。

――エリートという言葉は、日本語では少し嫌らしい響きがありますが、本来の価値中立的な意味でのエリートは、国家、社会のために不可欠です。エリートになるためには教養が必要なんだけれども、言わずもがなで、高校時代にみんな教養を身につけようとするじゃないですか。

吉野　その意味では、高等学校は非常にエンジョイしたですね。

教養とは、教師の指導によってではなく、自らの意思によって身につけるものなのである。吉野が松本高校時代に好んで読んだ本の傾向も、ドイツ古典哲学を基本形とした戦前の教養主義の標準からは少しずれている。カント、ヘーゲル、ショーペンハウエル、ニーチェのようなドイツ観念論系統の哲学書、マルクス主義関係の書物ではなく、アダム・スミス、ジョン・スチュアート・ミル、ウィリアム・ジェームズら実用性を重視するイギリスの経験論やアメリカのプラグマティズム系統の書物に惹かれていった。

吉野　哲学といっても、西田幾多郎や、天野貞祐などの書いた本に初めから取りかかっていたら、おそらく私は哲学嫌いというか、入り口のところで訳がわからなくなったでしょう。図書館には、アメリカの哲学の本がたくさんあったんですよ。アメリカの哲学書も、一応、観念論などの哲学も説明しているんですが、彼らのいう哲学というのは、ユーティリテリアンといって……。

――実用性を重視するということですね。

吉野　そう。ともかく哲学というのは、有効でなきゃいかん、有効というのか、利益をもたらすようなものが哲学でなきゃいかんというようなことが書いてあるわけですよ。

――ウィリアム・ジェームズとか、ジョン・デューイなんかの流れですよね。英米系哲学に惹《ひ》かれたということですね。

吉野　そうそう。ジョン・スチュアート・ミルの『自由論』だとかも、その中に入るわけですよね。アダム・スミスも読みました。そういうのを読んでいると面白かったです。

――当時の知的な風土の中では珍しいですね。普通は、カントであるとか、西田幾多郎だったらヘーゲルだとか、みんなそっちの方向へ行っちゃうんですけどね。

吉野　そうそう。西田哲学などから入っていたら、これはよくわからないということになったんでしょうが、初めに、世界に利益のある考え方、あるいはそのような行動がいいんだというようなことから、哲学に入っていきますと、問題は非常に簡単になりました。

他に英米文学では、トマス・ハーディー、チャールズ・ディケンズ、ハーバート・ジョージ・ウエルズ、ジョン・ゴールズワージー等に親しむ。頭の中で組み立てた観念で世の中を測るというのではなく、目の前に見えた現実を虚心坦懐に受け入れ、そこから批判的理性を働かせ、物事の本質をつかむという吉野のものの考え方の基本がつくられた。個人個人の経験が異なるのだから、それに応じて真理も異なってくるという多元論の心構えができる。さらに、現実に役立たない知性は意味がないというプラグマティズムの真理観に吉野は惹きつけられた。この傾向は東京帝国大学に進学してからも変わらない。

大学二年生の一九三九（昭和十四）年、吉野は東京帝国大学法学部緑会が発行する『緑会雑誌』の「民族と政治」というテーマの懸賞論文に応募し、二席をとる。戦後初の東大総長となる南原繁教授が講評を行ったが、吉野についてこう述べている。

〈吉野文六君のものは社会学派・意志学派・歴史学派に類別して論述した風変りの論

文である。かかる類別自体、並《ならび》にその各々の下に為された学説の配置が正当なりや否やは問題であるが、少数ながら諸学説をよく咀嚼し、自家薬籠中のものとして批判総合せるは巧みなものがある。今回応募中、唯一の法律学科生として茲《ここ》に採択する所以である。〉（南原繁「懸賞論文審査後記」『緑会雑誌　第十一号』東京帝国大学法学部緑会、一九三九年、一五三頁）

ちなみにその三年前の『緑会雑誌』（一九三六年）では、丸山眞男が「政治学に於ける国家の問題」をテーマとした懸賞論文で二席をとっている（一席該当なし）。

残念ながら、吉野の応募論文は現存していないが、南原の講評から、民族と政治に関する諸言説を類型化し、比較思想史的に長短を比較した内容のものと思われる。比較思想史的手法は、多元主義につながるので、絶対に正しい思想という観念が出てこない。時代状況からして、「民族と政治」という出題に対し、政治志向の学生ならば万邦無比のわが国体の誠心《まことごころ》を反映してアジアを主導するという類いの言説を唱えることが容易に想像される。吉野以外の応募者はみな政治学科の学生であったという事実も、高級官僚志望者が集まる法学部法律学科の中では、吉野が政治志向の強い学生であったことをうかがわせる。

吉野　たしか、「民族主義の台頭」について書いたように思います。私も暇だから、図書館なんかに通って、相当、民族主義の勉強をしたわけですよ。それは、およそ学校の勉強と関係ないし、ことに法学部の法律学科ですから関係ないことなんですが、いろいろ書物を読みました。民族主義というのは、ヨーロッパが中世から近代に入る直前に出てきた、一種の民族自決というようなことから始まったわけです。戦争が起きるとしても、民族を単位にして起きるという潮流が出てきた頃ですね。それを書いた。私にとってみれば、論文を書きながら非常に大きな勉強になったんですがね。

――そして、二席に入られましたね。

吉野　南原さんが監修として見るわけです。一席の人の論文は『緑会雑誌』に全文掲載されていた。相当高邁な思想を説いていたんでしょうけれども、私にはわからなかった。どうして南原さんがそんなわけのわからん神がかりみたいなものを一席にしたか、ということに対して、僕は政治学というのはこんなものなのだなあという気持ちで読んでいた。一席の論文については、方向性とか、時代性とか、いろいろなものをもっとわかるように書いたほうがいいんじゃないかという感想を持っていたくらいですから。

――当時の日本でも日本主義や、日本国体の研究が盛んにはなっていましたが、いわゆるヨーロッパ的な民族主義（ナショナリズム）とはまたちょっと違う。

吉野　全然違う。大和民族といいますけれど、日本の天照大神から始まってというようなものではありません。ヨーロッパの民族主義というのは非常に近代的というか、ここ最近の問題です。最近といっても、五、六百年来のことなんですがね。ヨーロッパの民族主義というのは、さまざまな民族が自立して、烈しく戦争をして、だんだん固まっていった。当時の戦争の根本には、あくまでも他民族ないしは自分の民族でないものを征服するという意味があり、それはどうにもならない存在であるということを理解しなければならない。私が書いた民族主義についての論文というのは、主としてそういう問題を掲げたわけです。

――ヨーロッパでは、戦争といえば国民国家（ネーション・ステート）の戦いです。そして、この国民国家を形成するイデオロギーが民族主義です。しかし、日本は西欧的な民族主義が何であるかがよくわからないまま近代に入ってしまった。

吉野　日本はある意味で西欧の民族主義をよく勉強したほうが、日本のためになったかもわかりませんね。明治時代、ヨーロッパに留学した日本人はたくさんいたわけでしょう。彼らは、プロシアや、フランス、英国にも行った。つまり民族（国民）国家から成立した国々を見てきたわけですから、西欧的民族観について考えたほうがよかったのかもわかりません。当時は、文物だけを吸収するためで一生懸命だったのでしょうが。

――日本の大東亜共栄圏などは、国民国家的なナショナリズムとは逆の発想になりますね。

吉野 そういうことになりますね。日本の理想はそう簡単にはいかないということですよね。あれは本当に日本的な考え方です。一種のジャスティフィケーション（正当化）にはなるんでしょうけどね。例えば満州国は、五族協和と言っていたけれども、本当は各民族が入り乱れているところですからね。その後の支那事変（日中戦争）もまた、いわゆる民族というものを無視した戦争でしたしね。

――ヨーロッパの民族主義の面倒くささを、日本はあまり理解できないまま三国同盟を結んでしまう。

吉野 三国同盟をめぐる日本の外交政策はめちゃくちゃです。やはり経験がなかったですからね。

――吉野さんは、ご自分なりに民族主義を研究された。そして、外務省に入って、ヨーロッパに渡られて、まさにドイツでその実態を目の当たりにされたということですね。

吉野 そういうことですね。当時は、そこまでは意識していなかったのですが、私がドイツを見る目も、結局は、そこが土台になっているわけです。

軍国主義への反感

一般論として、虚心坦懐、批判的理性、多元論、プラグマティズムなどで表現される概念は、外交官として成功する上で役に立つ。なぜなら、外交は理論によって動く世界ではなく、経験の積み重ねが大きな意味をもつからだ。その意味で、英米系の経験論やプラグマティズムと親和的なのである。高等学校時代に身につけた教養をその後の人生で吉野は最大限に活用するのである。

吉野が好んだ英米系哲学は、ファシズムやナチズムの全体主義、またプロレタリア独裁を主張するマルクス主義とも相容れない。

戦前の高校生、大学生で、マルクス主義に惹きつけられる者も少なくなかった。前に述べたように、吉野の父は小作争議で農民側に立って弁護を行ったことがあり、吉野は中学生時代には当局による人権蹂躙に対して怒りを抱くようになっていた。実は、吉野が入学する三年前の一九三二（昭和七）年に松本高校でも左翼勢力に対する本格的弾圧があった。

〈当時松高は県下の学生運動の中心で、左翼思想は根深く浸透し、六年秋学内組織により校友会費値下げ・選手制度廃止等の運動に成功、さらに松高自治学生会・松高新興科学研究会等の活動によって七年七月には二一名、以後数次多数が検挙弾圧された（青木恵一郎『改訂増補　長野県社会運動史』）。こういう中には松中出身の英才が含まれ、昭和五年組に特に多かった。その一人村上康也は、その仲間数名の名を挙げ、彼らが「学問や芸術を些かも自己の出世の道具とは考えた事もない」純情さを追想し、入獄・早世のその不遇な青春を悼んでいる（「深志城下の青春」『信陽新聞』昭和三一・一二・二二）。〉（『長野県松本中学・長野県松本深志高等学校九十年史』、一九六九年、五七九頁）

吉野によれば、ここで紹介された村上康也が、検挙後しばらく吉野の家に身を寄せて暮らしていたことがあったという。

村上さんは地主の息子で、共産党に関係して松本高等学校のときに挙げられてしまったんです。村上さんの親父が、私の父と知り合いだったらしく、「息子をちょっと預かってくれないか」と頼まれて、家で預かっていたことがあるんですよ。学校はもう退学させられたんでしょうね。女性も一緒だったような気がします。私が入学した頃はだいぶん落ち着いていましたが、松本高校も相当左翼化した時代があるんです。

当局による激しい弾圧を見て、恐らく吉野は、こんな運動にかかわりあって一生を棒に振るのは嫌だと思ったのだろう。しかし、「マルクス主義は思想としては正しいけれども、関与すると怖い目に遭うから逃げる」というような日和見主義的発想からではない。私の理解では、吉野はマルクス主義による社会革命という処方箋の中に知識人としての思考を停止させる病理を見たのである。ここでも英米系哲学の自由主義を吉野は判断の基準にしている。

——吉野さんは共産党やマルキシズムにはどんな印象をもちましたか。

吉野　『Das Kapital（資本論）』という本は一回読もうかと思って借り出したことがあります。マルクスの議論は別として、ともかく世の中に貧富の差がひどすぎるということに対する矛盾は、小さいときから本能的に感じていました。しかし、その矛盾の解消を革命によって、武力闘争によって達成するんだという思想には、特に魅力を感じなかったですね。

ことに共産主義にかぶれたやつの話を聞いていると、連中の言うことが私にはわからんわけですよ。もちろん、社会正義のため、あるいは社会を維持するために、貧富の格差が極端にある場合には是正しなきゃいかんという、どちらかといえば修正資本主義のような考え方には賛成です。しかし、格差を是正する方式とか方途というものについては、全然具体的な考えをもっていませんでした。ただ、私としては、みんな適当に自分たちのタレント（才能）を伸ばして生きていく余裕があるくらいの世の中になったほうがいいと思っていたんですがね。いずれにせよ、その後も私は、共産主義的な運動に参加している連中を嫌うというようなことはなかったですね。ある程度、おまえたちのやってることはわからないことはないがという程度の認識でしたね。

――身近にはマルキシストはまだいましたか。

吉野　いたにはいたんですよ。共産党の党員であったかどうかはわかりませんが、シンパだった連中が、警察に検挙された後、釈放されて出てきました。そういうやつが一人か二人、私の高等学校のクラスの中にもいましたよ。だけども、釈放後の彼らは、もう静かにしていましたね。

日本ではよく理解されていないが、自由主義の特徴は「愚行権」の尊重である。愚行権とは、他人の言説や行動で、愚かに見えることであっても、極力それを認め合うということだ。例えば、喫煙は、健康、火災の危険、出費などあらゆる観点から見て愚かな行為である。しかし、誰かが喫煙することに特に異議を唱えないということだ。それならば、覚醒剤でも本人が不利益を覚悟しているならば認めればいいという理屈が認められるだろうか。それは認められない。自由主義者が認める愚行権には、他者危害排除の原則がある。他者に危害を加えるような行動は認められないのである。覚醒剤を使用すると感情の制御ができなくなったり、被害妄想をもつことで他者に文字通り危害を与える蓋然性が高い。それだから認められないのである。ちなみに愚行権の範囲は時代とともに変化する。三十年前には喫煙が他者に危害を加えるという認識がなかったので、どこでも自由に煙草を吸うことができた。現在は、間接喫煙、受動喫煙が与える危害に対する認識が高まっているので、喫煙可能な場所が限られている。

旧制高等学校の語りぐさとなっているストーム（ドイツ語で嵐sturmを意味する。集団での破壊活動）などが容認されたのも、当時の基準では、それが学生の「愚行権」と見なされていたからであろう。長野県松本市の旧制高等学校記念館は、吉野の母校である旧制松本高等学校の校舎内に設立されているが、その展示のなかに「中房《なかぶさ》温泉事件」と題されたパネルが掲げられている。

〈中房温泉事件　1935（昭10）年5月

駅伝の狂騒を怖れた西川校長は強引に駅伝を中止し、中房温泉への全校一泊旅行に切換えた。秘かに一升瓶を背負い水筒に酒を入れ、旅館の酒を買い占めるという具合で、その夜の各クラス会は気勢があがり、校長への不満はストームと化した。旅館の下駄を踏み鳴らし、ガラス戸・雨戸を投げ飛ばす大破壊ストームとなった。結局は校長は旅館に多大の弁償金を払わざるを得ず、主謀者のいないストームで、処罰者も出せなかった。〉

松本高校では年中行事として駅伝競走が行われていた。文甲（文系で履習する第一外国語が英語のクラス）、文乙（同ドイツ語のクラス）、理甲、理乙の四つのチーム対抗戦である。吉野も教えを受けた数学教師の蛭川幸茂は、自著で〈これは単なるスポーツではなく、にぎやかな祭りで、松本市民の楽しみの一つでもあった。その日は、類によって区別された色わけの旗や指物を風になびかせ、太鼓や石油かんを鳴らし、寮歌をどなり、デカンショを踊る松高生の群が、沿道一帯に充満して、物凄い光景を呈した。所がこの駅伝が一日限りの騒ぎでなく、一と月近くも前から色々の準備を始めるので、学校の中がひどくザワついた。〉（蛭川幸茂『落伍教師』復刊『落伍教師』刊行会、二〇〇〇年、一二頁）と記す。しかし、この伝統行事が四代目の西川順之校長により中止され、代替案として、日本アルプス燕《つばくろ》岳の麓にある中房温泉への全校一泊旅行が実施された。

吉野　あれは、高等学校の一年のときでしょうね。

――当時、校長先生が代わって、それまでの松本高校の恒例行事だった駅伝をなくしたんですね。

吉野　全校生徒で近場の中房温泉という温泉へ泊まったわけですよ。中房温泉へは、松本から大町行きの電車に乗って、途中の駅で降りるんです。なぜ詳しく覚えているかというと、親父のやっていた吉野法律事務所には大町出張所があって、書生をしていた人が長を務めていたんです。中学時代は、大町にスキーをやりに行きまして、泊めてもらったりしていたんですね。まあ、そんなことはどうでもいいんですが。中房温泉はかなり大きな一軒宿でしたよ。夜になるまでは、みんな温泉に入ったり、メシを喰ったりして適当にやっていたんでしょうがね。忘れちゃったなあ。

――お酒を隠し持っていた学生もいたみたいですね。

吉野　そうでしょうね。そこらへんのところはわからない。私はそんなに積極的に参加したわけじゃないですから。

――吉野さんは飛び級で入られたから、全校生のなかで一番お若いんですよね。

吉野　そうそう。それもあるしね。小さくなっていたかもわかりませんね。夜になって適当に寝ていたんですが、そのうちにみんなが「デカンショー」とか何とか歌いながら踊り出したり、太鼓叩いたりして。

――デカルト、カント、ショーペンハウエルで、「デカンショー」ですね。

吉野　そうそう、「デカンショー、デンカショーで、半年暮らす」という。

――太鼓叩いて暴れ出したんですね。

吉野　私は、暴れ出すようなことはね（笑）。まあまあ、騒いでいることは知っているけども、それを積極的にやろうというほうじゃないです。廊下で「デカンショー、デカンショー」って連中がやりだしたわけですね。それで起こされて、廊下を見るほうに回ったんですが、だんだんその輪みたいなのが大きくなって、廊下をどんどんどんと「デカンショー」を踊りながら回ったりして、そのうちにだんだんと熱が出てきて、唐紙や障子を外したり、中には窓から下の池か何かへ投げたりしだしたわけです。そういう状況になっているのを、蛭川という数学の先生は、傍から冷静に見ていたように思いますね。それみたことかと。

――それみたことか、マラソンをやめるからだと。

吉野　学生をこんなところへ連れて来たから、思い知れというようなわけで、だんだんと「デカンショー」が荒っぽくなってきた。結果的には、夜の明ける頃には、もう中房温泉の障子は池に二〜三枚流れてふわふわしてるし、障子の桟は壊れているし。要するに相当、宿に対する損害も与えた。それから、どうやって中房温泉を引きあげてきたかは憶えていないんですが、また同じ電車に乗って帰ってきたと思います。大部分は寮にいた連中でしたね。私は自宅に帰ったわけですけれど。

――新聞沙汰にもなりました。

吉野　新聞沙汰にもなった。だけど、大体まだ戦時体制になっていませんでしたから、新聞には書かれたけれども、責任はすべて学生にあると決めつけたわけではなかったように思います。

――松本のみなさんは、学生さんに対して同情的だったみたいですね。

吉野　ただ、校長の西川さんは非常に渋い顔していましたね。廊下を歩いてて、われわれが「校長先生、おはようございます」なんて言ったって返事もしない。学生監の先生からも馬鹿なことをしてと注意を受けました。蛭川先生だけは数学の時間に、若いやつらを物見遊山に連れて行ったらああいう結果になるんだ、というようなことを言っていましたね。蛭川先生というのは、いつも反体制論でした。

――吉野さんには、共産主義者に対しても批判的でしたしね。「愚行」と思うものに対して、その仲間には入らないが、誰かに危害を与えたりしない限りは、あなたがそれをすることは認めますよという精神が当時から根付いていたように思います。

吉野　そうですね。少なくとも自分に対して危害を加えるとか、人に危害を加えるということでなかったら、馬鹿なことをやりたい人はやれと、こういうことでしょうね。ことにその頃の高等学校の学生は、そういう年頃ですからね。

「中房温泉事件」は実際に被害も出た極端な事例で、愚行権の枠からは少しはみ出していると思うが、吉野がマルクス主義やナチズムを評価するときの基準も愚行権に基づいているように思える。他者に対する危害を与えない限り、すなわち思想については、いかなる思想であっても言論にとどまり、具体的行動に着手しないならば認めるべきであるという考え方だ。

この観点から、吉野はマルクス主義に対してよりも軍国主義に反感をもつ。それは松本高校時代の嫌な体験に基づいている。

吉野が高校一年生の二月、一九三六（昭和十一）年には二・二六事件が起きる。当時は、陸軍内部における皇道派と統制派の対立、北一輝と大川周明の間の思想的対立など、軍国主義陣営内でいくつかの「大きな物語」が対立していたが、吉野の反感は自らの「小さな物語」に基づいている。

れていた。

当時、高等学校、大学では、徴兵延期が認められる代わりに軍事教練が義務づけら

時代が軍国主義化するとともに配属将校の影響力が強まる。ある日、教練で一日かけて、三八式歩兵銃を担いで演習に出かけた。三八式歩兵銃とは、日露戦争後の一九〇五（明治三十八）年に陸軍が正式に採用した軍用ライフル銃で、太平洋戦争終結まで使われた。銃上面に菊の紋章が刻印され、帝国陸軍の象徴的兵器だった。銃剣を着装したときの重量は四・一キロになる。肩に担いでいると、重さがこたえてくる。そこで最後には誰も配属将校が教えたようなきちんとした形で銃を担がなくなる。配属将校の少佐が「吉野！」と呼びつけた。

「貴様の銃の担ぎ方はなってない」

「銃というのはこうやって担ぐんだ」。そう言って、他の生徒たちの前で銃を担がせた。そうすると今度は、「だいたい貴様の歩き方が悪いじゃないか」と言って叱りつける。

銃を正しく担いでいなかった生徒はほぼ全員だ。しかし、この少佐は、吉野だけをみせしめにして満座で恥をかかせるようにした。吉野はここで軍人の底意地の悪さを痛感した。

吉野　その少佐の息子が、偶然、私と中学が一緒だったんです。彼の息子というのはたいして成績はよくなかったけど、別に嫌いな男でもなかった。けれど、父親の少佐は、私が四年で高等学校に入ったということに対して、含むところがあったようなんです。息子が自分の親父に私のことを話したんでしょうね。えらく絞られましたよ。

――殴りはしなかったですか。

吉野　さすがに殴られはしなかったです。殴らなかったけども、えらく意地が悪い。

――やきもちみたいに意地悪くやられたんですね。

吉野　そう。いずれにせよ、軍部の台頭については、私は非常に反感をもっていましたね。

繰り返しになるが、吉野は当時の日本で力を握りつつあった軍部や、それと波長を合わせた革新官僚を支えている全体主義的な思想にも、体制転覆を謀る共産主義思想にも違和感を持ち、自由主義に傾くのである。これは明らかに時流に逆らう選択だった。外務省で吉野はジャーマン・スクール（ドイツ語を研修した外交官）に所属することになる。当時のジャーマン・スクールは、ヒトラーを信奉する枢軸派の革新官僚が主流を占めていたが、吉野はその流れとも一線を画す。吉野は自由主義的視座をもっていたが故に、ナチス・ドイツの真実に気づくのである。

東京帝国大学進学

一九三八（昭和十三）年、吉野は東京帝国大学法学部に入学する。当時の東京帝国大学法学部では受験時の外国語でクラスが分けられていた。吉野は英語で受験したので、英法のクラスに振り分けられるが、途中で独法に移動する。英法の高柳賢三教授の授業が聴き取りにくいので、言語明瞭な若手教師が講義をする独法に移ったということだ。吉野は、

独法に移るというのは別にたいへんじゃないんです。試験をドイツ語で受けるということだけの話ですからね。

とさらりと言うが、独法は高等学校で三年間集中的にドイツ語を学んだ学生のクラスだ。吉野は高校時代に独学で、ドイツ語を専攻した学生と同等の語学力を身につけていたのである。

東京帝国大学法学部には、一高出身者が多い。そのため独特の雰囲気があった。一

高出身者だけが固まって派閥をつくるのである。他のナンバースクール出身者も同様で、入学早々、高等文官試験（高文）を目指して勉強に明け暮れていた。

吉野　私には大学はまだ高等学校の続きみたいなもので、三年間を毎日、高文の試験のために費やすのが馬鹿らしいと思っていたんですね、恐らく。結局、仮に高文を勉強するとしても、卒業の一年前になってから準備すれば十分じゃないかと思っていました。それで受からなかったら、自分が悪いんだという気持ちもありました。まだこの二年間は、いろいろな機会が目の前にあるわけですから、大学へ入った以上、気の向くままにやってみてさまざまな経験をしようと思っていました。もちろん東京帝大の図書館を覗いてみたけれど、みんな高文の試験を受けるために勉強しに来ているわけですよ。そこで、そういうところには近づかないで、棚から本を出してちょっと覗いてみるというような部屋があったので、そこで本を読んでみたり。

――東京帝大の図書館は居心地が悪かった（笑）。

吉野　他を探そうと、日比谷の図書館へ行ったり、上野の図書館やなんかへ行ってみたりね。ところが、上野の図書館も日比谷の図書館も大部分は、高等文官試験を受ける中央大学などの他大生や、浪人している人が来ていて、場所を取って法律の本を一生懸命に読んでいるわけですよ。その合間に、自分たちの仲間と図書館の一隅で話をしているんですが、結局、みんな法律の話、あるいは試験の話ばっかりなもんだから、それが面白くなかったんです。

そのような状況に馴染めない吉野は、帝国大学新聞での記者活動や日米学生会議の活動に熱中する。

吉野　まだ自分の行く手はわからなかったですからね。そういう気持ちですね。自分の経験を広くしようと。法律というのは、私にとってはそんなに面白いもんじゃないですよ。講義自体は、先生によっては非常に面白いものもあるんですが、しかし、本や条文なんかをいちいち検証というのか、自分で当たってみるというほどの面白さを法律にはまだ感じていなかったですね。だもんだから、日米学生会議へ出てみようと思ったり、帝大新聞に入って記者の真似をしてみたり。いろいろな機会が目の前にあるわけですから、それを気の向くままに経験しようという気持ちだったんでしょうね。

——帝大新聞では「世界の動向」という欄を担当して、寄稿を依頼したり、外国の新聞や雑誌から得た国際情勢を伝えていますね。当時は報道にいろいろ規制がかかってきて、一般の新聞では自由な報道ができなくなってきていた時代だと思うんですが、帝大新聞はどうでしたか？

吉野　たしか、アメリカの雑誌『タイム』と帝大新聞が風刺漫画の転載の契約をしていたのだと思いますが、ことに三国同盟や、日独伊防共協定などに対して批判的な漫画については、そういうものを載せてくれるなというプレッシャーが、検閲から帝大新聞みたいな学生の新聞に対してもありました。直接、応対するのは、年長の野沢（隆一）さんという主筆です。いわば、我々のボスにあたるわけですが、彼は諏訪の人で、私が松本ですから、同郷のよしみもあったのでしょう。きつい言葉では注意をしないんですよ。「ダメじゃないか、こんな記事を載せて」というのではなくて、「検閲が厳しくなってきたから気をつけてくれよ」という態度だったということは覚えています。

大学では鹿児島生まれで、新潟高校出身の伊東隆清と親しくなる。後にこの伊東からノモンハン事件の真相を知らされたことが、吉野が外交官という職業を選ぶ上で大きな役割を果たす。伊東は吉野の五歳年上で政治学科に属していたが、大学入学直後に意気投合し、年齢差はお互いにまったく気にならなかったという。飄々とした魅力的な男で、囲碁がひじょうに強く、吉野は手解《てほど》きを受ける。伊東の下宿は大学のすぐそばにあったので、よく訪ねていって碁を打った。

さらに吉野は大学一年生のとき、日米学生会議で、後の夫人となる節子（旧姓森）と知り合う。一歳年下の節子は東京女子大学高等学部に在学していた。

日米学生会議は、宮澤喜一元内閣総理大臣やヘンリー・キッシンジャー元米国務長官などを輩出していることで有名だが、日本の世論が反米気運を高めているときにこの活動に参加するにはそれなりの勇気が必要だった。

〈日米学生会議は１９３４年、満州事変以降悪化しつつあった日米関係を憂慮した日本の学生有志により創設された。米国の対日感情改善、日米相互の信頼関係回復が急務であるという認識の下、「世界の平和は太平洋の平和にあり、太平洋の平和は日米間の平和にある。その一翼を学生も担うべきである」という理念が掲げられた。当時の日本政府の意思と能力の限界を感じた学生有志は、全国の大学の英語研究部、国際問題研究部からなる日本英語学生協会（国際学生協会の前身）を母体として、自ら先頭となって準備活動を進めていった。資金、運営面で多くの困難を抱えながらも4名の学生使節団が渡米し全米各地の大学を訪問して参加者を募り、総勢99名の米国代表を伴って帰国した。こうして第1回日米学生会議は青山学院大学で開催され、会議終了後には満州国（当時）への視察研修旅行も実施されるに至った。日本側の努力と熱意に感銘した米国側参加者の申し出によって、翌年第2回日米学生会議が米国オレゴン州ポートランドのリードカレッジで開催され、以後1940年の第7回会議まで日米両国で毎年交互に開催された。しかし、太平洋戦争勃発に伴い、日米学生会議の活動も中断を余儀なくされた。〉（日米学生会議公式ホームページ）

この第五回の日米学生会議に参加するために、一九三八年八月にアメリカから約五十名の学生が来日する。それに先駆けて、日本側の参加学生の選抜試験が六月に行われることを知った吉野は、すぐに受験を決めた。外交史料館の「国際学生大会関係雑件／日、米学生会議関係 第三巻 1・第五回 分割2」に含まれる「第五回日米学生会議参加志望者一覧」には、学校別申込順で氏名が記載されているが、東京帝国大学における一番目の受験者に吉野の名をみることができる。また、法律学科の学生で申し込んだのは吉野一人である。筆記試験は英論文で、経済、政治、教育、国家、文化など十のトピックのうち一つを選び、制限時間二時間内に、辞書およびテキストなしで論述するものだった。さらに口頭試問、人物考査を経て、吉野は東京側代表として男子五十六人の中に選ばれ、節子も女子二十三名の中に選ばれた。

——日米学生会議では、各分科会でさまざまなディスカッションがあったようですね。

吉野　英語で議論したわけですが、私の英語が悪かったんでしょうね。ほとんど理解してくれないんです。チェアマンを務めていたアメリカ人の教授が、「ヨシノが書いた論文は、なかなかいい論文だ。私がヨシノの代わりに読んであげます」と読んでくれて、みんな結局は、「ああ、そういうことか」と感心したんだけれど。私の発音では、伝わらなかったみたいです。

――現代と違って、ネイティブの英語に接する機会はないですからね。

吉野　書くことはちゃんとできてもね。

――原書に親しんで書いたり読むことはあっても、聞く機会があまりないですから。

吉野　そういうことでしょうね。その教授が代読してくれたときは、内心、「けしからんな、俺の英語はそんなに悪かったのかな」と思ったけれども、確かに、いまから思えば、その当時の私の英語はダメだったのでしょうね。

――論文の内容はどのようなものでしたか？

吉野　当時は、日本が満州を占領した後で、日本に対するアメリカの世論は相当厳しかったんです。しかし、アメリカの世論、ことに軍事評論家が日本のことをいろいろ批判しているようなことは妥当ではない、正しくない、と反論したわけです。そういうことを書いている連中は、彼ら自身が相当アグレッシブな思想の持ち主である。あるいは商業主義に迎合して、売らんがために書いている軍人ないし、軍人上がりの評論家だというようなことを書いたんですね。

——それはつまり満州事変後の日本に対するアメリカのジャーナリズムを分析したというわけですね。

吉野　そういうことです。しかし、その論文は、別に私の魂を入れて書いたわけではないから。

——松本高校時代には外国人の先生もいらっしゃったと思うのですが、そんなにたくさんの、ことに年齢の近いアメリカの人たちと出会うというのは初めての経験ですね。

吉野　初めてですね。そういう意味でね。

——吉野さんご自身は初めて同年代のアメリカ人に接せられて、どういう印象を持たれました？

吉野　まあ、私は、彼らと一緒になってやっていたけれども、べつに何ら引け目とか劣等感なんていうのは感じなかったですね。ちょうどそのとき『ゴン・ウィズ・ザ・ウインド』（風と共に去りぬ）がベストセラーになり、映画にもなって、全世界を風靡《ふうび》したときですよね。南北戦争の物語が話題になった頃で、アメリカに対しては、広大な、雄大な、それから民族が入り乱れている、しかし平等と個人の尊厳もいろいろ存在するというイメージをもっていました。まあ、漠然とアメリカのデモクラシーというものを感じていたのだけれども、今、私がアメリカのデモクラシーを感じているのとは、深さも何も違いますわね。ただ、知らないなりにそういうことを漠然と感じていたということでしょうね。

――アメリカの女学生たちは自己主張も強く、体格も大きいでしょうけれど、日本の女子学生はどんな様子でしたか？

吉野　少なくとも英語力については、女子のほうが男子より上だったですね。なぜ上だったかというと、大部分の女子学生はアメリカで教育された帰国子女でしたから。あるいは家族が外国人だとか、語学力は男よりずっとありました。

――女子学生たちのほうが、自然に英語でコミュニケーションできるということですね。

吉野　そういう意味では、上だと思いました。

吉野の感想を裏付けするように、前出の「第五回日米学生会議参加志望者一覧」には、試験官による概評として「一、女子は一般に皆極めて素質良し」「一、人物考査に付ても女子は男子に比しより粒選りの感じありたり」というコメントが手書きで書かれている。節子もまた、オーストラリア生まれの帰国子女である。日米学生会議では、最年少ながら、慶應大学の学生新聞『三田新聞』の記者の要請に応じて、ワシントン大学の学生新聞記者へのインタビューの通訳を務めている（「アメリカの学生新聞に就ての一問一答」『三田新聞』、一九三八年八月十五日付）。

――節子さんと初めてお会いになったときの印象など覚えていらっしゃいますか。

吉野　学生会議のときには、ただ顔を知っていたというだけの話ですね。それが終わってから二～三ヵ月後に、上野の美術館へ美術を観に行ったんですがね。

――吉野さんがお誘いになって。

吉野　むこうから手紙が来たような気がしますがね（笑）。

――突然下宿にお手紙が届いて、差出人の名前を見たら、ああ、あの時の人だなと……。

吉野　それはわかりました。それがきっかけになって、文通が始まったんです。二回目もまた上野の美術館へ美術を観に行ったわけですよね。僕は上野に住んでいたから、上野公園はすぐそばだったんです。節子は美術に興味をもっていたんですね。戦争中は、東洋美術を国際的に紹介する研究会に所属して翻訳をしていたようです。

——当時、英語は敵性語ですから、仕事も限られていますよね。

吉野　そうそう。ただ、日本文化の対外宣伝という意味では、活かせる機会もあったのでしょう。英語は世界の共通の言葉ではあったわけですからね。

——上野の美術館の帰りに、節子さんの実家まで送っていかれることはあったんですか？

吉野　ええ。実家は横浜にありましてね、家に上がるということはないですけれど、近くまで。

吉野と節子は静かに時間をかけて互いの心を通わせていった。しかし、時代は急速に戦争に向かって進んでいく。

ノモンハン事件が落とした影

一九三九（昭和十四）年、満州国とモンゴル人民共和国（外蒙古）の国境地帯ノモンハンで、日本軍（関東軍）とモンゴル・ソ連連合軍が衝突し、ソ連の機甲部隊と圧倒的な火力によって日本軍は苦戦を余儀なくされた。ノモンハン事件（ソ連・モンゴル側の呼称はハルヒン・ゴル事件）である。友人の伊東隆清は、この戦闘を実体験する。当時、大学生は原則として兵役を免除されていたが、伊東は、年長だったため召集されたのだ。吉野は振り返る。

あるとき、突然、伊東に召集令状が来た。それから数ヵ月して、偶然、学校の中で見かけたので、「おう、伊東、どうした?」って言ったら、伊東は「俺はたった今、ノモンハンから帰って来たんだ」と言うんですよ。「俺の入っていた連隊は全滅だ。連隊で生き残ったのは二〜三人だ。そのうちの一人が俺だ」というわけですよね。「大変な戦争だったんだ。ソ連のタンクはめちゃくちゃに強くて、日本軍は、関東軍は、何も対抗できなかった」と。そのときは二個師団か何か全滅したんでしょうかね。ノモンハンでの凄まじい戦場の様子を淡々と語る伊東の話を聞いて、戦争というものを初めて身近に意識するようになったんです。

ここまでが、インタビュー時に聞き取ったことであるが、吉野は、後日、「ノモンハン事件について伊東から聞いたときに受けた衝撃に関しては、もう一度、考えを整理する」と言って、私にメモを送ってきた。以下はその内容である。

〈戦争は怖い、恐ろしいものと感じただけではなく、それだけの犠牲を払って一体何を達しようとしたのか疑問に思った。関東軍は恐らく無人の広野のソ満国境線を一寸ばかり訂正しようと手を出したところ、先方のタンクや装甲車の火力や装備、いわば鉄のかたまりの物理的力に圧倒され、まるで子供のオモチャのようにツブされてしまったという悲劇である。しかしソ連が勝ち戦にも拘らず簡単に停戦に応じたのは何故か。恐らく彼らは本体の西欧《ママ》ロシア（筆者註、以下同　*ウラル山脈以西のソ連領の意味）が当時無手勝流に成果を上げているヒットラーの虎視眈々たる侵略戦争の目標となりつつあることを感付いていたからであろう。同時に日本にとっても奈落の淵から一歩退くことができた。数年後、在独大島大使がヒットラーに言われて、火のつくようにソ連を背後から打つべしと再三日本政府に要請したにも拘らず、関東軍始め日本政府が、これを無視し通し得たのはノモンハンの教訓が深く刻み込まれていたためであろうか。〉

吉野のこのメモを見て、私は学生時代に読んだ五味川純平のノンフィクション作品『ノモンハン』を思い出した。五味川純平（本名・栗田茂）は、一九一六（大正五）年三月十五日生まれ（一九九五年三月八日没）なので、吉野より二歳年上である。五味川もノモンハン事件から強い衝撃を受け、長編小説『戦争と人間』の中でも多くの頁を割いている。『ノモンハン』では、関係者の手記を中心に、戦場の生き地獄を五味川は丹念に描き出していた。

一九三九年八月二十五日のバルシャガル七三三高地の戦況は、榊原重男の手記によれば次の通りだった。

〈十五時頃より戦車来襲。続いて戦車砲、山砲級の弾が猛烈に飛んで来る。十五加部隊の火薬炎上する中を吾分隊《わが》は戦車に対して射撃敢行。間もなく吾分隊の薬筒にも命中、背中を焼かれてゐたたまれず、遂に交通壕へ一時退避させる。物凄い集中射だ。今弾雨の中で之を綴つてゐる。（中略）

暫くすると今度は十五加級の大集中射を浴びる。息が苦しい。吸つたまま息を吐く間もない。ツバを吐くとツバと砂が半分半分だ。

再び戦車現はる。勇敢に之を射撃撃退する。

重機関銃がすぐ前で鳴り出した。刀の止め金を脱してツカを握り、突撃を待つ。死の数時間、十五糎級の集中射益益激し。

夕暮、第一分隊の方へ行く交通壕を辿ると、破れた鉄帽の下に二人の兵が半裸で焦げて転つてゐる。何ともたとへ様のない肉と血と硝煙と土の匂ひが激しく鼻を突く。誰か見分けるヒマもない。（中略）

集中射益々激烈。夢見る心地の何時か。

吾火砲は左車輪に敵弾を受け、車輪は卵型になつて見る影もなき迄に変り果ててゐる。噫《ああ》十五榴今や声なし。

死体の収容を始める。夕闇濃し。（中略）

石井は手首が無い。同じ班で教育した兵隊だつたので特に気に懸り、何度も様子を見に行つたが、出血多量で刻々顔の色が変つて来る。背負つてこちらの壕まで連れて来る。（中略）〉（『五味川純平著作集　第10巻　ノモンハン』三一書房、一九八五年、二八五～二八六頁。引用中の中略は五味川によるもの）

同日のノロ高地の状況は以下の通りだ。

〈長谷部支隊がノロ高地を支えきれなくなるのは二十六日の夜だが、二十五日の陣地の状況は、潰滅した歩七一の三木隊からこの陣地に合流していた小田大治が、その末期的様相を誌している。

「（前略）この日の敵の砲撃はすざまじく、眼前数十米のところは弾幕に閉ざされます。馴れては居ますが、矢張り何とも云えぬ嫌な瞬間が流れます。日暮れが待ち遠しくて、夜を引っ張り寄せたい程です。夕陽の輝く頃には、砲煙と砂煙りが中空に厚く漂って、これに光の反射か、オーロラの如き光彩のある煙幕がかかり、一種異様な美

しさを描いた程です。（中略）

夕月の下、歩哨を頼まれて、交替に行き、驚きました。三木隊の戦友宮崎良治が立哨中、砲弾の大きな長い破片を背中から胸まで突き立てた儘伏せた姿勢で戦死をして居ります。（中略）

戦死した兵隊の指を戦友がとります。それに姓名と日時と場所を記して、尚念の為に、認識票で縛ります。（中略）ほんの二、三日分ですが、二十二日夕方には伊東（小田の戦友――作者）の雑ノウは戦友の指で一杯になって居ります。（中略）

扨《さ》て、とっぷりと日は暮れました。戦野を吹く風は肌身を透して心に沁みます。この時なつかしのメロデーが聞えて参りました。はじめは、戦争呆けで幻覚を起したかとびっくりしました。

間違いありません。ソ軍陣地から、長谷部支隊へ向けた放送です。スピーカーは間近くに感じられました。先ず佐渡おけさ風な日本民謡調の哀切なメロデーが流れます。それはまことに胸を緊めつけるように、心にしみるものでした。明日をもわからぬ夜の戦場という異常さの中で耳にする哀切なメロデーだけに感情にひとしおのものがありました。それが又敵の狙いでもあったでしょう。メロデーが途絶えます。次に聞えて来るものは、〝日本の兵隊さん、あなた達はだまされています……〟の呼びかけに始まる長谷部支隊への降伏の勧めです。この降伏勧告の放送がメロデーと交互に

繰り返します。（中略）

遠く敵の陣地には、日本軍への警戒でしょうか、点々とサーチライトが点けられ、陣前をなぎ払うように照らしております。（中略）

降伏の呼びかけは、何の効果もないようですが、哀切なメロデーには弱りました。（中略）あたりには、私語する兵もおりません。夜風はいよいよ身に沁みます。夜空は高い筈なのに、手を伸せば払い落せそうなほど、星がこぼれるばかりです。月はいよいよ天心に冴え渡ります。

まだ二十五日のうちと思います。或はすでに二十六日だったでしょうか。まだ西に月が残っていた様にも思います。何時頃かは覚えません。

〝歩兵は集れ〟との命令が伝えられます。（中略）

扨て、歩兵は集まって来ました。ほんの僅かで数十人に見えましたが、先の方はおぼろで少人数に見えたのかも知れません。（中略）

星月夜の下で見る将校の方はスラリとした幾分年配の方に見えました。この方が長谷部大佐だったかはわかりません。淡々とした口ぶりで話されます。（中略）然し、その内容は決して淡々としたものではありません。

只今より敵陣地へ夜襲をかけるとのお話です。少しも激されず、ついそこいらまでピクニックにでも連れて行かれるような口調でした。おわりに、この夜がお互いに最後の袂別《べいべつ》ともなるであろうとのお言葉があって、水盃をする事になりました。（中略）将校水筒の蓋を私が持ちます。その将校の方が注がれます。無論水は入っておりません。注がれる真似です。私はこれを飲みます。勿論口をつけますが只飲む真似です。この時ふれ合ったこの方の手指のぬくもりは未だに忘れる事が出来ません。（中略）初めて死に対する悲愴感が身体中を充たしました。（中略）黒々と連なった兵隊の中を黙々と水盃の行事は進みます。（中略）送ってくれるものは夜風ばかりでした。（後略）」〉（前掲書、二八六〜二八八頁。引用中の前略、中略、後略は五味川によるもの）

翌二十六日には日本軍はより追い込まれる。再び榊原重男の手記からだ。

〈ホルステン河を間近に控へた陣地。元第四中隊（矢田部隊）が散々にやられた陣地だ。全滅は勿論覚悟の上。まだ一発も撃たぬのに敵弾激しく（中略）低空で来る敵機が〝日本軍完全包囲なる〟のビラを撒く。（中略）

昨日の昼頃乾パン一ツ齧《かじ》つただけ。今日も又草加センベイ位の固パン一ツを三人で分け合つた。全然ねむらずに続けて来た土工作業、腰を下ろせば雨と降る弾の中でも居眠が出る。無理もないと思ひ、兵も自分も叱る気になれぬ。

昨日死ぬべきところを一日生き伸びたんだ。生きのびついでにあと三日程頑張って、師団主力の展開する迄死闘を続けよう。〉（前掲書、三〇一頁）

吉野は親友の伊東隆清から、ここで紹介した手記と同様の内容を、よりリアルかつ詳細に聞いたのであろう。吉野はノモンハン事件の中に、今後、日本が遭遇する現代戦争の原形を見たのである。五味川もまた次のように記す。

〈ノモンハン事件は、戦闘の惨烈とは別個に、その意味を私に問いかけてくる事件なのであった。

卒業後、私は満洲へ戻って、巨大な製鉄会社に就職した。仕事を覚えるにつれて、さまざまな職場のさまざまな人物と識り合った。そのなかに、何名かのノモンハン戦の生き残りがいた。彼らの大部分が大戦末期には還らぬ人となったが、私は彼らからノモンハンの話を貪り聞いたものである。私は自分自身がその戦場に在ったかのような感想さえ抱くに至った。反面、私だったらとても生き残れなかったであろうという感想もあった。

ノモンハン事件に関する私の知識は、しかし、当時は、感想の程度を超えなかった。特別に調べたわけでもなし、調べる方法も余裕もなかったからである。

数年後に、私もまた小銃一挺と手榴弾二発をもって、殺到する戦車群に直面しなければならぬ戦場体験を持った。戦友のほとんどが死に、私は生き残った。もしできることなら、死者に代ってものをいうことが、私に遺された生き残ったことの意味であるように思えた。

長い年月が経過した。ノモンハンが歴史のドラマとしての質量をもって私の前に立ちはだかるようになった。

自分の戦争年間の体験を歴史の時間的順序に配列し直してみて気づいたことは、ノモンハンの時点に、その後数年間の日本の思い上りや、あがきが、集約的に表現されていたことである。ノモンハン事件は小型「太平洋戦争」であった。ノモンハン事件は太平洋戦争の末路を紛うかたなく予告していたのである。ノモンハン事件をあるがままに正当に評価すれば、それから僅か二年三ヵ月後に大戦に突入する愚を日本は冒し得なかったはずであった。

ノモンハン——みはるかす大平原に轟いた砲声は、日本にとっては、運命が扉を叩く音であった。日本の指導者たちはそれを聞き分ける耳を持たなかった。〉(前掲書、九頁)

吉野は、伊東の体験談を聞くことから、ノモンハンの大平原に轟いた砲声が、日本を危機に陥れる運命の扉を叩く音であることに気づいた。そのことが外交官という職業を選択することにつながっていくのである。そこには外交官になって、国際紛争を極力外交交渉によって平和裏に解決するために貢献したいという思いと、外務省研修生としてドイツに留学することで、当面、兵役を免れることが期待できるという思いが混在していた。

一九四〇（昭和十五）年十一月、吉野は大学三年生で高等文官試験の行政科、司法科、外交科の全てに合格する。

――というと、大蔵官僚になることも、裁判所の裁判官になることも、外交官になることも、全部のチケットを手にしたわけですね。

吉野　まぁ、そういうことですね。全部受かりたいというわけではなく、偶然だったんです。私としては、どれか一つぐらいは受かるだろう。それで受かったところへ行かざるを得ないなと考えていたんですよ。

――三つ受かってしまったから、自分で決めないとならないですよね。

吉野　高文の試験を受けると、今度は採用試験があるんですよ。これは口頭試験なんですが、採用試験も三つとも通ってしまったんです。外務省の試験を受けに行ったとき、面接官が、「おまえ、大学を卒業しないで外務省へ来い。外務省へ来たらドイツへ三年間留学に出してドイツ語を勉強さしてやる」と熱心に誘う。というのは、当時、日独防共協定ができた後で、ドイツ語を話す外交官が足りなかったからです。

私の親父は、一も二もなく、外交官になれと言うんですよ。私は体も小さいし、外交というのは何をするのかわからんから、親父と同じように弁護士でもやったほうが一番楽でいいと思ったのですが、親父は承知しなかった。「それは一番いかん。弁護士なんていうのは一番面白くない仕事だ」と。なぜ外交官になれと親父が言うかというと、外交官は親任官の数がいちばん多いからです。親任官とは天皇陛下が任命する官僚、つまり特命全権大使です。親任官になれる可能性が一番ある外交官になれと親父は言うんです。

もっとも私としては、外務省側のいう「おまえは大学を卒業せずに外務省に来い」という言葉に惹かれるものがあった。それで少なくとも三年間、ドイツの大学で勉強する間は兵役が免除されます。伊東からノモンハン事件の厳しさを聞いていたので、この三年間の兵役免除には魅力がありました。

吉野は一九四一（昭和十六）年に外務省に入省し、早速、ドイツで語学研修をすることを命じられる。すでに第二次世界大戦が始まり、ドイツとイギリスは戦闘状態にあった。当初、外務省はシベリア鉄道経由でドイツに赴任させることを考えるが、吉野に対するソ連の通過査証（トランジット・ビザ）が発給されない。当時、通過査証について、日ソ間では相互主義がとられており、日本を経由して第三国に渡るソ連人と同数の通過査証をソ連経由で第三国に渡る日本人に対して発給していた。いつまで待てばソ連の通過査証が発給されるかについての目処が立たないので、外務省は吉野に、ハワイ経由でサンフランシスコに渡り、アメリカ大陸を横断し、大西洋経由でドイツに赴任することを命じる。大西洋はすでに戦時下にあるため、無事、ドイツに到着するかの保証はない。

同年四月十日、日本郵船会社の八幡《やわた》丸で吉野はサンフランシスコに向かう。横浜港には、友人二〜三人の他に節子が見送りに来ていた。

第二章　若き外交官のアメリカ

法眼晋作

松岡洋右

平澤和重

森島守人

奥村勝蔵

野村吉三郎

宮城与徳

尾崎秀実

当初、外務省は吉野文六をシベリア鉄道利用によるソ連経由でドイツに派遣しようとしたが、ソ連が通過査証を発給しないので、アメリカ経由になったことについては前述した。ソ連が相互主義を厳格に適用して、日本を経由し、第三国に渡るソ連人と同数の通過査証しか出さなかったのはなぜなのであろうか。

軍事インテリジェンス（諜報）の基本的訓練を受けた者ならば、シベリア鉄道に乗って、沿線の様子、すれ違う列車の数や、軍人の移動の様子、積載貨物などについて観察することで、ソ連の戦争準備態勢を把握することができるからである。事実、日本軍は陸軍中野学校出身者をクーリエ（外交伝書使）に仕立てて、シベリア鉄道に乗せ、情報を収集した。二〇〇七（平成十九）年九月四日に逝去した瀬島龍三も、クーリエとして偽名でシベリア鉄道を使用したことが、後にソ連側からスパイ容疑をかけられた原因のひとつになっている。

そこで、吉野はアメリカ経由で赴任することになった。ニューヨークから大西洋ルートでポルトガルの首都リスボンへ渡り、当時、ヨーロッパを広く覆ったドイツの占領地を避けるように、南フランス、スイスへと回って、ドイツへ入る。

ヨーロッパにおいては、不慮の事態に巻き込まれることを防ぐためにドイツの占領地をなるべく避けるということには合理的理由があるが、アメリカ大陸横断においても、あえて最短距離を取らずに迂回して各地に立ち寄っている。赴任地へ急ぐならば、横浜発の船が着港するサンフランシスコから空路でワシントンに直行して、大使や大使館幹部にあいさつし、ニューヨークからリスボンに向けて出航すればよい。ちなみに外務省では、このようなあいさつを何よりも大切にする文化があるので、サンフランシスコから、ワシントンの大使館に立ち寄らないで、直接ニューヨークに出るということは考えられない。

しかし、吉野はホノルル経由でサンフランシスコに渡ったのち、鉄道を交通手段として、ロサンゼルス、エルパソ、シカゴ、ワシントンを経て、ニューヨークからリスボンに向けて出航するという行程をとったのである。

外務省は、外交官見習の吉野に、仮想敵国であるアメリカの現状を見せておく必要があると考えたのであろう。アメリカを見ておくという実体験が、外交官として活動する上で有意義であることを当時の外務省幹部は認識していたのである。この当時の外務省幹部は、「外交官の卵」の教育を、現在の外務省とは比較にならないほど重視していた。「外交は人である」ということを幹部が皮膚感覚でわかっていたから、新人教育を重視したのだと私は思う。

一九四一（昭和十六）年一月、吉野が入省したときの外務大臣は、前年の七月に就任した松岡洋右《ようすけ》だった。松岡というと、人事粛清を行い、独断専行で国際連盟脱退や日独伊三国軍事同盟や日ソ中立条約を締結し、独ソ戦が勃発するとソ連攻撃を主張した無定見で傲慢な人物という世評が定着しているが、吉野が見聞した松岡はそれとはほど遠い、若手外交官の意見にも耳を傾け、ユーモアのセンスに富んだ魅力的な人物であった。

あるとき松岡外相が若手外交官の意見を聞きたいと言って、吉野たちと面会したことがある。松岡は小柄だが、仕立ての良いスーツを着て、立派な口ひげを生やしているので、実際よりも大きく見える。吉野はこのとき、親しい口調で松岡に言われたことを今でもよく覚えている。

「おまえたち、外交官というのは辛い商売だよ。よくなったなぁ。外交官というのは、ともかく仕事のためにはなんでもしなきゃいかん。自分の家族と別れて遠路はるばる赴任しなければならないことも多い。仕事のためには犠牲にすることも多い。それなのに外交官なんかによくなったなぁ」

後にベルリンの地下壕に「決死隊」として籠城したとき、また太平洋戦争終結直後、佐世保の終戦連絡事務所に勤務して、アメリカ兵のトラブルを処理したとき、そして、アメリカ局長になって、密約交渉を行ったときに、吉野の頭に松岡が言った

「外交官というのは辛い商売だ」「ともかく仕事のためにはなんでもしなきゃいかん」という言葉が突然よみがえってきて、いくら消し去ろうと思っても消えないのである。外交官としての業績は決して評価できるものではないが、威張らず、新入省員や三十歳前の外交官補（三等書記官の下の外交官）とも隔たりを感じさせることなく話しかける、松岡の気さくな人柄に、吉野は今でも親しみをもっている。

当時、外務省では、「松岡旋風人事」と呼ばれた大粛清人事が行われた。ポルトガル公使を務めた森島守人はこう記す。

〈松岡は外相就任以来、「大東亜共栄圏」の声明、仏印、タイ国間の調停、三国同盟の締結など、政策方面につぎつぎとはなばなしい動きを示したが、人事方面においても就任早々、大公使級以下五〇名以上にのぼる外交官の大量馘首《かくしゅ》を断行し、外務省はじまって以来の大ナタをふるった。ソ連外交陣に対する、かつてのスターリンの血の粛清にも比すべきもので、世間は松岡旋風人事として、その果断に拍手喝采を送った。一般には枢軸外交を推進するため、英米派を清算したものと観測していたが、松岡の意図は必ずしもこれのみに止まらなかった。霞ガ関の門戸閉鎖に対する非難を一掃し、民間人を起用して清新な空気を注入するのだとの松岡の説明は、一応うなずけたが、松岡は政治的野心が強かっただけに、一体に大向うの喝采をねらって行動することが多かった。

松岡はこの玉石を分たぬ馘首について、「個々の人について見れば批判の余地のあることは認めるにやぶさかでないが、外交陣の根本的刷新を断行せんとすれば、これのみにこだわっておれない。三階（役人仲間で俗に『三丁目一番地』といわれていた高等官三等一級を指す）から上を一度にぶちこわして、三階以下の連中を突きあげるのだ」と説明したが、たしかに一つのやり方たるを失わない。しかし松岡人事が所期した通り、「民間人の起用による刷新」の目的を達したか否かについては、その後の事実について冷静に判断しなければならない。私は遺憾ながらこれを否定せざるを得ない。」（森島守人『真珠湾・リスボン・東京　続一外交官の回想』岩波新書、一九五〇年、四〇〜四一頁）

外務省の閉鎖性については、戦前も今も批判が強い。松岡はポピュリズムを背景に、まず幹部を一掃し、その後、松岡外交の推進に適切な人材を配置しようとしたのであろう。「松岡旋風人事」によって更迭された幹部のなかには、東郷茂徳駐ソ連大使（開戦、終戦時の外務大臣）もいる。彼らの後任には、主に武官や代議士らがあてられた。

少し穿《うが》った見方をするならば、松岡が、ふつうの大臣が行わないような、吉野のような新入省員や三十歳前の外交官補と面会をしたのは、将来の松岡派外務官僚の品定めをしていたからかもしれない。

私は森島のこの回想に外務官僚特有の狡《ずる》さといやらしさを感じる。森島は、〈日米関係が重大だった時期に、整理の嵐は北米および中南米関係者にもっとも激しく、米大陸全部を通じ、大公使、参事官、総領事中で馘首をまぬかれたのはアメリカ大使館参事官であった私一人〉（前掲書、四一頁）と述べている。ここから森島が外務省幹部の中では、例外的に松岡外相に高く評価されていたことがうかがわれる。そのことを森島が隠そうとしているのが行間から透けて見える。

当時の外務省は、吉野の言葉によれば、「右派」と「左派」に分かれていた。「右派」というのは、対米戦争を恐れるべきでないと主張する勇ましい人々である。枢軸派と呼ばれることもある。森島や、一九四一年四月まで外務省顧問を務めた白鳥敏夫（戦後、A級戦犯指定を受け服役中に一九四九年六月三日獄死）はその代表格であった。これに対して、「左派」とは、日本と比して国力が圧倒的に強いアメリカとの戦争を極力避けることが日本の国益につながるという「力の論理」で外交戦略を組み立てる人々だ。決して親米派ということではない。吉野によれば、松岡外相の秘書官として、省内で影響力をもっていた法眼晋作《ほうげん》（後に外務事務次官）はジャーマン・スクールであったが「左派」だった。

吉野が横浜港を出港する約一ヵ月前の三月十二日、松岡外相は法眼らを従え、欧州へ旅立つ。前年に締結された三国同盟の慶祝として、独伊を歴訪する目的である。そして、その足でモスクワへ向かい、スターリンと会談、四月十三日、日ソ中立条約を電撃的に調印した。吉野がアメリカへ向かう航海の四日目のことである。

洋上のレッスン

八幡丸（一万七八三〇トン）は一九四〇年七月に竣工した日本郵船会社の豪華客船である。主に欧州・北米航路向けとして建造された三隻の姉妹船のうちの一隻で、三隻は同社のイニシャルの頭文字N・Y・Kをとって、新田丸、八幡丸、春日丸と名づけられていた。

私の手元には、当時、外国人乗客用に発行された八幡丸のブックレット（四三七頁参照）がある。ブルーの下地に銀色のレース模様があしらわれた表紙を繰っていくと、船内の様子が写真やモダンなデッサン画で紹介されている。一等（現在の特等）船室や、食堂、サロン、喫煙室、図書室等の公共スペースには冷房装置が完備され、スイミングプールや、アスレチッククラブなども併設していた。社交ダンス場となる大広間や、カードゲームに興じる遊戯場もある。国産の一級品によって贅《ぜい》を尽くされた八幡丸からは、一等国として世界に名乗りを挙げようとする日本の鼻息が伝わってくる。

しかし、八幡丸などの大型豪華客船を建造したのには、裏の目論見もあった。三隻の姉妹船は、一九三七（昭和十二）年に実施された優秀船舶建造助成施設の助成金を受けていた。戦争が勃発した場合、大型客船を軍艦に改造するためである。事実、八幡丸は航空母艦に改造され、一九四二年八月に「雲鷹《うんよう》」と改称、南方戦線で活躍したが、一九四四年九月にアメリカ潜水艦の雷撃により海南島東方で沈没した。

吉野を乗せた八幡丸は一九四一年四月十日に横浜港を出港した。見送りに来た婚約者の節子が手を振り続けている。吉野は節子の姿が見えなくなるまでデッキに立ち、遠ざかる港をずっと見つめていた。

東京湾の外に出ると船が揺れ始めたので、船室に戻り、ベッドに横になった。一等船室の個室なので、快適だ。この船には、ニューヨーク領事に赴任する平澤和重も乗っていた。当時、平澤は「右派」として、外務省内で有名な存在であった。ただし、このとき平澤は新婚で妻も帯同していたため、サロンやデッキに出てきて、他の日本人と話をすることはあまりなかった。

平澤は終戦翌年の一九四六年に外務省を退官し、ジャパンタイムズの編集主幹として活躍する。その後、NHKの解説委員として国際情勢を親しみやすい口調でわかりやすく解説し、視聴者からの人気を得た。いっぽう、外務省幹部となった吉野は、戦後、平澤と交遊をもつが、戦前や戦中の話を二人でしたことはない。平澤は話術が巧みで、酒に強く、そして決して酩酊しない男だった。

平澤が三木武夫（元総理）のブレインであったことは有名であるが、その他の保守政治家、中央省庁幹部にも人脈を張り巡らせ、評論家の枠を超え、現実政治に影響を与えた。一九七五年にアメリカの『フォーリン・アフェアーズ（Foreign Affairs）』誌で北方領土問題に関して、国後島、択捉島に対する領土要求を当面棚上げにして、歯舞群島、色丹島の引き渡しで即時日ソ平和条約を締結することを提言し、波紋をよんだ。当時、外務省条約局（現国際法局）条約課でソ連絡みの条約を担当していた東郷和彦は「あのとき外務省はありとあらゆる手段で平澤提案を叩き潰せという方針で固まっていた」という。『フォーリン・アフェアーズ』誌発表後、一斉にメディアによる平澤バッシングがはじまった。平澤がソ連のハニートラップに引っ掛かり、東欧に隠し子がいるとの憶測報道（平澤本人は否定）までなされた（『週刊新潮』一九七五年十月二日号、一四〇〜一四三頁）。スキャンダラスな情報を流して、事態の本質から世間の目を逸らせようとするのは沖縄返還密約問題で毎日新聞記者（当時）の西山太吉が受けたケースと同じ構図である。いずれにせよ、平澤にはインテリジェンスの世界の臭いがつきまとう。

――この平澤さんというのはどんな人でした？

吉野　ちょうど結婚してニューヨーク領事として赴任する途中の船で一緒になったんですが、そのときは、あんまりしゃべる人じゃなかった。日本出発前から平澤さんは右派であるという話を聞いていましたが、極端な印象は受けませんでした。

――平澤さんは、ナチスとかムッソリーニとか、そちらのほうの思想なんですか。それとも、日本の右翼みたいな感じなんですか。

吉野　日本の上品な右翼という感じですね。当時は日米交渉がずっと続いていたわけですが、それとの関係では、彼は強い姿勢を示していました。

――ということは、平澤さんはニューヨークでも情報活動をいろいろやっていたんじゃないんですか。スパイ活動や、ロビー活動をやっていたんじゃないですかね。

吉野　それはやったんでしょうね、自然に。

――当時、外務本省は、平澤さんがそういう性格の持ち主とわかって、あえてニューヨークに送っているわけですよね。日米交渉が難航しているなか、もう日本の国が生きるか死ぬかというアメリカとの戦争が想定されている状況で、外務省としてもありとあらゆることをやると。

吉野　そうそう。そういうことでしょうね。

――その結果、戦後は、一九四六年に、人員整理のときに辞めているんですよ。けれど、辞めた後も、親友の福島慎太郎さん（後に共同通信社社長）が社長を務めるジャパンタイムズに入って主幹になり、さらにＮＨＫの解説委員になった。枢軸派だったために外務省を離れたわりには、戦後の親米的な政権の周辺に常にいるんですね。

吉野　それから、三木武夫さんのアドバイザーになった。平澤さんと三木さんの思想はちょっと違うものがあったかもしれませんがね。

――戦後の平澤さんの考え方はどうですか。アメリカ寄りになったわけですか。

吉野　やはり相変わらず右派ですか。ＮＨＫの解説をしていた頃には、日本は戦争放棄をして、アメリカと安保条約ができていましたからね。彼の口からデモクラシーという言葉は聞いたことはなかったけれど、ニュース解説は中道で、人気がありました。

――能力が優れた人であることは間違いないです。

吉野　そういうことです。彼は晩年、食道ガンか何かで、これは恐らく、酒を飲みすぎたためだと思いますが――彼は強かったし、好きだったんです。食道ガンになって、それでも飲み続けたんでしょうね。一九七七年に亡くなりました。

八幡丸には平澤以外にも外務省から吉野と同期でドイツに赴任する兼松武、木本三郎、フランスに向かう井川克一、民間では、三井物産の藤瀬清、三菱商事の大平成美が一等客室に乗っていた。このメンバーはいつも食事で同じテーブルにつく。年長の藤瀬や大平が、若い吉野たちに、フォーク、ナイフの使い方、メニューの読み方や、ワインの飲み方などテーブルマナーを教授した。また、吉野は、娯楽室で紳士のたしなみとしてビリヤード等を教わった。

この船には、ナチス・ドイツによる迫害を逃れて、日本経由でアメリカに渡るユダヤ人も少なからず乗船していたものと思われる。

〈外交資料館に残る書簡は、太平洋戦争開戦直前の昭和十六年（一九四一年）五月三日の日付で、日本郵船の担当者から外務省担当者あて。その中で、日本経由で北米などへ渡ろうとするユダヤ人から船賃の仮入金を受けているが、欧州で日本の通過ビザが発給されないと説明。「……ドイツからの避難猶太（ユダヤ）人に特例をつくって頂いても、決して国に御迷惑をかけることはありませんし、在外資金増加に大いに貢献するのですから……」と提案している。

当時、同社横浜支店で船客係だった乾三郎（90）は、「ユダヤ人といっても特に意識していなかったが、パスポートには『J』と書いてあった」と話す。彼らは毎日のように支店にやってきて「船室は決まったか」などと問い合わせをしていたという。「大事なお客さんなので、『社内ではJew（ジュー、ユダヤ人）』という英語の代わりに、『九足す一は十』に掛けて『九一（くいち）さん』と呼んでいた」と乾さん。八五年には、ユダヤ人難民に関する英文の回想録をまとめた。

迫害・排斥政策をとるドイツのナチス政権から逃れたユダヤ人の中には、リトアニアの故杉原千畝領事代理が発給した通過ビザを手に、遠く日本までたどり着いた人も五千―六千人いた。同社によると、そのほとんどが神戸や横浜から「鎌倉丸」「八幡丸」など同社の船で米国や豪州、上海などに渡ったという。〉（日本経済新聞、二〇〇〇年三月六日付朝刊）

八幡丸は、さまざまな人々の運命を乗せて太平洋を往復したのである。

海は最初の二～三日は荒れていたが、その後、静かになった。テーブルマナーや欧米式の生活に吉野も少し慣れたところで、船は四月十八日にハワイのホノルルに着いた。吉野は初めて外国の土を踏みしめた。

――ハワイに上陸したときは、どんな印象でしたか。

吉野　ハワイの総領事館と、サンフランシスコ総領事館では、総領事以下みな、私たちを出迎えてくれて、状況を話してくれるわけなんですが、ハワイにおいては、まだ米軍は全然戦争の用意をしていなかったんですよ。日米学生会議で知り合った、チャーリー木村さんというハワイ在住の日系二世の友人が、オアフ島を自動車で案内してくれて、海軍の港、パールハーバー全体が見下ろせる丘まで連れていってくれた。パールハーバーの沖合には、アメリカの艦隊が一列に停泊していました。水平線の向こうまでずーっと。ところがその海軍の艦隊は、みんなまだ、白くペンキを塗っているだけなんですよ。

――まだ本格的に、海戦に従事すると思っていないから。

吉野　戦争が近くなると、カモフラージュするために、ペンキを塗り替えて、波のような色にするんですが、その当時はまだ、全部白く、綺麗に塗られていた。

この吉野の回想からしても、アメリカは完全に油断していたことがわかる。日米交渉が膠着状態に陥っている状況で、潜在敵国である日本の外交官に対して軍港全体が視察できる場所に立ち入れるような状態を許していたこと自体が驚きである。

八幡丸は四月二十四日にサンフランシスコに到着し、吉野たちはここで下船する。平澤夫妻のみがニューヨークに直行し、吉野、兼松、木本、井川の外交官四名と、藤瀬、大平の商社員二名はあえて南回りの大陸横断鉄道で東海岸に向かう。サンフランシスコからは、木本と井川とも別行動となり、吉野は兼松らとロサンゼルスへ向かうことになった。列車は四人乗りのコンパートメントで、水道等がついているので快適である。

サンフランシスコやロサンゼルスの日本総領事館は、日米開戦に備えてインテリジエンス活動を強化していた。総領事をはじめ、外務省の先輩が若手の吉野に熱心に情勢を説明してくれる。また、短い滞在のなかで、工場視察のような興味深い日程を組んでくれる。

しかし、吉野は先輩たちの「親切」をなぜか素直にそのまま受け入れられないような引っ掛かりを感じた。その引っ掛かりが何であったかについては、少し後で説明することにして、アメリカの日本総領事館が当時どのような活動をしていたかについて、吉野の回想に耳を傾けてみよう。

吉野　ハワイの総領事館はそれほどでもないが、サンフランシスコとか、ロサンゼルスの総領事館は、半分はやっぱりスパイみたいなことをやっていたわけですよ。そういう連中はある程度戦争が近いことを勘づいていて、いろいろ本省に情報を送っていた。それでも彼らは、開戦が目前に迫っているということではなく、むしろアメリカの戦力や産業、経済、そういうものを情報として本省に電報していたんです。旅の間は、総領事館員のおかげで、アメリカの軍需工場みたいな施設を、ある程度、見物することができたんです。ロスだったか、どこかでは、自動車工場を見たんですが、日本から来た者にとっては、びっくりするような光景でした。いわゆるストリームラインで自動車をバンバンと量産しているわけです。そういう工場が、戦争になれば今度は、飛行機をつくる工場に変わるということなんですね。われわれが驚いたのは、アメリカの工業力のポテンシャルの大きさです。それが非常に印象的でした。

それから物資やその他、そういうものが珍しかった。われわれが出発する頃の日本には、もう純綿製品というものはないんですよ。スフ（ステープル・ファイバー。パルプで作った繊維を短く切って、綿状に紡績した糸）が入っているような靴下とかワイシャツですら、たくさん買っていくということはできなかったんです。ところが、アメリカでは、デパートなんかに行きますと、もちろん私は背が小さいですから、半分は子どものところへ行って買わなきゃいかんのですが、それでももうなんでもかんでも、ものが溢れている。要するにアメリカの物資の豊かなことにびっくりしたんです。

日本では、軍隊の被服に用いるための純綿すら払底しているのに、アメリカは物資が豊富である。また、フォードシステムによる自動車の大量生産ラインはいつでも航空機や戦車の生産に振り替えることができる。アメリカの生産力を見て、吉野はその力が軍事に転用された場合のことを想像して、空恐ろしくなった。
総領事館員や、その後ワシントンの大使館員から聞いた話では、四月十四日から始まった野村吉三郎駐米特命全権大使と、ハル米国務長官との交渉は難航し、日米関係は相当緊張している。アメリカの新聞でも日米交渉が行き詰まっていることについて詳細に報道されてはいるが、一般のアメリカ人の対日感情は決して悪くない。このことにも吉野は、民主主義を掲げるアメリカにおいて、政治エリートと一般民衆の認識に相当の乖離《かいり》があることを実感する。

吉野　それからわれわれが最後にニューヨークから船に乗る前に、必要品を買いに行った「メイシーズ」というデパートでも、店員の人たちは、日本人に対しても、ヨーロッパ人に対しても特に反感はない。つまり、われわれが「これからドイツへ行くんだ」といったら、「ああ、ドイツか。ドイツはいま戦争をやっているからモノがないよ。だから、こういうものを買っていけ。これも買っていけ」と、勝手にどんどんカゴのなかに放り込んでくる。そういうように、一般人というのは、まだ戦争が近いということはぜんぜん知らなかったわけです。

——日本に対する敵愾心《てきがいしん》みたいなものは、特にないわけですね。

吉野　一般の国民は、外交におけるような切った張ったの議論をしてはいないんですね、むしろ相変わらず商売とかそういうものに対する関心のほうが深かった。「おまえ、テニスするのか？　テニスをするならこの白い靴下買ってけ」とか、そういうふうに、商魂たくましく売りつけてきた（笑）。

〝アメリカ共産党員の囁き〟

ロサンゼルスから汽車はメキシコ国境のエルパソに南下し、そこからシカゴに向かって今度は北上する。エルパソから少し北上した名も知らぬ駅で、吉野は不思議な体験をする。共産党員であると自称する人物から、アメリカが原子爆弾を開発しているという話を耳打ちされるのである。わずか三十分足らずの出来事であったが、そのことが六十年以上経ったインタビュー時でも吉野の記憶に鮮明に残っている。

吉野　恐らく私の記憶では、エルパソを出て少し行ったところだったと思います。列車がどこかの駅に停まった。二十分だったか、三十分だったかよく覚えていませんが、われわれは四〜五人でプラットホームを歩いていた。すると、一人の男が近づいてきた。男は、自分から共産党員だと言いましたが、私たちに向かって、「アトミック・ボム（原子爆弾）というのを知っているか」というような話をするんです。「おまえの国もつくっているか云々」というようなことを尋ねてきたような気がしますけど、ともかく、「これ（原爆）が今に出てくるぞ」というような話をしたんですね。われわれのうちの一人が、「聞いたことはあるけども、まだできないはずだ」と言うと、男は「その原爆を、今アメリカは研究しているんだ」と返してきた。それが原子爆弾を僕としては初めて聞いた機会でしたね。

――アメリカ人ですか。日本人ですか。

吉野　アメリカ人です。

――身長はどれぐらいでした？　背が高い人でした？　普通の身なりの人でしたか。東洋系の顔をしていましたか。

吉野　多少東洋系なんかが入っていたかもしれない。紳士のような身なりの人ではなかったですがね。

――自分のことを共産党員だと言ったんですか。

吉野　ええ。「私は、共産党を信じてるんだ」というようなことを言っていたような気がします。

――面白いですね。向こうから近寄ってきて？　もしかしたらＦＢＩ（米国連邦捜査局。防諜や共産党取り締まりを担当）かもしれませんね。

吉野　ＦＢＩかもわからん。ＦＢＩかもわからんけど、いずれにしてもそういう謎めいたことを言い残して、彼は去っていった。われわれはそんなことは現実的な話じゃないと思って聞き流していたんですがね。それからは本当に、原爆が広島に落ちるまではわからなかったです。

原子爆弾の開発が可能であることについてハンガリーからの亡命ユダヤ人の物理学者レオ・シラードが、一九三九年に、アルベルト・アインシュタインらの署名を得てフランクリン・ルーズベルト大統領に宛てた書簡を送った事実がある。

しかし、アメリカが原子爆弾開発のための「マンハッタン計画」を開始したのは一九四二年六月のことなので、このアメリカ共産党員を自称する人物が、吉野らに述べた「今アメリカは原爆を研究しているんだ」との発言は事実に反している。

当時、アメリカ国内における共産党の影響力は、現在とは比較にならないほど大きかった。アメリカ共産党内では日系人も重要な役割を果たしていた。例えば、ゾルゲ事件で、ソ連の諜報員リヒャルト・ゾルゲと尾崎秀実《ほつみ》の連絡係をつとめた宮城与徳もアメリカ共産党員で、党の指令に基づいて一九三三年十月に日本に帰国している。宮城は、一九四一年十月十日に逮捕され、一九四三年八月二日、未決勾留中に当時巣鴨にあった東京拘置所で結核のために獄中死した。

宮城が獄中で作成した手記は、当時のアメリカ共産党の実状を伝える貴重な史料である。

〈第一次世界戦によりアメリカの富強は世界最大なものとなり、戦争終局後一年に亘る戦争景気は世界史にかつて例のないものとされたのに関せず、以来アメリカの産業は不振の一途を辿り終に一九二九年の経済恐慌を惹起したのであります。以来今日に至る迄その繁栄を謳ふアメリカに失業者数千五百万人（政府発表六百万人）を下ることなく、この問題はアメリカ資本主義の「ガン」として持越されて来て居ります。その間政府はハーデング、クーリッヂ、フーバー、ルーズベルトと替り各々不景気克服政策（アメリカの繁栄）を看板として出現したがいづれも失敗してゐる、特に民主党を代表した現大統領ルーズベルトの「ニューデール政策」は世界的に有名である。この経済恐慌と結び付て起つたアメリカ共産党運動は急激な発展を遂げつつ今日に至つてゐます。特に一九三六、七年の全米に捲き起された党拡大運動の結果は、飛躍的発展を遂げ陸上、海上、地下に働くあらゆる労働者層に其の組織をもち、今日に至つては単なる圧迫を以つてしては、抜く事の出来ない迄に発達を遂げつつあるものであり

ます。〉（「宮城与徳の手記」『現代史資料3　ゾルゲ事件3』みすず書房、一九六二年、三三六頁）

この時期のアメリカ共産党は、コミンテルン（共産主義インターナショナル＝国際共産党）のアメリカ支部であったので、その活動はソ連の利益を反映していた。第二次世界大戦は勃発していたが、独ソ不可侵条約があるために、ソ連とドイツの間では「偽りの平和」が維持されていた。そのため、アメリカ共産党も反ナチス・ドイツ、反ファシズムの姿勢を鮮明にしていなかった。アメリカ共産党の公式文献でもこのことは裏付けられる。

〈第二次世界大戦は、国家、階級、政党の諸政策、方針のかたちで表現されているような人類がうみおとした最善と最悪、の選択を迫るぎりぎりの実験であった。社会主義と民主主義の勝利に終わったこの結果は、いうまでもなく、歴史の問題である。しかしながら、この戦争の反ファシズム的性格は、一九四一年六月二二日、ヒトラーがソヴェト連邦に侵攻するまでは、その決定的な特徴をなお、十分にはそなえていなかったのである。それまでは、この戦争の方向が、帝国主義諸国間の戦争としてはじまったところのものが、社会主義最初の国家にたいする戦争への転化という重大な危険

に満ちていた。〉（『アメリカ共産党の五〇年』国民文庫〔大月書店〕、一九七一年、一六七頁）

アメリカの資本家の利益を体現するルーズベルト政権を打倒することがアメリカ共産党の目的なのであるから、潜在敵国である日本政府関係者にアメリカ共産党員が原爆開発について述べて警戒心をもたせることに論理的な矛盾はない。しかし、より穿った見方もできる。階級的警戒心について訓練を受けた共産党員が、意味もなく自らが党員であることを明らかにするのは不自然だ。ここで情報を流してきたのは、アメリカ共産党員を騙《かた》るFBI関係者なのかもしれない。当時の状況で、アメリカに入国した日本の外交官の行動をFBIが尾行、観察するのは当然のことである。アメリカ共産党員を名乗るならば、アメリカにとって不利益な情報を流しても自然なので、そのような擬装で「アメリカは原爆を開発している」と囁《ささや》き、それに対して日本の外交官がどのように反応するのかを観察したのかもしれない。

いずれにせよ、この〝アメリカ共産党員の囁き〟は、偶然ではなく、インテリジェンス工作の一端であると私は見ている。

吉野自身は、聞いた当初はこの話に特段の意義を認めなかったが、後に広島に投下されたのが原子爆弾であるという情報に接したとき、この小さな駅での情景がリアルによみがえってきたのである。あの男は一体何者だったのか。なぜ、われわれに原爆に関する話を耳打ちしたのかと。この記憶は今も吉野には鮮明に残っている。

外務省内の派閥体質

ワシントンでは、日本大使館の奥村勝蔵二等書記官が、早朝の駅に着いた吉野たちを車で出迎えた。

奥村については、日米共同製作の映画『トラ・トラ・トラ!』(一九七〇年)で奥村の役を久米明が演じ、彼が外務本省の訓令に則して慣れない手つきでタイプを打ったため、「大使、間に合いません」と音をあげ、野村吉三郎大使(映画では島田正吾が演じる)がハル国務長官との面会時間を遅らせ、その間に日本軍が真珠湾を攻撃することになってしまうというシーンが有名なので、仕事が遅く凡庸な外務官僚であったとの印象が一般に定着してしまった(映像によるイメージは恐ろしい)。

奥村は戦後、外務官僚のトップである外務事務次官になったことからも、凡庸でなかったことだけは確実だ。

——奥村さんは、ワシントンで会われたとき、どんな方でしたか。まだ二等書記官だったんですね。

吉野　二等書記官です。奥村さんは、最近購入した新車のスポーツカーにわれわれを乗せてワシントンの街をドライブしてくれて、どこかで飯を食わせてもらったというようなことを覚えています。そのときには、自分がスマートに自動車を運転することを、彼は自慢にしていましたね。

――当時の若手外交官というのは、どういうような日常的な感覚を持っていたのか興味があるんです。あるいは特権意識とか。

吉野　当時のワシントンの外交官は、アメリカに行ってアメリカ式の生活様式をエンジョイしているように感じましたね。例えば、奥村さんは、ドライブしていてアメリカの婦人が運転する車に抜かれると、今度は抜き返すとかね。抜き返した後で、さっと手を振る。

――そういうユーモアのセンスがあったんですね。

吉野　二等書記官というので歳も若かったせいもあるんでしょうけれど、そういう感じでしたよ。それですから、この年の十二月六日と七日、日米交渉の最終局面で、日本から十四部に分かれた、最後には宣戦布告をする電報が来たときに、奥村さんは恐らく電信の監督官ではあったんでしょうが、(奥村自身は) 電信官をやってなかったんでしょう。だから彼の認識のもとにおいては、あんなものは一日ぐらい置いといたって大丈夫だよ、というような感覚で電信に対処していたんだろうと思いますね。

――ですから裏返して言うと、外務本省も事前に公電（外務省が公務で用いる電報）の重要性についてそんなに強く言わなかったわけですね。普通だったら、その公電の前に、「この電報は大至急、訳せ」ということをちゃんとパイロット電を打って、一番最初にやらせるはずですからね。そして、「何時までに絶対に転達ありたい」、とか。

吉野　そうそう、そういうことですよ。

一九四一年四月二十九日の天長節（天皇誕生日）を吉野はワシントンで迎えた。天長節は、現在まで日本のナショナル・デー（国祝日）として、大使館、総領事館は、一年で最大のレセプションを行う。初めてのレセプションに吉野は緊張して参加した。この席で、吉野は野村大使から話しかけられる。それは、「なんだおまえ、ドイツへこれから行くというのはどういうことだ」と驚いた口調での質問だった。その口ぶりから近未来に日米、米独間で戦争が始まるとの認識を野村が抱いていることが吉野にはわかった。

――野村大使は義足でしたよね。一九三二年の上海で、天長節祝賀会の席に爆弾を投げられて。

吉野　義足で杖をついていましたね。右目もやられて。

――野村大使の若い人に対する接し方はどんな感じでしたか。

吉野　彼はあんまり表情を出さなかった。ただ、私がこれからドイツへ行くんだって言ったら、「なんだおまえ、今のドイツへこれから行くというのはどういうことだ」というような口調でね。つまり、野村大使は、戦争が間近にあるかもわからんよ、ということを言外に含んだ発言をしたんです。今頃になって大丈夫かねといったような不審そうな顔をしていました。

――そうすると野村大使自身は、日米開戦が近いうちにあるということはやはり認識しておられたんですね。戦後の話だと、野村大使が海軍出身で、当時、外務省プロパーの人たちとどうもあまり（関係が）よくなかったんじゃないかというようなことが言われるんですが、吉野さんのお話を伺っていると、そんな感じはなかったようですね。

吉野　そんな感じじゃないですね。少なくとも外務省の人たちと対立していたというような関係には見えませんでした。

――野村大使の交渉の仕方については、本省の訓令どおりにやっていないとか、戦後になるといろんな批判が外務省の中からも出てきているんですけれども。ただ、そのへんのところがどうも戦後つくられた物語だなというような感じもするんですね。対米交渉のような、国家にとって重要なことを現地の大使が独走するということはなかなか考えにくいと。

吉野　いやいや、それは独走することはないですよ。それから、少なくともアメリカにいた連中は、平澤（和重）さんみたいな右派の人は別として、アメリカの底力というのは知っているわけです。ことに野村さんみたいに海軍にいた人たちは、それは知っていざるを得ないと思いますね。

吉野にとって、アメリカ訪問には二重の意味で意義深いものがあった。

第一は、潜在敵国であるアメリカの実状を自分の目で見たことと、現地事情に通暁した外務省の先輩たちから情勢分析に関する話を聞いたことである。

第二は、右派と左派に分かれ、自派に若手外交官を引き込んでいこうとする外務省の派閥体質を知ったことである。当時の外務省には、潤沢な機密費があった。この機密費は、もちろん情報提供者を養成し、情報入手のためにも用いられるのであるが、そのカネで飲み食いして、身内を懐柔するためにも用いられているのだ。

私の経験からしても、このようなカネの使い方は、規模が小さくなったとはいえ、現在の外務省でも行われている。

旧制松本高校、東京帝大で、英米流の教養を身につけ、自由主義を人生の規矩《きく》とした吉野は、このような官僚の派閥抗争には一切加わらないことを決めた。このことが、その後、吉野が仕事をすすめる上であくまでも能力本位で他の外務官僚と付き合うというスタイルをつくる。これは難しい職務を遂行する上では吉野にとって強みになった。他方、その三十年後、外務事務次官や駐米大使を目指すという、外務省という水槽の中での競争では、派閥に属さない吉野は不利な状況に置かれることになる。

——今のお話を伺って思ったんですが、当時の外務省というのは、単に赴任をさせるということだけじゃなく、そのときに、やはりアメリカを視察させるというプログラムがきちんと入ってるわけですね。

吉野　それはあったんでしょう。また、当時の大使館や総領事館は今よりも暇だったのかもしれない。

——いや、現地の大使館なり総領事館は、当時も今も忙しさというのはそんなに変わらないと思うんです。ただ、今と違うのは、若くして入ってくる外務省の職員、将来、日本の外交官になっていくという二十いくつの人に、例えば、アメリカの国についてきちんと情勢を認識させようと、東京の本省から担当官が来たときと同じように説明してあげる。こういうきめ細かさが当時はあったわけですね。

吉野 そういう意味のきめ細かさがあったのか、あるいは当時の外務省というのは、上の人は下の人をいつも教育しようとしていたので、それで、いろいろ見せてくれたり、教えてくれたりと便宜をはかってくれたのかもしれません。それからもちろん総領事は、ある程度スパイをしていたんですが、そういう面での教育をしようという意味もあったでしょう。そして、それとは別の意図もあったと思います。外務省はみんな、人の奪い合いなんですよ。

――どういうことですか、奪い合いとは。

吉野 自分の派閥に誘うんです。

――グループにですか。派閥に入れていきたいと。

吉野 私が入ったときも、将来は俺たちと一緒にやってくれと、こういう誘いが非常に多かった。

すでに述べたように、吉野は高等文官試験の行政科、司法科、外交科を同時合格した秀才である。外務省内各派閥が吉野のような優秀な新入省員を自勢力に組み入れようと腐心したのは当然のことであろう。しかし、吉野はそのような誘いに乗らなかった。

――しかし、これは戦後にもつながってくるんですけども、外務省って、いわゆる学閥はないですけども、いろんな人脈からなる派閥というのは複雑ですよね。

吉野　戦後は派閥のようなものはなくなったと思ったんですが。私なんかは派閥に入るだけの意欲がなかっただけです。

――いや、吉野さんは能力があるから、派閥に頼る必要はないでしょう。別に徒党を組む必要はなかったのですよ。

吉野　いえいえ、そんなことはないですけど。しかし、入省当時は、それは頻繁に、「俺のところに来い」というような誘いがあるんですよ。まずは「メシを一緒に食おうじゃないか」というところからはじまってね。

――それは私の頃もそうでしたよ。

吉野　当時は、外務省の人たちはみんな、特に機密費とか接待費を使わなくても、国内で相当借金しても、外国へ出ればそれはすぐに払えるだけの手当がついた。だから、料理屋なんかへはふんだんにカネを使った。僕より三つか、四つ上の人がそういうところに連れていってくれるわけですよ。今ではずいぶん時代も違っているでしょうがね。

――いや、私が入省してしばらくの間は、まだその名残はありました。昼間なんか、しょっちゅうニューオータニであるとか、帝国ホテル、夜は「口悦」であるとか、「大乃」とか、料亭はよく使いましたよ。料亭は、公の接待の後、外務官僚たちが残って飲むこともよくありましたが。

天長節のレセプションに出席した後、吉野は、兼松、木本、井川とともにニューヨーク出港の「American Export Lines」社の客船エクセター号でリスボンに向かう。アメリカとドイツは交戦関係になかったが、すでにドイツの港に向かう船はなく、この船はポルトガルのリスボンを目指した。当時、ポルトガルは、大学教授出身のアントニオ・サラザル首相による独裁政権下にあった。ポルトガルは枢軸国側に対する好意的中立を維持していた。大西洋にはドイツのUボート（潜水艦）が出没し、連合国側の軍艦、商船を攻撃しているさなかの航海だった。エクセター号も誤って攻撃を受けた場合に備えて、乗客は訓練を受けている。

吉野　リスボンへ行く途中で、ドイツのUボートがこの船を襲撃した場合にどうするかという訓練をしました。銅鑼《どら》なんかがカンカンと鳴ったら、乗員はこういうふうに行動しろと。すでにその頃は、ドイツはある程度無差別攻撃を始めていたんです。なぜかというと、そうしないと英国及び、ドイツの敵は降参しないと考えていたからです。第一次大戦とパターンは全く同じです。

――そうすると、吉野さんも救命胴衣とかを着けて訓練したんですね。

吉野　そういうようなことをやったことを覚えています。そして、船出から十日ぐらいかかって、リスボンへ着いたんです。

第三章

動乱の欧州へ

大島　浩

ヒトラーと会見する訪独中の松岡外相

吉田　茂

須磨彌吉郎

『わが闘争』

ルドルフ・ヘス

一九四一（昭和十六）年五月六日、ニューヨーク港から吉野文六を乗せたアメリカ船籍の客船エクセター号が出航した。その数日後に、大ニュースが船中に飛び込んでくる。五月十日、ナチス・ドイツのルドルフ・ヘス副総統が、単身、メッサーシュミットＢｆ１１０戦闘機で、イギリス北部のスコットランドに飛来したというのだ。そのニュースを聞いたときの驚き、そして、船内で外務省の同僚や外国人たちと情勢分析をしたことを吉野は今も鮮明に記憶している。

吉野　大西洋を横断し、だんだんとリスボンに近づいてきた頃のことです。当時、ヒトラーの後継者と目されていたヘスがドイツから英国のスコットランドに逃避したというニュースが船の上にも伝わってきました。

――船の上というと、ニュースはラジオか何かで知ったんですか？

吉野　船員はラジオで聴いていたんでしょうが、乗客の間では、まず噂が流れ、それからニュースの内容が伝わってきた。みな不思議に思ったんです。ヘスというのは、あまり厚遇されていなかったにもかかわらず、ヒトラーの代理、彼の後を継ぐ者として認められていた男でしてね。なぜそのヘスが、この期に及んで、英国の一部であるスコットランドへ逃げたのか。ヘスは非公式な訪問と説明しているらしいが、ヒトラーの了承を得ずに単独でそんな行動をとれるはずがない。われわれはお互いに、そういうことを話し出したんですよ。そして、背景となるものをいろいろスペキュレート（憶測）した。いちばん大きな理由として考えられたのは、ソ連、英国に対して二正面作戦をしたくないドイツが、英国となんとか話をつけたいという思惑があったのではないかということです。ちょうど英国に上陸作戦を仕掛けるかどうかという瀬戸際でしたからね。しかし、本音では、ドイツはソ連のほうが怖い。あるいは、ヒトラー自身が、敵は英国ではない、ソ連だと睨《にら》んでいるのではないか。そう考えたんです。

――つまり英国とは和解すると。

吉野　ええ。たとえ和解したとしても、ヒトラーという男は、後になって何をするかわかりませんがね。それはともかく、ドイツは、一時、対英戦争を中止してでも、ソ連を討ちたかった。ヘスの単独飛行はそのためのミッションだったのではないか。ただし、そのミッションをヒトラーがヘスに正式に命じたと世間に知れたら、これは二正面作戦を避けようとする戦略だとばれてしまう。ですから、当時の噂では、ヘスが気を利かして、ヒトラーのために非公式に英国へ飛んで行ったんだという説が強かったんです。のちになって、その噂というのは、真実だったんじゃないかと考えられるようなフシがあるんですよ。ヒトラーは、ヘスが精神障害を起こして奇行に走ったんだといろいろ弁解していましたが。たしかに戦後、ニュルンベルク戦争裁判に出たときのヘスは精神錯乱みたいな状態で、隣に座っていたゲーリング（空軍元帥）に、いつも何か訳のわからないことを言ったり、騒いだりしていました。

ヘスは、ニュルンベルク裁判でも、ヒトラーとナチズムに対する全面的忠誠を表明したが、死刑にはならず、終身禁錮刑を言い渡された。そして、米英仏ソの四ヵ国が管理するベルリンのシュパンダウ刑務所に収容された。ヘスの家族や人権活動家などから減刑嘆願書が四ヵ国合同管理委員会に何度も提出されたが、ソ連の拒否により、却下された。一九八七年八月十七日に刑務所の独房で自殺した。享年九十三。

シュパンダウ刑務所のアメリカ軍責任者を務めたユージン・バード元大佐がヘスについての記録を作成している。その中に、一九四六年頃にヘスがニュルンベルクの独房で書いた手記が収録されている。それを読むと、ヘスが対英戦争を中止したいというヒトラーの意向を忖度《そんたく》して、単身渡英を決断したという吉野が当時聞いた話は、大筋において誤っていない。少し長くなるが、ヘスの手記を引用しておく。

〈偉大な勝利を収めていく途中で何度も、総統は、この戦争が彼の抱いているドイツの建設と発展計画のすべてを遅らせ、ひいては予測を困難にしてしまうことが耐え難いことだと嘆いた……そんなヒトラーの想いを知っていたことが、私にイギリスに飛ぶ決意をさせたのだ。

多くの人々は今日でもこの飛行《フライト》を理解することができない。ドイツ国民は、ドイツ帝国の最高幹部たる人間が、いったいどんな動機であのような前例のない行動をとったのかを知る権利がある。――それはあらゆる点で前例のないことだった。総統の許可なくして行なわれたのだから。フランスで従軍中、私は総統に意見をのべた。イギリスと和平を結ぶ際は、一九一九年の無理矢理おしつけられた平和で奪われたものを少なくとも取り戻すべきだ。たとえば、ドイツ商船隊の損失の補償。

が、総統は私の意見に反対した。彼は、あとですぐ新しい戦争を起こす、たとえばヴェルサイユ条約のような平和条約を望まなかった。国民と国民のあいだでの、真の和解を彼は目ざした。彼は、自分がいつもイギリスとの和親を目ざしてきたのを私も知っているはずだ、と言った。私は、さかのぼって一九二四年、ヒトラーがランツベルクの要塞に閉じこめられていたとき、これは彼の対外政策の主要な柱であると宣言したことを思い出した。

彼は戦争の終結したいつか、双方の苦しみが消えたらすぐ、イギリスと理解しあえるという希望を未だに捨ててはいないと言った。また彼は、もし一方が和解を望むなら相手の感情を傷つけるような条件を出すべきではない、そしてイギリスと和平をするのにこちらの要求は二つだけだと言った。

①　相互の権益の勢力範囲を定めること。これはドイツとイギリスの間の新しい摩擦の要因を防ぐためだ。

②　ドイツ植民地の返還。

戦争が早く終わればそれだけ人道上いいことだし、つまるところいちばん直接に巻きこまれている国民にとって喜ばしいことなのだ。戦争があまり長くつづけば、イギリスは世界での指導力を失い、大英帝国は滅亡するだろう。だが、それは私の好むところではないと、彼は言った。また個人的にはとても残念なことだと。だからこそ、了解点に達するようになるだろうと彼は示唆したのだった。

そのころ私はいつも自分に言いきかせていた。――もし、このことがイギリスに知らされれば、イギリス国民は苦い結末になる戦争を闘うより、和平のほうを選ぶことがおそらくありうるだろう……少なくとも戦争の成り行きは、不確かであり、それはどんな場合でも何年間もつづいたし、すべての参加者に悲痛な傷を与えてきたのだから……

だが、私はそのときの戦争の状態からみて、総統から出された申し出を考えることすらイギリス国民にとっては、耐えがたい威信の失墜にちがいないと感じていた。しかし、世界の大部分の人々が至当と認める理由、交渉に乗り出すにたる理由があったとしたら、イギリス人にとっても事態は違ってくるであろう。

私はイギリスに飛ぶことで一つの理由を提供しようと決心した。

あれやこれやで私がこの決心にもとづいて行動をおこせたのは一年後だった。

私の望んでいたことは、このまま戦争をつづけて双方が消耗し、崩壊ぎりぎりまで追いこまれることがいかに無意味かをイギリス政府に確信させることであった。

同時に私はイギリス政府に、次のような宣言をする機会を与えるつもりだった。

「ルドルフ・ヘスとの話し合いの結果、いま英国政府は総統の申し出は心からのものであると考える。このような状況のなかで、理解し合わないで流血をつづけることはあまりにも無責任である。したがって、われわれは話し合う用意のあることを宣言する」〉（ユージン・バード〔笹尾久、加地永都子訳〕『囚人ルドルフ・ヘス いまだ獄中に生きる元ナチ副総統』出帆社、一九七六年、三三一〜三四頁）

歴史に「もしも」を仮定することに、生産的な意味はないが、思考実験としては面白い。このときヘスの申し出た取り引きにイギリスが乗っていたら、世界史は大きく変化していたかもしれない。当時のイギリスの共産主義ソ連に対する嫌悪感は、ナチス・ドイツに対する嫌悪感とそれほど変わらなかった。また、アドルフ・ヒトラーは『わが闘争』の中で、ドイツ民族の活路を中東欧とウクライナに植民地を求めることにおいた。その前提として、イタリアとイギリスとの友好関係を維持し、不倶戴天の敵であるフランスを打倒することを考えていた。従って、独英間で取り引きをする余地はあったのである。

アメリカ人とイギリス人は同じ英語を話す国民であるが、外交哲学は根本的に異なる。自由と民主主義という価値観を全世界に広げるという「価値観外交」をアメリカ人は本気で追求する傾向がある。もちろん、その価値観とは、アメリカの国益を体現したものであるが、アメリカという国家はその価値観が普遍的であるという建前を重視する。これに対して、イギリス外交は、徹底したリアリズムである。イギリスの国益と合致するならば、基本的価値観を異にする国とでも平気で手を握る。かつてヒトラーがヘスに語ったとされる独英間の新たな摩擦を避けるための二条件──勢力範囲を確定し、ドイツ植民地を返還する──をイギリスが受け入れていたら、妥協の可能性は十分あった。ヘスの隠密裏の派遣がヒトラーの全権代表としてのものであったならば、歴史に別のシナリオが生まれていたかもしれない。

須磨彌吉郎公使と「TO情報」

幸い、エクセター号は、Uボートの攻撃も受けず、一九四一年五月十六日にリスボンに到着する。当時、ポルトガルは枢軸寄りの中立国であったが、裏ではイギリスとつながるというダブルスタンダードの外交政策をとっていた。アントニオ・サラザル元コインブラ大学教授が、軍部の支持を得て、独裁政治を行っていた。一九三二年七月にサラザルは首相に就任し、翌一九三三年三月十八日の国民投票によって新憲法を採択した。

〈新憲法はまず第一に「国民主権」を規定し、また国家を構成する要素として、（1）各種の社会集団、（2）国民代表機関、（3）職能組合組織《コルポラティーヴ》の三つをあげた。サラザールによれば、「「この新憲法によって」ポルトガルに樹立された権威的体制は、民主主義的個人主義、社会主義および議会主義とたたかい、次いでこの国に物質的・道徳的秩序を保障するものである」。そして「自由主義的・個人主義的民主主義は廃止される」のである。〉（木下半治「一九三〇年代におけるファシズム」『岩波講座 世界歴史28 現代5 一九三〇年代』岩波書店、一九七一年、三四頁）

ここには、アーリア人種（ドイツ民族）の優越性という神話を基礎とするナチズムとは異なった、組合主義、福祉国家、権威主義の要素を組み合わせた、イタリア・ファシズムと共通の政策が見られる。小国であるポルトガルは、ドイツ、フランスの帝国主義政策に対して常に警戒心をもっていた。

〈ポルトガルは、国際政治的にみればイギリスの最も古い同盟国の一つであり、もし「イギリスの獅子」の保護がなかったならば、遥か昔に「土地に餓えた敵国」（ドイツ・フランス）によって貪り喰われてしまっていたであろうといわれた。〉（同書三一頁）

そこで、ポルトガルは、地政学的観点からイギリスとの提携を重視した。

〈サラザールのポルトガルがイギリスと古くから同盟関係に（英―ポは十四世紀末以来）あって、国際的協力関係からいえば反枢軸側に属すべきであるが、スペインのフランコ叛乱の時には、不干渉委員会においてイギリスが一応中立を主張したにもかかわらず、ポルトガルはイタリアとドイツに次いでフランコ援助に有力な役割を演じた。これは当時、余り世界の注意をひかなかったが、サラザール独裁の本質をみる上に重要な点であった。もっとも、これは、イギリスが中立の仮面にかくれてじつはフランコ支援を策したこととの反映ともみられる。〉(同書、三三頁)

このような状況にあるポルトガルは、インテリジェンス戦争の最前線でもあった。吉野がアメリカを訪れたときにニューヨーク総領事を務めていた森島守人は、その後、一九四二年九月からポルトガル公使を務める。森島は、吉野の区分で言うところの右派の立場、すなわち対米戦争も辞さずに日本の国益を追求することを主張した。しかし、戦後は社会主義者になり、社会党左派から、衆議院議員に当選し、戦前の軍国主義外交を批判する論陣を張った。

戦前の外交の世界では、大国や自国の国益にとって死活的に重要な国家にのみ大使館を、その他の国には公使館を設置した。公使館の公使は、大使と同様に国家を代表する。ポルトガルには公使館が設置されていたので、森島公使も国家を代表する機能を果たしたのである。吉野は、ニューヨークで森島総領事自らの歓迎を受けた。その日の夕食に招待され、酒を飲みながら、戦局や国際情勢について意見交換をした記憶がある。しかし、その詳しい内容は覚えていない。

一方で、森島と並び、インテリジェンス活動を精力的に行っていたスペインの須磨《すま》彌吉郎《やきちろう》公使については、ちょっとやぶにらみの目をした表情とともに記憶が鮮明に残っている。吉野たちは一九四一年五月二十日にマドリードに着いた。

一九四一年十二月八日の開戦で、日米の外交関係は断絶された。外交関係が断絶すると、中立国の中から利益代表国を指定する。日本はスペインを、アメリカはスイスを利益代表国に指定した。

日本人は中立国という言葉を額面通りに受けとめるが、それは間違いだ。国際政治の現実において「純正中立」なるものは存在しない。第二次世界大戦中のヨーロッパを見てみよう。主な中立国は、スイス、スウェーデン、アイルランド、スペイン、ポルトガルだったが、スイスは英米などの連合国に好意的な中立国、スペイン、ポルトガルは日独伊など枢軸国に好意的な中立国だった。スウェーデンは当初、枢軸国に好意的だったが、戦局が米英優勢になってから連合国寄りに立場を徐々に移すという日和見主義をとった。アイルランドは、反英だが親米というねじれた立場だった。アイルランド人の反英活動家の中で、イギリスを打倒するという観点でナチス・ドイツの謀略宣伝放送のアナウンサーを務めたホーホー卿（ウィリアム・ジョイス、一九四六年にイギリスで絞首刑）がインテリジェンスの世界では有名だ。

アメリカが日本との関係で利益代表国に指定したスイスの場合はどうか。在日スイス公使館は、米空軍による空襲を避けるために太平洋戦争末期に軽井沢に移動になった。ここでスイスは、イギリスの意向を受けて、日本の政治エリート内部に工作を仕掛ける。「ヨハンセン工作」と呼ばれたこの工作の「ヨハンセン」とは吉田茂元駐英大使（後の内閣総理大臣）だ。吉田茂は一九四五年四月に憲兵隊によって逮捕される。実は、この内偵と摘発を行ったのは憲兵隊ではなく、陸軍中野学校出身者によって極秘裏に作られた「ヤマ機関」である。二〇〇七（平成十九）年、私はかつて「ヤマ機関」でヨハンセン摘発工作の中心的役割を果たした中野学校出身者と面談した。すでに九十歳近くになるこの人物は、「吉田茂がイギリスのスパイだったということは根拠がある話です」と言って、内情の一部を披露してくれた。イギリスは戦勝国なので、そのスパイ活動の全貌は歴史の闇に葬り去られてしまったのである。

戦前、日本外務省はアメリカ各地に情報提供者を確保し、インテリジェンス・ネットワーク（諜報網）を展開していた。しかし真珠湾奇襲後、在米の日本大使館や総領事館は閉鎖を余儀なくされ、せっかく育てた情報提供者の情報を報告する先がなくなってしまった。この受け皿の役割をスペインが引き受けるのである。日本のスパイ網がアメリカで得た情報をスペインの外交官に報告し、それをワシントンのスペイン大使館がマドリードに報告する。そしてマドリードのスペイン外務省が日本大使館にそのスパイ情報を転達する、という手順になっていた。

〈中立国スペインでも日本の情報収集工作は行なわれていた。このグループはＴＯスパイ網と呼ばれ、アメリカをふくむ各国に派遣されている工作員が送ってきた連合軍の艦艇に関する情報を収集した。ＴＯの指揮をとっていたのは、マドリードの日本大使館で公使の地位にあった須磨彌吉郎だった。ＴＯが得た情報は、日本のみならずドイツにも利用された。〉（Ｈ・キース・メルトン〈伏見威蕃訳〉『新版　スパイ・ブック』朝日新聞社、二〇〇五年、四一頁）

ここでいうＴＯ（トー）とは、外務省で最初、「盗《とう》工作」と称されていたが、これではスパイ活動であるということがあまりに露骨なので、途中から名称を「東《とう》工作」と変更した経緯がある。

私は、鈴木宗男事件絡みで二〇〇二年二月二十二日にインテリジェンスの最前線を統括する国際情報調査局分析第一課の主任分析官を解任され、秘密情報へのアクセスが一切認められない外務省大臣官房総務課外交史料館に異動になった。閑職への異動に私が腹をたてて自主退職することを当時の外務省執行部は狙っていたのであろう。外交史料館では、学者を招いて定期的に研究会が行われていた。あるとき秦郁彦日本大学教授（当時）が、戦中の日本外務省のインテリジェンス工作に関し、須磨公使の「東工作」について解説した。これを契機に、転んでもタダでは起きない性格の私は、外交史料館の文書庫から「東工作」に関する電報を取り出して研究した。このような戦中の日本外務省のインテリジェンス活動に関する資料を、この年の五月十四日、東京地方検察庁特別捜査部によって逮捕されるまで読みあさっていた。戦前の日本外務省のスパイ能力は決してアメリカやイギリスに劣っていないという印象を強くもった。

吉野　須磨さんというのは、またこれが一風変わった人でした。彼はもっぱらスパイみたいなことをしてるんですよ。たくさんカネを持っているんです。それを、マドリードの情報屋にカネを渡して、そいつの話を聞いて、その内容を暗号電報で打つ、いわゆる須磨情報というやつを日本の外務本省に送っていました。

――私、外交史料館でその資料を見ました。「TO情報」となってるんですね。その「TO」というのは、盗むという言葉と東という言葉を引っかけているんですね。

吉野　なるほど。

――電報は今も残っていて、外交史料館の文書庫にあります。利益代表国であるスペインの在米大使館からの情報も、マドリードの須磨公使に来ていたようです。

吉野　ほーっ、それは面白いですね。

――戦後の外務省の情報部局では、須磨公使の実像についてはほとんど知られていないんですよ。

吉野　彼は、話がうまいんですよね。われわれに対しても、聞かせるような話し方をしたんです。それと目が印象的で……。

――ちょっとやぶにらみみたいな。

吉野　そうそう。しかし憎めない人ですね。

一九九九年に政策研究大学院大学で、渡邉昭夫（元東京大学教授）、伊藤隆（元政策研究大学院大学教授）、股野景親（元駐スウェーデン大使）、武田知己（現大東文化大学教授）が行った聴き取り調査に関して、吉野は次のように答えている。

伊藤　須磨（弥吉郎）さんは、どうなんですか。

吉野　須磨さんはスペインにいましたが、あの大使《ママ》は情報屋ということで有名でした。ともかく、「出入りの情報屋が、こう言って来ましたよ」というような話を流すわけです。でも、「須磨情報」というのは、誰が読んでも面白くて、特色があった電報でしたね。

伊藤　どういう意味で特色があったんですか。

吉野　つまり、情報屋がそういうことを聞いてきて流すわけですから、カラフルな電報があったように憶えていますね。別に、どっちに有利とか不利とかいうことはあまりなかったような気がしますけれどね。スペイン自身は右寄りでしたけれどね。フランコが頑張っていました。そうかと言って、電報はドイツが勝ちそうだということばかりではなく、「勝つ」という電報も出したし、「負ける」という電報も打ったということでしょうね。

伊藤　よく、「須磨情報」「須磨情報」と言われますけれど、どういうことなのかなと思っていたんですね。

吉野　それはカラフルで、読んでいて面白いということですよ。一貫性のあるものではないんですが……。

渡邉　特殊な情報を持っていたというわけではないんですね。

吉野　それはみんな、「誰々の言うところによれば……」という形でしたね。彼は相当の金を本省からもらって、情報屋を使っていたんですから。だから、面白かったような気がしますね。

渡邉　そういう点では、スペインを情報収集のために重視していた、という意味でもあるわけですね。

吉野　そういうこともありますね。

（『吉野文六オーラルヒストリー』政策研究大学院大学、二〇〇三年七月）

渡邉が、「特殊な情報を持っていたというわけではないんですね」と質しているが、これは明らかにピントがずれている。日本外務省の用語で、「特殊情報」というと、それは新聞、雑誌、ラジオなどの公開情報の処理や、外交官による通常の意見交換ではない、工作にもとづくインテリジェンス情報を指す。「情報屋」が出入りしているということは、そこでインテリジェンス工作が行われているということだ。吉野は、須磨が「相当の金を本省からもらって、情報屋を使っていた」と述べているのであるから、これが相当特殊な情報、平たく言えばスパイ情報であることは間違いない。インタビュアーにインテリジェンスの基礎知識が欠けているので、吉野のもっている情報を十分に引き出せていない。特にドイツが「負ける」という情報も、在スペイン公使館が外務本省に送っていたという証言は興味深い。ドイツの日本大使館では、ドイツにとって都合の悪い情報が抑えられる傾向にあったのと比較すると、須磨公使の指導下で、スペインではプロフェッショナリズムに徹したインテリジェンス活動が行われていたことがうかがえる。

須磨のインテリジェンス能力が優れたものであることは、一九三九年十月に日本外交協会が印刷した『日米関係の現状に就て』という小冊子の中にも現れている。

〈もう一つ驚くべきことは、大統領と最も近い関係にあるユダヤ人一派のウオルター・リツプマンが四月十七日に私に話したことがあります。「日本は防共アクシス（註＊枢軸）とか言つて独伊と結んで何とかすると言つてゐるが実に気違《ママ》ひ沙汰だよ、一体防共アクシスといふものは、君、日本は防共だと思つてゐるかも知れんが、ドイツは反英運動を起させるつもりでやつてゐる。それに躍つてゐる。嘘ならごらん、君達は終始反英運動に憂身をやつして自分たちの身を削るからそう思ひ給へ」更に、それだけならいゝが「君たちが親友だと思つてゐるドイツは、悪友であり敵であるロシヤと必ずくつ附くから、そう思ひ給へ」と言つた。的中にもこれ程の的中はないと思ふ。更に申上げたいことは、いまイギリスが対米宣伝に派遣してゐるサー・ジヨージ・ペイシユが矢張その当時ワシントンのタウンホールの演説会で同じことを誓言して居ります。「必ず戦争来る。戦争はこの秋に来る。その時にヨーロツパの国家の聯合関係は違つて居る。それはドイツはロシヤとくつ附くからである」と言つたのであります。当時はそんな莫迦なことあるものか、胡麻化すのだと言つて居ましたが、今日になれば当つて居る。さう致しますと、ルーズヴエルトは手に取るやうにかういふ情報を持つて居つて世界を操つて居る。〉（須磨彌吉郎氏述・要旨『日米關係の現状に就て』日本外交協會、一九三九年十月、三二〜三四頁）

須磨が駐米大使館の公使として勤務していた時期に、大統領に近いユダヤ・ロビーにも相当食い込んでいたことがうかがえる。このリップマンの情報は一九三九年四月十七日付であるが、その四ヵ月後の八月二十三日に独ソ不可侵条約が締結されている。この情報が迅速に首相官邸に上げられ、評価されていたならば、日独防共協定と独ソ不可侵条約が矛盾したことの責任をとって、平沼騏一郎内閣が「欧州情勢は複雑怪奇」という言葉を残して、総辞職する必要もなかったであろう。ここで問題となるのは、現代においてもよく議論されることであるが、正確で重要な情報を日本外務省がもっていても、それが必ずしも政策に生かされ、日本の国益を増進するために使われないことである。

マドリードからベルリンに向かうにはパリを経由するのが最短コースであるが、当時、パリを含むフランスの北半分はドイツ軍の占領下に置かれていた。占領地域では偶発的な事故に巻き込まれる危険性があるので、吉野たちは、バルセロナ、親ドイツのビシー仏政権が支配するフランス南部を通り、スイスからドイツに入った。ベルリン到着は一九四一年五月三十日のことだった。

大島大使の怒り

ベルリンに着いてから、一～二日後に、大島浩駐独大使が吉野、兼松武、木本三郎の着任を歓迎して食事会を開いてくれた。フランス料理に少し和食が合わさった不思議な料理で、あまりおいしかったという印象がない。大島は豪快に酒を飲む。そして、いくら飲んでも酩酊しない。ほとんどのドイツ人も酒量では大島にかなわない。ナチスの県知事には乱暴者が多かったが、彼らととことん強い酒を飲んで、友達になる才能が大島にはあった。大島は、陸軍幼年学校時代からドイツ語を勉強してきたので、現地人と遜色のない語学力で人脈を構築したという説があるが、吉野によれば、大島のドイツ語力には限界があったという。大島は以前、オーストリアに勤務したことがあるので、聴き取りは相当できたが、会話力は、自由に意思疎通を行えるレベルに達していなかった。もっともハッタリも外交官にとっては重要な能力である。酒で語学力不足を補うというのも重要なハッタリ能力である。

吉野はそれまでの噂で、大島については、ヒトラー崇拝者の武闘派という印象をもっていたが、実際に会ってみると、他人の見解にも耳を傾ける大いなる常識人だ。歓迎会の席で、大島が吉野に質問をした。

「君、外交官の仕事は何と心得るか」

「大使閣下、国際紛争を極力外交交渉によって、平和裏に解決することです」

「吉野君、君の考え方は古い。外交の選択肢に戦争も含めて考えるべきである。戦争を恐れてはいかん」

「しかし、大使閣下、外交というものは、戦争に訴えずに、国の大事な係争問題を、相手の国と交渉によって解決するというのが本質だと思います」

「おまえは、クラウゼビッツが、戦争は外交の一つの手段であるということを言ったのを知っているか」

「知っています」

これ以上この問題で話を続けると険悪な事態になると思って、吉野は沈黙した。すると大島が松岡洋右外相のことを手厳しく批判した。

「松岡がこないだ、法眼（晋作外相秘書官）を連れて俺のところへ来た。松岡に『おまえ、モスクワに行って、何をするつもりだ』と言っておいたんだが、松岡のやつがスターリンと中立条約など結んで。バカなことをしたもんだ。ドイツは必ずソ連と戦争をする」

吉野はその話を聞きながら、大島がヒトラー周辺から極めて正確な情報を得ているのだと思った。それにしても、出先の大使が外務大臣を呼び捨てにし、悪し様に非難するというのは尋常なことではない。外務省の公電（公務で使用する電報）は、大使

（公使）と外務大臣の名前でやりとりするのであるが、大使（公使）館から外務本省に宛てて要望を述べる場合は「〜願いたい」と表現するのに対して、外務本省から大使（公使）館に対しては「〜ありたい」と命令する形をとる。出先の大使は、あくまでも東京の外務本省からの訓令に従うという規律になっているのに、ベルリンではそれが守られていない。この大使館のいびつな構造を吉野は感じとった。最後に、吉野は研修計画について述べた。

「これから本省の命令に従い、ドイツ語を勉強しに地方の大学に行くことになっています。とりあえず、ハイデルベルク大学で勉強するつもりです」

「おまえ、これからハイデルベルクへ行って勉強すると言うけども、ドイツが間もなくソ連と戦争を始めるから、それを覚悟しろよ」

戦争で勉強どころではなくなるということを、大島は強く吉野たちに警告した。

吉野　そのとき、私は不思議に思ったんですよ。大島大使はどうしてそんなことを知っているのだろうと。

——独ソ不可侵条約があるわけですからね。

吉野　そう。独ソ不可侵条約もあるし、それから、われわれはヒトラーの伝記を読んでいるので、ソ連に対するドイツ人の恐怖心を知っていた。自伝の中で、ヒトラーは、第一次世界大戦ではドイツは本来ならば戦争に勝っていた。しかし、結局、ロシアを攻めたがゆえに、さんざんなひどい目に遭い、ナポレオンと同じようにモスクワから退却して、結局、敗北してしまったんだと、当時の戦略の大間違いはロシアを攻めたことにあると、ヒトラーは指摘していたわけですよ。『マイン・カンプ（Mein Kampf）』に書いてあります。

――『わが闘争』ですね。

吉野　それだから、ドイツの国民も、われわれも、ドイツがソ連と戦争するということは考えていなかったわけです。残る敵は英国だけだ、これを潰しさえすれば、ドイツは安泰なのだと思っていました。ところが、大島大使が、私みたいな書生に、「おまえ、ハイデルベルクへ行って間もなく、ソ連と戦争になるよ」と言う。どこからその情報を聞いてきたかはわからない。直接、ヒトラーないしはリッベントロップ外相から聞いたとは言わなかったように記憶しています。大島大使のことだから、ある程度確実な情報を持っているんだろうとは思っていましたが。

――要するに、大島大使は、ヒトラー周辺に非常に食い込んでいたということですね。

吉野　そう。非常に食い込んでいたし、大島さんはヒトラーから、「ドイツがソ連をたたくときに、日本は関東軍を動かして、シベリアから攻めてくれ」ということは言われていたんでしょう。そう言われた時期や詳しい内容については、はっきりしたことは知りませんが。とにかく、大島さんは、「間もなくドイツはポーランド経由でソ連と戦争を始める」ということを事前に知っていたんです。

――極めて正確な情報が入っていたわけですね。

吉野 だから、法眼さんを連れた松岡大臣が、ベルリンで非常に歓迎されたその足でモスクワへ行って、今度は日ソ中立条約を結んだことに大島大使はたいへん怒ったわけです。それで「私のクビを切ってくれ、もう大使としては務まらん」と、これまでのように快々としてベルリンの交遊を楽しむことができない日々が続いていたんだろうと思います。

――ということは、大島大使は松岡大臣に伝えていたんですね。要するに独ソは開戦するぞということを。

吉野 そうそう。

――けれど、信じなかったのですね、その情報を松岡大臣は。

吉野 むしろ、その情報の裏を読もうとしたんでしょうね。松岡さんはソ連の強さというのはよく知っていたはずですよ。関東軍がその前にノモンハンでさんざんにやられて、もう日本の北進（対ソ戦争）はダメだなということを、彼のみならず陸軍も全部承知していたんです。

要するに、独ソ戦に巻き込まれて、日本が対ソ戦に踏み切らざるを得ない状況になることを避けるというのが、その当時の松岡外相の考えであったと、吉野は認識している。私も吉野の見方を支持する。実際に独ソ戦が始まると、松岡は日ソ中立条約を無視してシベリアからソ連に攻め込むことを主張するが、それはドイツが電撃戦で想定外の早さでモスクワに迫る状況を見て、認識を変更したのだと私は見ている。変わり身の早さは、帝国主義時代に生きる外交官にとっては、必要不可欠な資質なのである。しかし、このようなマキャベリズムが近衛文麿首相に忌避され、一九四一年七月十六日に松岡は失脚するのである。

ヒトラーの『わが闘争』を読むと、確かに吉野が指摘する通り、対露戦争の泥沼に足を踏み込んだことが、第一次世界大戦でドイツが敗れた原因であるという認識が見られる。

〈三年間東部のドイツ軍はロシアを攻撃した。はじめはほんの少しの成果さえもなかったように思えた。かれらはこの効果のない開始を嘲笑せんばかりであった。というのは、けっきょく、人間の数の多い大男ロシアが勝利者であるに違いなかった。そしてドイツは出血して倒れるのだ。事実はこの希望を確認するかに見えていた。はじめてタンネンベルクの戦から、ロシアの捕虜の無数の群が道路や鉄道でドイツへ運ばれだした一九一四年九月のある日以来、この流れはほとんど終りがなかった。──しかしおのおの打ち破られ殲滅された軍隊のあとからは、新しい軍隊がたちあがったのである。この巨大国は無尽蔵にたえず新しい兵士をツァーに捧げ、また新しい犠牲を戦争に与えたのだ。いつまでドイツはこの競争を続けられたであろうか？ドイツが最後の勝利を得た後にも、なお最後のロシア軍がほんとうに最後の戦いに出てこないような日は、いつまでもこないに違いなかった？　そうすればどうなるのか？人々が推量するところでは、ロシアの勝利はまったくのろのろしているかも知れないが、くるに違いなかった。〉（アドルフ・ヒトラー『わが闘争（上）Ｉ民族主義的世界観』角川文庫〔二〇〇一年改版、以下同〕、二五六～二五七頁）

ソ連と戦い、持久戦にもつれこんだ場合、ドイツにとって不利な状況が生じることをヒトラーは十分認識している。しかし、ソ連とは戦うことになると、全く逆の言説もヒトラーは『わが闘争』の中で述べている。

〈戦前にはまだ第二の道が存在していたとも考えられる。イギリスと対抗するために、ロシアに頼ることができたかもわからなかった。

今日では状況が変ってしまっている。たとえまだ戦前にはあらゆる胸に迫りくる感情を押し隠してロシアと同調することもできたに違いないが、今日ではもはやこのことは不可能である。その後世界の時計の針はどんどん進み、わが民族の運命がどっちみち決定されねばならぬ瞬間を巨大な時鐘の響きでもってわれわれに告知している。現在地上の諸大国家が強固になりつつある傾向はわれわれに対する最後の警報であり、われわれは自省し、夢の世界からわが民族を再びきびしい現実に連れ戻し、旧ドイツ国を新たな繁栄に導きうるたった一つの将来への道をかれらに指示しなければならないのである。〉（『わが闘争（下）Ⅱ国家社会主義運動』角川文庫〔二〇〇一年改版、以下同〕、三七〇～三七一頁）

ナチズムの内在的論理をテキストから読み取ろうとしても、袋小路に陥るだけだ。テキストを超えたところで、その世界観をとらえなければならない。ナチズムはアーリア人種（ドイツ民族）が遺伝子的にもっとも優れた素質をもっているので、それを生かし、他の劣等人種を淘汰して生き残るという、社会進化論を基礎にした乱暴なイデオロギーから構築されている。アーリア人種が優秀であるということに対する根拠は、一種の信仰である。この信仰を受け入れない者にとってナチズムは全く説得力をもたない。

大島はナチスと信仰を共有した。当時の日本の外務官僚でも、ナチス信仰に魅了された者は少なからずいたと思う。しかし、松本高校、東京帝大で、英米哲学の自由主義、プラグマティズムの教養を身につけた吉野にとって、実証性にも多元性にも反するこのような神話を受け入れることは不可能だった。

そもそもナチズムは日本人についても劣等人種であるという認識を隠さない。ヒトラーは、日本人に文化を創造する能力はなく、アーリア人種から受容した文化を維持するのが精一杯であるという認識を『わが闘争』の中で示している。

〈もし、人類を文化創造者、文化支持者、文化破壊者の三種類に分けるとすれば、第一のものの代表者として、おそらくアーリア人種だけが問題となるに違いなかろう。すべての人間の創造物の基礎や周壁はかれらによって作られており、ただ外面的な形や色だけが、個々の民族のその時々にもつ特徴によって、決定されているにすぎない。かれらはあらゆる人類の進歩に対して、すばらしい構成素材、および設計図を提供したので、ただ完成だけが、その時々の人種の存在様式に適合して遂行されたのだ。たとえば、数十年もへぬ中に、東部アジアの全部の国が、その基礎は結局、われわれの場合と同様なヘレニズム精神とゲルマンの技術であるような文化を自分たちの国に固有のものだと呼ぶようになるだろう。ただ、外面的形式——少なくとも部分的には——だけがアジア的存在様式の特徴を身につけるだろう。日本は多くの人々がそう思っているように、自分の文化にヨーロッパの技術をつけ加えたのではなく、ヨーロッパの科学と技術が日本の特性によって装飾されたのだ。実際生活の基礎は、たとえ、日本文化が——内面的な区別なのだから外観ではよけいにヨーロッパ人の目にはいってくるから——生活の色彩を限定しているにしても、もはや特に日本的な文化ではないのであって、それはヨーロッパやアメリカの、したがってアーリア民族の強力な科学・技術的労作なのである。これらの業績に基づいてのみ、東洋も一般的な人類の進歩についてゆくことができるのだ。これらは日々のパンのための闘争の基礎を作り出し、そのための武器と道具を生み出したのであって、ただ表面的な包装だけが、徐々に日本人の存在様式に調和させられたに過ぎない。

今日以後、かりにヨーロッパとアメリカが滅亡したとして、すべてアーリア人の影響がそれ以上日本に及ぼされなくなったとしよう。その場合、短期間はなお今日の日本の科学と技術の上昇は続くことができるに違いない。しかしわずかな年月で、はやくも泉は水がかれてしまい、日本的特性は強まってゆくだろうが、現在の文化は硬直し、七十年前にアーリア文化の大波によって破られた眠りに再び落ちてゆくだろう。だから、今日の日本の発展がアーリア的源泉に生命を負っているとまったく同様、かつて遠い昔にもまた外国の影響と外国の精神が当時の日本文化の覚醒者《かくせいしゃ》であったのだ。その文化が後になって化石化したり、完全に硬直してしまったという事実は、そのことをもっともよく証明している。こうした硬直は、元来創造的な人種の本質が失われるか、あるいは、文化領域の最初の発展に動因と素材を与えた、外からの影響が後になって欠けてしまう場合にのみ、一民族に現われうる。ある民族が、文化を他人種から本質的な基礎材料として、うけとり、同化し、加工しても、それから先、外からの影響が絶えてしまうと、またしても硬化するということが確実であるとすれば、このような人種は、おそらく「文化支持的」と呼ばれうるが、けっして「文化創造的」と呼ばれることはできない。〉(『わが闘争（上）』三七七〜三七九頁)

ナチズムの世界観から見れば、ドイツ人にとって敵であるイギリス人やアメリカ人よりも、味方の日本人のほうが劣等人種なのである。戦前、日本では『わが闘争』の翻訳が複数出版されたが、いま引用した部分はいずれも削除されている。日独伊三国同盟という国策を遂行する観点から、ナチズムの本音の日本人観が広まることを当時の日本政府が嫌がったから、このような削除が行われたのである。

ヒトラーはそもそもロシア人を劣等人種であると認識している。それに加え、共産主義者はユダヤ人であるので、当時のソ連はユダヤ人によって乗っ取られた国家であると考えている。ユダヤ人を除去し、ロシア人を奴隷にすることが、ドイツの国益に合致するという乱暴な神話を基礎に、外交政策を組み立てようとするのである。その戦略も『わが闘争』に記されているが、一見、勇ましく見える主張のなかに重要な留保がなされている。〈剣によってのみ大地が与えられうるとしても、むしろドイツの鋤《すき》による勤勉な労働にこそ将来の目標があるのだ、という政治的洞察〉（『わが闘争（下）』三五九頁）という箇所だが、これを別の言葉で言い換えると、究極的には武力によってロシアの大地を獲得することになるが、その前提として、ドイツ人が勤勉に働き、ドイツの国力をつけなくてはならないということである。ヒトラーは、ソ連との戦争を恐れているのである。

第四章
学究の日々と日米開戦

カール・ヤスパース

カール・バルト

ハイデルベルク大学

ミュンヘン大学

フォン・シュタウフェン
ベルク大佐

ビュルツブルク大学

六月初め、吉野は大学町のハイデルベルクに移った。ハイデルベルク大学は一三八六年にプファルツ選帝侯ループレヒト一世によって創設されたドイツ最古の大学である。大学では経済学部に籍を置いた。現在もそうであるが、外務省研修生の目標は、一にも二にも語学を習得することなので、学位取得をあえて求めない。図書館に缶詰になって論文書きをするよりも、酒場にでも行って、流暢に外国語を操ることができるようになることを奨励するのである。

当時の大学では、女子学生が占める比率が圧倒的に高かった。男子学生は、徴兵適齢期なので、兵士にとられているからである。男子学生は、イランやブルガリア、イタリアなどのドイツの友好国、さらに第二次世界大戦でドイツが占領した諸国から、ドイツ系のフランス人、ベルギー人などナチズムのイデオロギーで「アーリア人種」と認められた人々がほとんどだった。

吉野は、ドイツ語で「ペンション」という大学に近い下宿に住んだ。吉野のペンションには、十数名が住んでいて、朝食は各人別々にとるが、昼食と夕食は同じテーブルで一緒にとって、そのときいろいろ話をする。その過程で、吉野のドイツ語力も向上してきた。ペンションの主人はナチス党員であるが、ナチズムの信奉者というわけではなく、そのほうが有利だということでナチス党員となった、当時、よく見かけた俗物の一人であった。

一九四一年六月二十二日のことだ。朝方、トントンと部屋の扉を叩く音がする。ベッドから起きあがり、扉を開けると下宿のおばさんが「大変だ！　大変だ！　ドイツがソ連と戦争を始めた」と叫んで、他の下宿人も起こしてまわっていた。吉野はすでに大島大使から、その可能性を予告されていたので別に驚かなかったが、大方の下宿人たちの顔は蒼白であった。これからまもなくヒトラーが緊急演説をするという。ペンションの人々は、「ドイツはすでに全ヨーロッパを制圧したのに、これから何が起きるのか」と心配しているようだった。ヒトラーはラジオで国民に直接訴えることが好きだし、演説に対してヒトラーは自信を持っていた。

この日、ヒトラーは、「今やわが軍は、ポーランドを経由して、ソ連と戦争を始めた。わが軍は、勝って、勝って、勝ちまくって、今やどんどんとポーランドを経由してソ連領に入っている。あと二週間でモスクワまで行く。だから心配するな。わが軍はえらく強いんだ。ことにドイツのタンク（戦車）が、足早に今、どんどんと川や沼地を乗り越えて進撃している」というような演説をし、最後にボルシェヴィズムの全世界に対する脅威を強調した。

しかし、第一次世界大戦の負傷兵だった下宿の主人を含め、皆が浮かぬ顔をしている。「ロシアを相手に戦って、大丈夫か」という気持ちが国民に蔓延していたからだ。当時の平均的ドイツ人の受け止め方について吉野はこう言う。

ドイツ人は、ことに私の下宿のおばさんや、そこの主人も含めて、ナチス党員かその支持者の人ですけど、みんな第一次大戦でドイツが敗れたのは、ロシアと戦争を始めたからだという、ヒトラーと同じ考えを持っているわけですよ。だから、せっかく全ヨーロッパを席巻して、あとは英国をやっつけるだけだというときになって、突然、英国じゃなくて、ポーランド経由でソ連と戦争を始めたということに対して、非常に大きなショックを受けていた。その様子を隠すことはしませんでした。

戦争は、ヒトラーが予測していたような短期間で終了せず、冬を迎えることになった。ドイツ兵は冬支度をしていないので、家庭にある毛皮のコートを供出する運動が起きた。ドイツ人はみな協力的で、一張羅の毛皮のコートをトラックの荷台に積み戦場に送った。

しかし、ドイツにとってソ連は不可侵条約を結んだ友好国である。条約侵犯についてヒトラーはどう認識していたのであろうか。『わが闘争』を読めば、国際合意に関するヒトラーのシニカルな基本認識がわかる。

〈戦争意図を目的として含まないような同盟はナンセンスであり、また無価値である。戦争のためにのみ同盟は結ばれるものである。そして、たとえ同盟条約を締結する時点においては対決がまだ非常に遠い先のことであるとしても、それにもかかわらず戦争に巻き込まれるという見込こそが同盟締結をもたらす本質的誘因である。〉(『わが闘争(下)』三六六頁)

要するに、同盟とは、次の戦争に備える時間稼ぎに過ぎない。従って、機が熟せば、同盟相手ですら攻撃しかねないのである。このようなナチスの外交に、吉野は全く魅力を感じなかった。しかも、ナチズムに対するこのような違和感を共有する人々は、少なくとも吉野の周囲にはかなりいたのである。このペンションには、アメリカ人の老婦人が住んでいた。このアメリカ人から吉野はドイツ語を習う。この女性もナチズムを嫌っていた。

吉野　ペンションにアメリカ人女性がいたんですよ。もちろん英語をスラスラ話すわけだ。その老婦人のお父さんかお母さんがドイツ人で、彼女はアメリカのブルックリンで育って、若いときにドイツのゲッティンゲン大学に留学したんです。脳溢血ではなかったかと思いますが、老婦人は、頭の病気の後遺症で、片手、片足が不自由でした。私が同じペンションに下宿することになって、そのうち親しくなると、英語を通してドイツ語を教えてくれるようになったんです。

――言葉には不自由はなかったんですか？

吉野　体は不自由でしたけど、言葉は不自由じゃなかった。ちょうど日本人の二世が日本へ帰って勉強するように、ゲッティンゲン大学で勉強しているときにドイツ人と結婚した。そして、その娘がやはりドイツ人と結婚してハイデルベルクに住んでいた。そういうわけで、時々、娘に見舞ってもらうために、老婦人は同じ街のペンションに移り住んでいたんです。彼女もその娘も非常にナチ嫌いでした。私が勉強のために彼女の部屋を訪ねると、ナチの悪口ばっかり言うわけです。ヒトラーは成り上がりだ、何だかんだと。それは無理もないことでしょう。確かにそれが、一般的な人のヒトラーに対する感じ方でしたからね。

ハイデルベルクは、ユダヤ人の多い街でもある。吉野が暮らしていたペンションにも八十歳を越えたユダヤ人の老女が住んでいた。ペンションの持ち主も彼女が小金を持っているので客人として丁寧に扱っていたようである。そもそもドイツの体系知は、ドイツ人とアシュケナージ（中東欧）系ユダヤ人の伝統が合わさってできているもので、大学町にはユダヤ人が多い。そのユダヤ人が、幼い子どもを含め、ある日突然、全員、「ダビデの星」印を胸につけるようになる。吉野は、このような反ユダヤ政策に強い違和感をもった。

吉野　ハイデルベルクにはユダヤ人がたくさんいました。ユダヤ系ドイツ人は、当初、日本を非常に頼りにしていた様子でした。ハイデルベルクには、私も含めて三人の日本人がいました。僕以外の二人は学者だったんですが、一人は前田という、後に東京大学のギリシャ語の……。

――後に東京大学文学部西洋古典学科の主任教授になる前田護郎先生ですか？あの方は新約聖書の研究で、戦後、国際的な権威になりました。

吉野　よくご存じですね。もう亡くなってしまいました。もう一人は、明治維新の元老岩倉具視の孫で岩倉具実《ともざね》という人がいました（註＊戦後、同志社大学教授となり、言語学を教えた）。当時、ようやくドイツ側も、日本と三国同盟を結んだ以上、日本語を勉強しなきゃいかんと考えて、大学に講座を置くことにした。そのときの先生が岩倉具実なんです。彼が借りていた家もユダヤ人のうちで、具実さんには十歳になったかならないかの息子が一人いましたが、その息子をユダヤ人の夫妻が非常によく面倒を見ていました。その理由というのは、ともかく日本人がうちにいてくれれば、自分たちは安全だと、こういう気持ちからなんですよね。

――結局、ハイデルベルクのユダヤ人たちは、強制収容所に連れていかれたんですね。

吉野　連れていかれました。ハイデルベルクに着いたときは、まだそんなことはわからなかった。ただ、私がドイツへ入ったときから、公園のベンチなんかには「ユーデン・フェアボーテン（ユダヤ人禁止）」と、ユダヤ人は座っちゃいかんと書いてあった。

――ダビデの星はまだつけさせられていませんでしたか？

吉野　私がハイデルベルクに着いた頃にはまだつけていなかった。ところが秋頃になって、ある朝、散歩していると、小さなユダヤ人の子どもまでもが、胸に黄色い星をつけて歩いている。それを見て、「ひどいことするな、あんなに小さな子どもまでもユダヤ人であるかないかなんて、どちらだっていいじゃないか」と思ったものです。

ハイデルベルク大学で学んだ外務省の先輩に牛場信彦がいる。戦前、戦中は、親ナチス・ドイツの右派（枢軸派）の若手外交官だったが、戦後は親米派に転換し、事務次官、駐米大使と外務官僚としての頂点を上り詰めた。当時、ロンドンの日本大使館に三等書記官として勤めていた牛場が、ベルリンの日本大使館に転任となった。枢軸派の首領《ドン》である大島大使が、同志である牛場を呼び寄せたのだ。ほどなくして牛場は、ハイデルベルクを訪ねてくる。

吉野　牛場さんという、後に私の上司になった人ですが、彼がハイデルベルクに訪ねてきたんです。彼はロンドンで三等書記官か何かをしていたんですが、大島さんが牛場さんを呼び寄せたんです。「俺のところへ来い」と。

——気に入られていたわけですね。

吉野　当時の外務省は大島さんの言うことをよく聞いていたわけでしょうからね。牛場さんは飛行機でロンドンからリスボンへ飛んだんでしょうが、ともかくベルリンへ来たんです。転任して間もなく、ドイツの外務省の連中と一緒に、バインシュトラーセ（ワイン街道）を自動車旅行して、ハイデルベルクまで訪ねてきたんですよ。牛場さんと一緒に来た連中は、ドイツ側の外務省の男、二人なんです。この連中は、牛場さんが親独的であるのと同じように、後々までも非常に親日的でした。いわゆる三国同盟堅持のドイツ外務省員でしたね。

このドイツ外交官の一人が廃墟のベルリンで日本大使館に最後の連絡を伝えることになる。

一九四五年五月初旬、ドイツが降伏した後、大島大使もすでに南部のバート・ガシュタインに避難していて大使不在の日本大使館に、一人の男が自転車に乗って、ドイツ外務省の代表として訪ねてくる。

「遺憾ながら、ドイツは降伏し、貴国との同盟から離脱せざるを得なくなった。これまでの貴国の厚情に感謝するとともに、今後の善戦を期待する」

涙を浮かべてこのドイツ人は、「われわれは敗れたが、後は日本がしっかり戦ってくれ」と伝えに来たのである。この話を同僚から聞いて、吉野は、「同盟から離脱するときには、相手国に通報するのが外交上の当然の義務なので、ドイツ国家が崩壊した今でも、その義務を果たさなくてはならないとこの男は考えている。ほんものの外交官だ」と思った。後になって、吉野はこの男とハイデルベルク時代に会っていたことを知る。ワイナリーで一緒に飲んだときと、廃墟のベルリンで自転車に乗っていたというこの男の姿が、今もときどき交互に思い浮かぶ。

大学の知的閉塞感

ハイデルベルク市の中心にはネッカー川が流れている。この町には、有名な「フィロゾーフェンベーク（Philosophenweg　哲学者の道）」と呼ばれるちょっとした山道がある。この道からネッカー川と旧市街がよく見える。かつて、ゲーテやヘーゲルが、思索をしながらこの道を歩いたという。京都の、若王子神社から北白川までの琵琶湖疏水沿いの道が「哲学の道」と呼ばれている。これは、哲学者の西田幾多郎がこの道を散策する習慣があったこととハイデルベルクの「哲学者の道」になぞらえて命名されたものである。

吉野文六もハイデルベルク大学留学時代には「哲学者の道」をよく歩いた。自動車が通らないので、思索しながら歩くのにちょうどよい散歩道である。しかし、吉野が留学した時期には、もはやドイツの大学には自由に哲学的な思索をする場はなかった。

ドイツの大学が知的閉塞状況に追い込まれたのは、ヒトラーが全権を掌握した二年後の一九三四年のことだ。この年の八月二日にヒンデンブルク大統領が死去した。同十九日にヒトラーは、大統領と首相を兼務して「総統（フューラー）」に就任した。ヒトラーは、全国家公務員に対して、総統に対する全面的忠誠を書面で提出することを要求した。当時、ドイツの大学はすべて国立で、大学教授は国家公務員だった。従って、大学教授にも宣誓書の提出が求められた。ほとんどの大学教授が、「長いものには巻かれろ」と宣誓書を提出した。非常に珍しい例であるが、この宣誓書に留保条件をつけた大学教授がいた。ボン大学プロテスタント神学部のカール・バルト教授である。バルトは、その当時において、すでに国際的に著名な弁証法神学者であった。

バルトは、一九三四年十一月七日付で要請されたヒトラーに対する宣誓書に「プロテスタント・キリスト教徒として責任を負うことができる範囲で忠誠を誓う」という留保を記した。これは、今後の状況に応じて、キリスト教徒としての良心に基づいて、抵抗権を行使するということを意味する。真正面からヒトラーに対して喧嘩を売ったのだ。当然、大スキャンダルになった。

その結果バルトは、裁判にかけられ、ボン大学教授を罷免され、ドイツを去り、スイスのバーゼル大学で教壇に立つことになった。この裁判でバルトは次のように弁明した。

〈国家は教会を承認することによって、国家として自己に措定された限界を、国家自身のために肯定するのです。そして国家公務員としての神学教授は、この限界を守るために国家自身によって任命された見張番であり、またまさに、現在広く行なわれており、あの検事によって布告されたような国家理論によるあの限界の突破に対する見張番なのです。忠誠宣誓の問題にしろ、講義の開始に際して《ハイル・ヒトラー》という挨拶をすることにしろ、私は国家の委任そのものとしてなさねばならないことならやりもしましょう。しかし裁判官殿、あなた方は国家の利益のために全体主義とは関係がないことを宣言すべきです。……もしそうしないならば……あなた方はそれによってヒトラーを受肉した神とすることになり、第一戒に対する最も重大な違反を犯すことになります。（略）〉（エーバーハルト・ブッシュ『カール・バルトの生涯　1886―1968』新教出版社、一九八九年、三六二頁）

ナチスの国家理論では、国家には無制限の権限があり、それがドイツではアドルフ・ヒトラーという天才に体現されているのである。バルトは、そもそも国家が無制限の権限をもつという考え方を認めない。さらに国家とヒトラーという個人を同一視することは、人間を神とすることに他ならず、「神以外を拝んではならない」という旧約聖書に定められた「モーセの十戒」の第二戒に違反する罪なのである。

英米の国家観も、人権によって国家の専横を抑制しようという点ではバルトと共通の立場をとる。吉野が松本高校、東京帝大時代に親しんだ英米哲学を基礎とする教養主義は、ナチスの哲学とは本質的なところで相容れなかった。

吉野の記憶には、当時もはやハイデルベルク大学で教鞭を執ることはできなくなっていたが、同市に住んでいたカール・ヤスパースのことが印象に残っている。吉野自身は見かけたことはないが、恐らく、ヤスパースは「哲学者の道」を物思いにふけりながら散策したのであろう。ヤスパースは、マルティン・ハイデッガーと並ぶ代表的な実存主義哲学者である。ハイデルベルク大学の看板教授であったが、夫人がユダヤ人であったため、ナチスの権力掌握後は、大学の運営から締め出された。一九三七年に政府から夫人との離婚を勧告されるが、ヤスパースは拒否し、大学教授職を追われた。戦時中は、ハイデルベルクに隠棲し、完全沈黙を余儀なくされた。

戦後、一九四八年にスイスのバーゼル大学に移り、神学のカール・バルト、哲学のカール・ヤスパースという「二人のカール」が同大学の二枚看板になった。

吉野　ドイツの大学は、一年に二つのゼメスター（学期）があって、学期ごとに大学を移ることができるわけです。そこで、私はミュンヘン大学に移ることにした。主たる原因は、ハイデルベルクというのはとてもいいところだけれども、長くいると、インテレクチュアルには面白くないわけですよ。

――どのへんが面白くないんでしょうか。なぜ面白くないんですか。

吉野　なぜ面白くないかというと、本当に学究的なことをやっていたら、あそこには「フィロゾーフェンベーク（哲学者の道）」というのがあるくらい、哲学が有名で学び甲斐があるところなんです。けれど、あの当時は大学の状況が変わっていた。ハイデルベルク大学にはカール・ヤスパースという、有名な哲学者が在籍していたんです。そのお隣のフライブルクにはハイデッガーがいたんですけれどね。

――ヤスパースの哲学をどのように受けとめましたか。

吉野 ヤスパース自身は決してナチじゃないんですよ。むしろわれわれのほうが誤解して、あれはナチの思想だというように考えた。ナチにはそんな高邁な思想なんてものはないんですよ。ヤスパースはむしろ、ニーチェなどに代表される哲学を究めていた人です。

――哲学界でヤスパースの哲学は、実存主義とされていますね。

吉野 観念論ではあるんですが、世の中は、自分の頭の中で考えている志向性が重要だという考え方です。私もヤスパースの著書はある程度、面白く読んでいたんです。ところが、ハイデルベルクに行った頃には、その彼はもう講義をしていなかった。もちろんナチ的な思想に通ずるものはあるんだけれども、べつにナチを礼賛しているわけじゃなくて、むしろナチズムには反対だったんでしょうね。

吉野がヤスパースにナチスと通じるところがあったと述べているのは決して、当時の認識としては間違いではない。戦後、ヤスパースはあたかも反ナチズムの実存主義哲学者であるかのような印象が強まったが、初期のナチズムには、ハイデッガーのみならずヤスパースの思想とも通じる点があった。ヤスパースは、大衆社会の中で現代人は自己を喪失していると考え、限界状況における挫折を体験することで、超越を知ることができるという言説を展開した。ヤスパースは、哲学は大学の講義で展開されるものではなく、実際の政治、社会に影響を与えるべきと考えた。

第一次世界大戦の敗北と、連合国が課した多額の賠償金による経済的困窮という限界状況をドイツ人は体験した。ワイマール共和国の民主主義は挫折し、民意を尊重しても国民生活は改善せず、国家の威信を回復することもできないと当時のドイツ人は考えた。そして、この状況を打破するのがヒトラーであるとの幻想を多くのドイツ人が抱いたのである。

夫人がユダヤ系でなければ、ヤスパースとナチス・ドイツ第三帝国の関係はかなり異なったと私は考える。

日米戦争が勃発したニュースを吉野はハイデルベルクで聞いた。もっともドイツ人にとっては、日米戦争によって、アメリカが対独戦争に踏み切ることのほうが重要な意味をもった。

――日米開戦のニュースをどのように思われましたか。

吉野　こういう戦争がいつか日米間に始まるということは予想できたことなので、起こっても驚かなかったですけどね。しかし、日本がパールハーバーを奇襲して大勝利を収めたということは非常に大きな驚きだったですね。そんな形で戦争が始まるということに。山本五十六は、ノモンハンのときに、関東軍が日本政府の意図に反する戦争を勝手に始めたことに対して、海軍次官として非常に怒っていた人ですから。その彼が率いる艦隊および航空隊がパールハーバーを奇襲せざるを得なくなったということは、大変な悲劇です。

――ドイツ人は日米開戦を喜んでいましたか。

吉野　初めは複雑な受け止め方でしたね。彼らが喜んだというのは、アメリカがいよいよ本音をあらわしたという意味でしょう。同時に日本がソ連を討たない代わりにアメリカと戦争を始めて、少なくともアメリカの欧州にかかってくる力を弱めたという点では歓迎されたという面もあったんです。

――日米開戦を受けてドイツはアメリカに宣戦布告しています。三国同盟があったとしても、ドイツはアメリカとは戦争をしないという選択をしてもよかったはずです。

吉野　アメリカの本心は、日本よりもドイツを先に叩きのめそうというものでしたからね。ルーズベルト大統領は、パールハーバーが奇襲されたにもかかわらず、まずドイツをやっつけて、その後で日本をじっくり料理しようという思惑だったわけです。だからドイツにとって、アメリカへの宣戦布告は本来ならば、大変なマイナスです。

――まさにアメリカに対して口実を与えてしまったわけですね。ドイツは引き金を引いてしまった。

ドイツは日本の同盟国であったので、ニュースもそれなりに充実していた。特に『フランクフルター・ツァイトゥング』の達筆な女性特派員「リリー・アベック」が東京から伝える報道で戦況について詳しく知ることができた。吉野は当時、ドイツで真珠湾奇襲、珊瑚海海戦、シンガポール攻略などがかなり報道されていたことを記憶している。

アメリカとの戦争が始まり、ドイツも根こそぎ動員を始めた。ネッカー川にかかる橋の上を新兵たちが行軍歌を歌いながら出征していく。この内、何人が生きて祖国に戻ることができるのか。アメリカの国力を自らの目で見たことのある吉野には、ドイツの前途が暗く思えた。それは、同時にドイツの同盟国である日本の未来も暗示していた。

ナチスの原点、ミュンヘンへ

吉野は、静かな学究的な街であるハイデルベルクに満足できなくなっていた。確かに、ハイデルベルクにも、劇場、博物館、美術館、「ローター・オクセン」と呼ばれる有名なビアホール等があり、退屈はしない。しかし、もっと現実のドイツ人の生活を観察したくなった。そこで、一九四二年の夏学期からは、ドイツ南部のミュンヘンで過ごすことにした。

ミュンヘンはバイエルンの中心都市で、またヒトラーが旗揚げの一揆を起こしたところでもある。この街で暮らせば、ナチス・ドイツの原点が見えると考えた。結論から言うと、この予測は外れた。ミュンヘンはもっとも非ナチス・ドイツ的な街だったのである。そして、吉野はそこでナチズムの公式ドクトリンとは異なるドイツを知ることになる。

一八七一年にそれまで分裂していたドイツ諸領邦が統一し、ドイツ帝国が成立した。この帝国は一九一八年に第一次世界大戦でドイツが敗北するまで続く。ミュンヘンを中心とするバイエルン王国は、王権を維持したままドイツ帝国に参加した。一九一八年に勃発したバイエルン革命の混乱でルートヴィヒ三世が退位し、王国は滅亡したが、ワイマール共和国になってからも、バイエルンでは自治気運が強かった。また、北部ドイツではプロテスタントが強いのに対し、バイエルンではカトリックが圧倒的に強い。標準ドイツ語では、〝オイ〟と言うところを〝アイ〟と発音するバイエルン訛りがある。ベルリンをはじめとする北部ドイツのプロイセン人と比較して、バイエルン人は陽気で情に厚いと言われることが多い。

ワイマール共和国時代、バイエルン州政府は、ベルリンの中央政府に対して非協力的だった。この状況を利用してヒトラーは、まずバイエルン州政府を転覆し、それをドイツ全体に拡大する右翼革命を構想する。一九二三年十一月八日、州政府の有力者がミュンヘンのビアホール「ビュルガーブロイケラー」で演説会を行う機会を利用して、ヒトラーはクーデターを起こそうとした。しかし、まともな準備をしていなかったので、クーデターは初動段階で封じ込められ、ヒトラーは、国家反逆罪で逮捕、起訴された。一九二四年四月一日にヒトラーは禁錮五年の刑を言い渡された（同年十二月二十日に仮釈放）。バイエルンでは反中央政府的傾向を反映して、国家反逆罪事件について、右翼に対しては寛大な判決が言い渡される傾向があった。ヒトラーはこの政治犯としての前科を、その後、政治キャリアをつける上で最大限に活用する。ただし、ヒトラーは『わが闘争』において、この事件についてまったく語っていない。

〈わたしはこの場所で、一九二三年十一月八日に向かって進行し、またそれを終らせたあの事件の叙述を続けようとは思わない。わたしがそれをしようと思わないのは、次の理由による。まず、わたしは将来のために、そのことになんの有効さも期待していないからである。次に、とりわけ今日ではほとんど癒合するとは考えられない傷口を開くことは無益であるからである。〉（『わが闘争（下）』四〇二頁）

これは、ヒトラー流の「神秘戦術」である。実態としては、たいした計画性も理念もないビアホールでの暴動に高邁な理想があったという雰囲気を「語らないこと」によって、神秘のベールに包み込んでしまうのである。ヒトラーは、ミュンヘンをナチス革命発祥の地として神聖化しようとした。しかし、吉野が見たミュンヘンは、ナチスがつくろうとした神話とは異なる街だった。

ミュンヘンはベルリンに次ぐ大都会ですが、私が引っ越していったときは、まだ空襲されていない静かなところでした。大学の後ろには、エングリシャー・ガルテン（英国式庭園）という森と水と野原が無計画に広がる大公園が控えており、それに新旧ピナコテークという、戦時中は閉鎖されていた、二つの大美術館が並んでいて、いかにも学究の町だという感じでした。そしてミュンヘンはヒトラーが一九三二年に天下を取る前に、ナチ党の基礎を築いたところです。市内のビアホールで集会を開いて。

ヒトラーは、ビアホールでの最初の集会について、こう回想している。

〈われわれすかんぴん連中のまったく僅少な金を持ち寄ることにより、ようやく当時ミュンヘンでの独立新聞「ミュンヒナー・ベオバハター」の広告で集会を予告することができるだけの資金が調達された。今度の首尾はたしかに驚くほどだった。われわれは集会をミュンヘン・ホーフブロイハウスケラー（ミュンヘンホーフブロイハウスのフェストザールと混同しないこと）で試みたが、それはきっちり百三十人収容できる小さなホールであった。この部屋はわたし自身には大広間のような感じであったし、われわれの仲間のだれもが、その晩にこの「でっかい」建築物を人間で満たすことに成功するかどうか心配していた。

七時には百十一人が出席していた。そして集会が開かれた。あるミュンヘンの大学教授が主要報告演説を行ない、わたしは第二番目の弁士として、はじめて公衆に話すこととなった。

党の当時の第一議長だったハラー氏には、このことは大変な向う見ずの行為と見られた。平常たしかに公正なこの紳士は、なるほどわたしがほかのことならなんでもできるだろうが、演説だけはやれない男だと、まったく決め込んでいた。この意見をかれは後の時代になっても曲げようとはしなかった。

だが状況はそうはならなかった。わたしには、この最初の公衆に話しかけるべき集会で、二十分の演説時間が認められていた。

わたしは三十分話した。そしてわたしが以前に、どうしてだかは知らないが、ただ内心で感じていただけのことが今や現実でもって証明された、わたしは演説ができたのだ！　三十分後、この小さな部屋にいた人々は強い衝動を与えられたのであり、その感激はなによりもまず、出席者の犠牲心へのわたしの訴えが三百マルクの寄付金を集めたということに現われた。そしてこのことによって、大きな悩みがわれわれから取り除かれた。財政の乏しさはこの時代にはいかにもひどいものであって、われわれは運動のために趣意書を印刷させたり、あるいはパンフレットを出版することさえできなかった。今や小さな基金のための根幹が置かれて、その後はそこから少なくとも、もっとも必要なもの、もっともやむをえないものが支払われることができた。

しかしながら、他の観点からしても、この最初のかなり大きな集会の成功は意味深かった。〉（『わが闘争（上）』四六〇～四六二頁）

ビアホールで、ヒトラーは徐々に演説と説得の技法を身につけ、カリスマ性を獲得していくのである。これは酔った勢いのいい加減な政治活動のように見えるが、そうではない。ドイツのような身分制の伝統が強く残る社会で、ビアホールは、中産階級と労働者が平等な立場で出会うことができる「公共圏」なのである。イギリスで、喫茶店（コーヒーハウス）におけるおしゃべりから公共圏ができ、それがやがて市民的な議会に発展していった経緯とも類比的だ。ビアホールに集まる人々が増えるにつれて、ヒトラーの演説にも磨きがかかり、カリスマ性を帯びていくのだ。

ヒトラーの演説の内容は支離滅裂であったが、これはナチズムの弱さではなく、強さなのである。政治学者の宮田光雄はこう指摘する。〈ナチズムが社会的・政治的状態の合理的分析を欠き、その政治的プログラムが明確さと一義性をもたなかったことは、けっしてマイナスを意味しない。それは、むしろ逆に、多数の民衆にとって弾力性と開放性として受けとられ、特定の階層や集団がナチズムの運動をまさに自己の意図する方向に操縦しうるという期待をもたせることに役立った。〉（宮田光雄「ドイツ《第三帝国》の政治構造」『岩波講座　世界歴史28　現代5　一九三〇年代』岩波書店、一九七一年、六六頁）。私もこの見解を全面的に支持する。

吉野　ヒトラー自身は、ドナウ川沿いの、ミュンヘンやウィーンからあまり遠くない場所で生まれたんですよ（註＊ドイツとの国境に近いオーストリアのブラウナウ生まれ）。ですから、南の人なんです。本当はミュンヘン人はヒトラーをサポートしてもおかしくないのですが。

——同郷人ということですね。

吉野　ところが、大部分のミュンヘン人は、ミュンヘンでナチスが旗を揚げたことに対して、ヒトラーと一緒に行動しているような連中と受け止め方が違いました。富裕階層はもちろん、ある程度教養がある人たちは、ナチスが大嫌いなんですよ。

——吉野さんがミュンヘンに行かれたときにも、そう感じられましたか？

吉野　行ったときからそうなんです。なぜかというと、もともとミュンヘンは王国だった。プロイセンとは宗教も違うんですよ。プロイセンというのは大部分がルーテル（ルター）派というのか新教（プロテスタンティズム）ですね。ところが、ミュンヘンは、つい最近まで王様が住んでいて、カトリックが多いんです。宗派も違うし、言葉も違うしね。言葉でいうと、プロイセン、つまりプロシアはハノーバーの標準語を話すというわけです。一方、ミュンヘンの人々はバイエルンの方言で会話する。

——東京と京都みたいな感じですね。

吉野　そう、東京と京都みたいな違いがあるんです。片一方は古い王国の首都であるし、プロイセンというのは、いわば江戸のように幕府がつくった成り上がりものだと。ヒトラーは天下を取ってからは中央集権的になりましたから、そういうところも「あれはプライセンのやっていることだ」とミュンヘンでは非常に嫌われていたわけです。ミュンヘン人は標準語の〝プロイセン〟ではなく、〝プライセン〟とわざと発音するのです。ミュンヘンは、一九二三年にヒトラーが決起した場所であるにもかかわらずね。

——ビアホールで気勢を上げた小クーデター（プッチ）ですね。

吉野　ええ。その近くにフェルタンハレという一揆のときにナチが占拠したドームのような拠点があるんですよ。私がミュンヘンにいた頃は、ナチの記念堂として残っていましたがね。それを占拠するためにヒトラーは小クーデターを起こしたんです。ナチにとっては重要な拠点で、ヒトラーが天下を取ってからも、一年に一回か二回はここに来て演説をしたり、さらに、ビアホールでも演説したりしていました。それにもかかわらず、一般のミュンヘン人はヒトラーを嫌っていましたよ。

——住民がヒトラーを嫌っていることは、具体的にどういう形で表れていましたか。

吉野　ミュンヘンでは市民が野菜やバターや、チーズその他の日用品を買うため、店に入ると「こんにちは」と言うかわりに「グリュスゴット」と言うんです。グリュスゴットというのは神様にご挨拶ということなんです。ところが、ヒトラーが天下を取ってからは、バイエルン以外のところではだいたい「ハイル・ヒトラー」（ヒトラー万歳）と言いながら店に入って来る。ミュンヘンでは「ハイル・ヒトラー」と言って客が入って来ると、店員がそっぽを向いて、「またナチがやってきた」と言わんばかりの対応をするのです。モノを売ってはくれますけど、いちばん最後にまわす。「グリュスゴット」と言って入って来るお客には先にサービスしてくれる。それほどミュンヘンの一般市民はヒトラーに対して反感をもっていたんです。私が住んでいた下宿のおばさんも大のヒトラー嫌いでした。

ミュンヘン大学も吉野の知的好奇心を満たさなかった。当時、ミュンヘン大学ではナチスの憲法学者で、日本でも著名だったオットー・ケルロイター教授が法学部で教鞭を執っていた。ケルロイターの『ナチス・ドイツ憲法論』は、矢部貞治、田川博三の翻訳で一九三九年に岩波書店から刊行されている。

吉野　大学にはナチスの憲法を書いたという、有名な憲法学者のケルロイター教授がいて、大きな講堂に学生が詰めかけていました。ケルロイターの説は「権力のあるところが正義である」というもので、なぜナチスが出てきたかがわかりました。彼は地政学的な考え方に非常に重点を置いていたようです。日本でも戦時中、ケルロイターは非常に有名になった。

――一九三九年に邦訳書も出ましたからね。ケルロイター教授の授業を聴かれましたか?

吉野　一回聴いただけですね。あまり深く入り込もうとは思わなかった。

ナチズムにおいて、知的操作を加えた理論はさほど重要ではない。この点について、宮田はこう指摘する。

〈ナチズム支持層の多様性と異質的構成にもかかわらず、まさに現状否定の心理においては、完全な同質性が支配していたということもできよう。しかも、そうした幅広い異質的モメントを混合させたナチズムの党綱領や政治宣伝にもかかわらず、ナチ運動が権力闘争期を通じて現実に有効な党内反対派の結成や深刻な分裂を生まなかったのは、まことに注目に価する。こうしたイデオロギーおよび政治的利害にもとづく分派形成の不能は、結局、ナチ運動が特有の指導者ヒトラーを中核とする《カリスマ》的運動として展開してきた事実に負うものであろう。その抽象的で曖昧なナチ世界観は、ヒトラーという媒体を通してはじめて現実化され、この指導者の人格を離れては党の統合力をも喪失したであろう。そして、じっさい権力奪取の宣伝と合法主義路線との断絶を止揚しえたものこそ、指導者の《カリスマ》への信仰であった。ヒトラーによって自覚的に統制された合法性と適応の戦略こそ、早期における禁止と迫害の危険を回避し、広範な民衆的支持を獲得するもっとも確実な途であった。民衆の望んだものは、不安定なヴァイマル体制に代わる統一と規律と能率とをもつ強力な政権であり、《人民投票的》基盤にたった権威ある官憲国家であった。ここに《合法的革命》の矛盾を支える社会心理的前提があった。〉(宮田光雄、前掲書、六六〜六七頁)

本質的に、知的活動とナチズムは相容れないのである。そのような時代、大学の知的活力は大いに削がれる。特に英米流教養主義を身につけた吉野にとって、ドイツの大学教育から積極的に吸収するような内容を見出すことは難しかった。

ミュンヘンの郊外には、ダッハウ強制収容所があった。この収容所の噂を吉野も耳にした。吉野は、

ミュンヘンのそばにコンセントレーション・キャンプ(強制収容所)みたいなものがあったんですよ。ミュンヘンから地方の鉄道に乗ると、一時間ぐらいのと

ころに。そこにコンセントレーション・キャンプがあるらしいという噂が流れてきて、私の耳にも入るようになってきたんです。

と回想する。これはミュンヘン北西約二〇キロのところに所在したダッハウ強制収容所のことだ。

収容所に関する噂をそれとなく流すというのも、ナチスの神秘戦術の一環だ。収容所の存在を示唆し、日常的にはヒトラー親衛隊（SS）の暴力が社会を覆うことによって、国民のナチス体制への同調が一層促進されるのである。

〈収容所を秘密のヴェールに包み、テロの噂を断片的に流布させるナチズムの手口が、いっそう戦慄すべき未知なるものにたいする一般的不安を亢進させることに成功した。こうして現実の敵が一掃されたのち、いまや《潜在的》敵にたいする追跡が開始され、テロは社会全体に向けられた大衆テロに発展する。コンフォーミズム（註＊ナチスに対する積極的な忠誠表明）にたいする自覚的な逸脱や偏向のみでなく、むしろ同調の行動と表示にたいする熱意の低さそのものが忠誠欠如の疑惑を生まざるをえない。いたるところにテロの雰囲気が拡がり、全体的不安が全生活を支配するにいたる。〉（宮田光雄、前掲書、一〇〇頁）

このような統治技法は、ナチスだけでなく、スターリン時代のソ連、現在の北朝鮮にも共通している。〈いっさいを貫徹し永続するテロは、批判的知性をも無力感と孤立感に陥れ、全体的集団の匿名性への逃避性向を強めずにはいない〉（同右）との宮田の指摘が重要である。社会が匿名を好むようになる状況の背後には、異論を唱えるものを排除しようとする全体主義的な力が存在するのだ。現下日本でも、個人情報保護という大義名分によって匿名化が急速に進んでいるが、その背後に少数者を排除する同調圧力があることを、多くの日本人は認識していない。

ナチ党員の友人シュルツ

吉野は大学の講義を積極的に聴講せず、下宿でのおしゃべりや、家庭教師によるドイツ語の学習に専心した。大学に通うことで、ナチス・ドイツの同調の力が自由な思考の力を奪うことを懸念したからである。

吉野　大学では、前に述べたケルロイターとか、二〜三のナチにシンパしている先生が法律や地政学などを教えていましたが、そのうちに大学内にも、ヒトラーに内心では反対であるというか、ヒトラーの政策はよくないということを考える学者が出てきました。

——彼らは実際に行動したのでしょうか。

吉野　それはできなかったと思う。ミュンヘン大学の学生のなかでも数名が「策動」するような噂もちょっと後になって耳にしたこともありましたが、大したことにはならなかった。

これは、一九四二年から翌年にかけ、ミュンヘン大学の学生兄妹ハンス・ショルとゾフィー・ショルたち六名が、ヒトラー打倒のビラを撒いた「白バラ運動」のことである。この運動に、形式的にナチ党員になっていたが、内心では反ヒトラーの信条をもっていた、ミュンヘン大学のクルト・フーバー教授も参加していた。五名の学生とフーバー教授は、ゲシュタポ（秘密警察）に逮捕され、全員が処刑された。このような状況下で、吉野はドイツ人の家庭教師を雇い、ドイツ語とドイツ事情を学ぶことにした。

吉野　ミュンヘン大学で私が聴いていた講義で知り合った男子学生が二～三人いたんです。その一人はまだ兵隊にとられない若いミュンヘンっ子で、父親は裕福な弁護士でした。彼に連れられて田舎へ魚釣りに行き、農家に泊めてもらったことを覚えています。農家にはまだ木綿の敷布や、ナフキン等が棚にぎっしりつまっており、その様子に友人も驚いていました。

もう一人の学生は私と同い年ぐらいで弁舌さわやかな男なので私のドイツ語の家庭教師に雇うことにしたんです。雇うといっても、正式な契約があるわけじゃありません。彼はなかなか如才ない男でして、自分は一応ナチだと称しているんですが、本当は何も信じてないんです。彼は戦争から帰ってきた負傷兵だったんですが、といっても、左手をちょっと負傷して、親指が動かなくなったぐらいの軽い傷だったんだけれども、それで除隊されて大学で勉強していた。ミュンヘン大学には、経済とか政治とか哲学とかいうような学問以外に、演説や人との付き合い方を学ぶ学科があったんです。そこで彼と知り合いました。

――弁論術や修辞学のようなものですね。

吉野　ええ。私はドイツ語を勉強するためにこの講義をとったんです。どうやって人の心をとらえるかとか、どうやってうまく商売するかとか、そういうことを教わるわけです。彼はなかなか目端の利く男で、「私の家へ来て、ちょっとドイツ語を教えてくれ」と頼んだら、来るという。月謝なんていうものは望まない。今となっては、私も月謝を払ったかどうか忘れてしまった。彼が望むものは、外交官として私がもらう特別な割り当てでした。バター・チーズ・砂糖・コーヒー等、一般のドイツ人の六倍くらいありましたから。一緒に食事をしたときは、私が支払っていました。食事代といってもたいしたお金じゃないですし、給料が相当よかったので、全然問題がなかった。

吉野は、シュルツという姓のこの学生から、ナチ党員であるというのは処世術のためで、腹の底ではナチズムを小馬鹿にしていることを読み取った。

吉野　彼は「俺はナチだ」と称していながら、本当の運動には入っていないんです。あからさまにナチの悪口を言うわけでもないけれども、発する言葉は、ちゃらんぽらんでね。彼とはよく一緒にプールへ行っていました。

――泳ぎに行くのですか。

吉野　泳ぎに行くんだけれど、そんなに真面目になって泳ぐわけじゃない。ミュンヘンあたりのプールというのは、その周りがみんな芝生なんです。芝生というのか、草っ原が広がっている。そこで寝転んで日光浴をして、腹がすいてくるとどこかで飯を食って。そうしてシュルツとだんだん親しくなっていったんですが、さまざまな話をしているうちに、彼はヒトラーに対して批判しないものの、便宜上、ナチになったんだということはわかりました。ナチだということで優遇されていたんです。例えば彼は兵隊に行ったけれども、ちょっとした怪我を負って早く帰されて、大学で勉強できるという具合にね。

私はこの話を聞いて、一九八七年から十ヵ月間、モスクワ国立大学に留学したときに見た、出世のために便宜的にソ連共産党員になっているが、マルクス主義への関心は全くなく、西側の音楽や電気製品に憧れている大学生たちのことを思い出した。

戦後、このシュルツと吉野は偶然再会する。一九五一年、吉野が通産省、日銀の代表と西ドイツとの貿易支払協定を締結するためにボンに出張したときのことだ。サンフランシスコ平和条約発効の半年くらい前のことで、まだ形式的には占領軍の代行という形であった。

吉野　その交渉のときに西ドイツの議会を見学に行ったんです。見学に行って、歩いていると、向こうから私のミュンヘン時代の友達で家庭教師だったシュルツが来るじゃないですか。しかし彼は、シュルツ＝フォアベルクという姓になっていた。南ドイツ出身の女性と結婚して、夫婦の姓を並べた二重姓にしていたんです。夫人の姓のフォアベルクというのは、「前山」という意味です。ちなみに彼はデュッセルドルフの出身で、ライン川の西のほとりの人らしく、ラインラントの言葉で話す。後に会った夫人はミュンヘン出身でバイエルンの言葉で話していました。話を戻すと、そのシュルツ＝フォアベルクという男が向こうから歩いてくる。「おー、おまえ、どうしたんだ」ということになりましてね。向こうも驚いたでしょう。だって、私は、ミュンヘンでシュルツと別れて以後、ベルリンの日本大使館に勤務して、ベルリン陥落後、ソ連経由で日本に帰国したわけですからね。その間の連絡は一切途絶えていましたし。

――先方は恐らく吉野さんが亡くなったものと思っていたんじゃないですか。

吉野　死んだと思っていたでしょう。そこで二人で、ああ、よかったなと、いろいろな話をすることができましてね。

シュルツ＝フォアベルクは、戦後、バイエルン放送局のボン支局に勤務していた。

吉野　その後、彼は、どこかの選挙区から出て、キリスト教民主／社会同盟の連邦議会議員になったんです。たしかに学生時代から演説はうまかったしね。だけど、彼は昔、ナチの党員でしたから、そのことがわかったら……。

――大変なスキャンダルになりますよね。

吉野　もちろん議員生命はアウトですよ。しかし、彼はうまく立ち回っていた。

しかも、本当の名字にフォアベルクなんていう名前をつけていますから、これで誰も自分の過去に気づかないと思ったのでしょう。ナチといっても、学生のナチだし、大物じゃないということを私は知っていますが、けれど、ナチ党員としてある程度の経歴があるのは事実です。それを暴かれていたら、あの頃は議員にもなれなかったですよ。実際、シュルツ＝フォアベルクは、だんだん前身がわかってくるようなことになると困ると思ったんでしょう。議員を一期か二期務めたあと、ジャーナリストに転身したんです。

――国会議員からジャーナリストにですか。

吉野　そう、ジャーナリストに。それで、ボンの隣町のバート・ゴーデスベルクに家を構えて、新聞の評論かなにかを書いていました。バート・ゴーデスベルクは、後に首相になったシュミット率いる社会民主党がマルクス主義と絶縁するゴーデスベルク綱領を採択した街なんです。シュルツ＝フォアベルクは、キリスト教民主／社会同盟の政治家とは仲良くしていました。ルートヴィヒ・エアハルト（元首相）なんかとも親しくしていたようです。彼からつい最近まで、私のところに年賀状がきていたんですが、二〇〇七年にはこなかったんですよ。私と同じくらいの歳だから、もう亡くなったのかもしれない。

学生時代、ナチスの党員だったということが露見するのをシュルツ＝フォアベルクが恐れていたというのは、戦前の大政翼賛会員が戦後も国会議員に当選し、A級戦犯容疑者として逮捕された岸信介が内閣総理大臣になった日本人の常識からすると神経過敏に見えるが、西ドイツの現状ではそうではなかった。仮にシュルツ＝フォアベルクがナチスの学生党員として、たいした活動をしていなかったとしても、ナチ党員歴があることを秘匿していたこと自体が、当時の常識では大スキャンダルになった。

この辺の事情を東ドイツの対外諜報機関HVA（Hauptverwaltung Aufklärung 国家保安省［シュタージ］の情報収集管理本部）が最大限に活用した。

〈だが、情報工作が、西ドイツ社会全体に激しい議論を引き起こした例もある。一九六〇年代以降、東ドイツ政府は「西ドイツでは、ナチス時代の過去をひきずる人物が要職についている」という非難キャンペーンを繰り広げたが、HVAとシュタージは、この工作に裏方として深く関わっていた。

一九七八年八月に、バーデン＝ヴュルテンベルク州のハンス・カール・フィルビンガー首相が辞任した。フィルビンガーが戦争中に軍事裁判官として、海軍の脱走兵らに対する死刑判決を下していたことを、「シュピーゲル」誌が暴露したのだ。フィルビンガーは当初疑惑を否定していたが、少なくとも三件の死刑判決に関わっていたことが明るみに出たため、世論の圧力に抗しきれなくなり、首相の座を投げ出した。

ヴォルフやブレーマー（註＊ヴォルフはHVAを三十四年率いたスパイマスター。ブレーマーはその部下）によると、この際にフィルビンガーのナチス時代の過去に関する情報を、西ドイツのマスコミに最初に提供したのは、HVAだった。第十課の情報工作マンたちは、シュタージのナチス問題に関する特別文書室や、東ドイツの公文書館で、西ドイツのVIPのナチス時代の過去に関する情報を見つけては、西側のマスコミに送りつけたり、東ベルリンで学者に記者会見を行わせたりした。

HVAは同じようにして、連邦政府の難民担当大臣だったテオドア・オーバーレンダーを辞任に追い込んだ。彼が戦争中に、ポーランドでユダヤ人虐殺に関与したドイツ・ウクライナ人混成部隊の顧問だったことを暴露したのである。彼は虐殺への関与を否定したが、東ドイツの裁判所は、被告人不在のまま彼に対して終身刑の判決を言い渡した。このためオーバーレンダーは政権全体に悪影響が及ぶことを防ぐために、辞任した。

さらに、東ドイツ政府は西ドイツ連邦政府の首相だったゲオルグ・キージンガーが、一九三三年にナチスの党員となり、リッベントロップ率いる帝国外務省でプロパガンダ放送を担当する課長だったことを明らかにした。またシュタージは、西ドイツの連邦大統領だったハインリヒ・リュプケが、ナチス時代に測量技師として、シュレンプという建設事務所で働いていたことを示す文書を見つけた。文書の中には、木造のバラックの設計図が含まれており、リュプケの署名が残っていた。ブレーマーは、「このバラックの目的については書かれていなかったが、我々はバラックが強制収容所向けの物だったという嘘の説明を付け加えて、西ドイツのマスコミに提供した」と語っている。リュプケは「二十五年前にどのような文書にサインしたか、いちいち覚えていない」と釈明。文書はＨＶＡによって一部偽造されていたにもかかわらず、リュプケは何年間も「強制収容所のバラックの建設にかかわった」という世間の批判にさらされた。

キージンガーとリュプケは辞任には追い込まれなかったものの、ナチス時代の過去を詳しく公表していなかったことは認めざるを得なかった。〉（熊谷徹『顔のない男　東ドイツ最強スパイの栄光と挫折』新潮社、二〇〇七年、一一四〜一一五頁）

シュルツ＝フォアベルクも議員を続けていたならば、ＨＶＡの謀略工作によって、失脚させられる可能性があった。

それを見越してジャーナリストに転身した「要領の良さ」は、ミュンヘン大学時代に吉野の家庭教師を務めた頃と変わらない。

戦火を逃れてビュルツブルクへ

一九四三年になると、ドイツはだいぶ守勢に追い込まれてきた。ミュンヘンにもイギリスが空爆を行うようになった。

吉野　ハイデルベルクからミュンヘンへ越してきた当初は、ミュンヘンの街はあまり爆撃を受けていなかった。ところが、一年ぐらいたった頃には、毎晩のようにあるんです。

――空襲ですか。

吉野　ミュンヘンが狙われるわけですよ。そのせいで夜はよく眠れない。

――空襲で勉強どころじゃなくなってくるわけですね。

吉野　モスキートといって、イギリスから小さな飛行機が一トン爆弾を一つだけ抱えてドイツへやって来て、高射砲弾の届かない高いところからところかまわず一つ落としていくわけです。私たちの下宿の防空壕というのは地下室だけですから、非常に危ない。

――一トン爆弾じゃ、命中したらたいへんですね。

吉野　もう吹っ飛んじゃう。実際に、私がミュンヘンを後にしてしばらくたってから、この下宿は吹っ飛んだんですがね。まあ、そういう状況になったものですから、これはもっと静かな大学へ移ろうと考えました。ミュンヘン大学では、ドイツ語がはっきりしていて講義が聞きやすかった、若い先生が一人いたんです。その先生がミュンヘン大学からビュルツブルク大学へ移ったんです。そこで私もビュルツブルク大学に移ることにしました。

一九四三年三月の夏学期に、吉野文六は、ミュンヘン大学からビュルツブルク大学に転籍した。戦況は日々、ドイツにとって不利になっていた。ミュンヘンはバイエルンの中心都市で、しかも一九二三年にヒトラーが小クーデター（プッチ）を起こした象徴的な都市である。このような場所は、攻撃の対象になりやすい。

吉野がミュンヘン大学で学んでいた時期、イギリス空軍にはまだドイツ南部のこの都市を本格的に空爆する力はなかった。そこでイギリス軍は独特の心理作戦を行った。そのために「モスキート」という、高速で機動性のよい爆撃機を最大限に活用した。「モスキート」は双発の爆撃機であるが、機体には木材が多く使われていた。当時、イギリスではアルミニウムが不足していたので、やむをえず木材を使用したのであるが、その結果、航空機生産に家具工場を転用することが可能になった。さらに金属の使用部分が少ないため、レーダーに捕捉されにくいという利点もあった。モスキートは時速六五〇キロのスピードで、一万一〇〇〇メートルの高空まで上昇することができる。イギリス空軍は、モスキートによく訓練された操縦士と爆撃手を乗せて夜間にピンポイントで標的を狙う。

例えば、一九四四年二月十八日に行われた「エリコ作戦（Operation Jericho）」が有名だ。エリコとは旧約聖書に出てくる城砦都市の名前だ。「出エジプト記」によれば、モーセの後継者ヨシュアがエリコを攻略しようとしたが、城砦が邪魔になった。そこで、イスラエルの民が「契約の箱」をかついで七日間、城砦の周囲を回り、角笛を吹いたら城砦が崩れ、ヨシュアはエリコを攻略したという物語である。「エリコ作戦」とは、イギリス空軍のモスキート部隊が、ドイツ占領下のフランス・アミアン刑務所の壁をピンポイントで爆撃し、囚われていたレジスタンス兵士の脱走を手助けした作戦のことである。

ミュンヘンに現れるモスキートは、あえて一トン爆弾を一個だけ搭載している。そして、見せしめ的に特定の施設を攻撃するのである。直撃すれば、通常の住宅ならば、文字通り跡形が一切残らないほど木っ端微塵に破壊される。吉野は、いつか一トン爆弾が自分が住む下宿に落ちるのではないかという悪い予感がした。そして、この予感はあたった。吉野がミュンヘンを去った後、かつて暮らした下宿にも一トン爆弾が命中し、建物は跡形もなく消え去ってしまった。吉野を可愛がってくれたあのヒトラー嫌いの下宿のおかみさんも犠牲になってしまった。

吉野が、バイエルン州北部の都市ビュルツブルクに移動することにしたのは、ミュンヘンと比較して、学園都市であるビュルツブルクは安全であると思われたからだ。

ブドウ畑の一隅にあるビュルツブルクの駅を出て坂道を下っていくと、いくつかの教会の尖塔が林立し、吉野はまるで中世の城塞都市に迷い込んだような幻惑に襲われた。狭い街道に入る。間もなく、朝、夕、買い物客で賑わう露天の中央市場に出る。その先にはライン川に合流すべく、マイン川がゆったりと流れ、対岸にはフェストゥング（Festung）と呼ばれている赤レンガの要塞が街を見下ろす。さらにその上方には小さな白いチャペル（礼拝堂）が光っていた。

北辺には白いバロックの大司教の館レジデンツ（Residenz）がずっしりとそそり立つ。その周辺は庭園が広がっており、市民の憩いの場として石像や小さな泉水に飾られている。大学の教室や研究室も庭園に面した南側に並んでいた。

吉野はこう回想する。

　ビュルツブルクのレジデンツは、建物自体も立派で、飾ってある絵や彫刻などもたいへん価値のあるものでしたし、また有名な階段がありました。私の下宿から歩いて五分ぐらいですから、ここの庭を散歩したり、腰を下ろして考えごとをしたりするのが楽しかったですね。夜になると、ナイチンゲールという、日本では鶯にあたるような小鳥がくるんです。夜鳴く鳥です。春頃になると、森や林の中で、ナイチンゲールがとても綺麗な声で鳴くんですよ。

吉野の記憶には、いまもナイチンゲールの鳴き声が焼きついているようである。当時の吉野の心の中では、ナイチンゲールの平和な鳴き声を聞くときに得られる安心感と、空爆に対する恐怖心が並存していたのであろう。

ビュルツブルク大学は十五世紀に創設され、創設当時はドイツ観念論哲学の大家であるフリードリヒ・シェリングも教壇に立った。この大学でも吉野は経済学部に所属した。

ビュルツブルクで吉野が下宿した家は「アドルフ・ヒトラー・シュトラッセ（大通り）」に面していた。この大通りはもともと「ハウプト・シュトラッセ（中央大通り）」という名前であったのが、ナチスの政権掌握とともに改名されたのである。

ヒトラー暗殺の気配

ミュンヘンの下宿のおかみさんがヒトラーに対する嫌悪感を露骨に示していたのに対して、新しい下宿のおかみさんは親ナチス感情をもっていた。そして、この下宿には多くのドイツ国防省の将校が出入りしていた。

吉野　私が研修三年目を過ごしたビュルツブルクの下宿のおばさんは、昔からのヒトラーの崇拝者でした。そのせいなのか、よく軍人たちが下宿屋へ集まってきていました。将官級ではないが、大佐や中佐あたりのクラスの人々です。ソ連との戦争が相当不利になってくると、彼らは口々にヒトラーへの不満を言い始めました。主にヒトラーの戦争指揮力の欠如についてです。「ヒトラーは職業軍人であるわれわれの能力や経験を信頼しないで、素人判断で軍隊を動かす。そのせいでわが軍は大変な損害を被った」「ヒトラーが指揮しているおかげで、退《ひ》くべきときに退けない」と、下宿屋で軍人同士があからさまにヒトラーを非難するんです。そばで私が聞いていても、彼らは別に遠慮する素振りは見せず、悪口を言っていた。

――特別にその下宿に集まって、軍人が反ヒトラーの会議をしたということですか。

吉野　いや、そうではなく、下宿のおばさんを慕って、話をしに立ち寄ったという感じでした。東部戦線から休暇で戻ってきたという軍人たちも多かった。そこで偶然顔を合わせた者同士が始めたのが、決まってヒトラー批判だったんです。

当時は、スターリングラードの情勢がドイツにとって思わしくなくなってきた時期でした。

吉野のこの感触は、戦史の実状とも合致している。スターリングラードの戦いは、ソ連最高指導者であるスターリンの名前を冠したシンボルをめぐる戦いでもあった。ここでドイツ軍が勝てば、ソ連軍の士気は衰え、恐らくモスクワやレニングラード(現サンクトペテルブルク)も陥落し、戦線はかなり東に移動していたであろう。実はソ連政府はモスクワがドイツ軍に占領されるシナリオを想定して、一九四一年十月には首都機能をボルガ川岸でスターリングラード(現ボルゴグラード)北方のクイブイシェフ(現サマーラ)に移転している。このとき日本大使館もクイブイシェフに移転したのである。ただし、スターリンはクレムリンにとどまり、モスクワを死守する姿勢を示した。

一九四二年の秋から冬にかけてスターリングラードでは文字通り死闘が展開された。赤軍の反撃によって包囲されたドイツ第六軍は、一九四三年二月二日に、パウルス司令官(元帥)以下、九万一千人の将兵が捕虜になった。ちなみに第二次世界大戦後、パウルスは、帰国先にドイツ民主共和国(東ドイツ)を選んだ。

吉野　ボルガ川の要衝を占めているのがスターリングラードですね。スターリングラードという名前がついているので、ドイツ側も大事な拠点と考えていた。ところが、ヒトラーの戦略としては、レニングラードやモスクワを攻めてはいますが、本当の狙いはカスピ海のほうへ出て、石油を取ることにあった。

――チェチェンやコーカサスを経由してですね。

吉野　そう。そこがいちばん重要なところだったんです。ソ連と開戦した当初は、ヒトラーの戦略が非常に上手くあたって、自分が総大将として戦争ができると思い込んでしまった。

――自信を持っていたんですね。

吉野　最後までその自信を崩さなかった。初めは、職業軍人たちも、「ヒトラーは戦争というものを熟知している」と評価していたんだけれども、戦線が苦しくなってくると、すべてはヒトラーの作戦が悪いんだと考えるようになった。ヒトラーは退くことを知らない。「最後まで戦え」とか、「絶対に降参してはいけない」と強硬なんです。この辺が日本の事情とは違う。日本の場合は、中国大陸での戦線が拡大していくと、「玉砕しても守り抜け」というような参謀本部の指示に現地の司令官が従わなかったこともあった。ところがヒトラーに対しては、それができない。なぜなら、命令に背くと非情な報復が待っていたからです。

ヒトラーは基本的に職業軍人を信じていない。天下を取るに至るまでは、なんとか軍人をうまくおだてていましたが、次第にSSという自分に忠実な兵隊をつくって、それをヒムラーのようなナチス党の幹部に指揮させるようになった。そして、国防省の軍人に対して疑心暗鬼になっていった。「こいつらは、どうも俺の言うことを聞かないで、策略を弄するのではないか」という疑いを持つようになったんです。特にヒトラーの命令に従わないで、自分で作戦を実行する将校に対しては、しまいには自分に対する謀反を起こしたと見なすようになり、降格させたり、排斥したりして、違う軍人を替わりに持ってくるようになりました。実際、北アフリカ戦線で非常に活躍したロンメル将軍には「おまえ、自殺するか、それとも銃殺だ、どっちかを選べ」と迫り、結局、ロンメルは自殺してしまった。ヒトラーと国防省の関係は、そういうような状態になっていたわけですね。その様相を見せ始めたのは、戦争の末期、ドイツ第三帝国最後の一年ぐらいの間のことなんですがね。その頃にはもう、下宿のおかみさんがナチスの支持者であるにもかかわらず、その面前でヒトラーの批判をできるような雰囲気が出ていたわけです。

ナチス・ドイツ第三帝国が内側から崩れ始めてきたのである。ヒトラーは、軍の最高指導者でもある。その最高指導者を職業軍人が平気でなじるようになる。ナチスのような高度国防国家においては、軍人こそが官僚の中心である。国家が崩壊するときは、まず官僚が自らの最高指導者を平気で非難するようになる。

スターリングラードにおけるドイツ軍の敗北は、ミュンヘン大学の学生たちによる「白バラ運動」にも強い影響を与えた。

〈スターリングラードの勝利は、赤軍が戦略的反攻にうつる端緒となった。一方、この敗北は、ドイツ国民に大きな衝撃を与えた。これまでヒトラーの軍事指導に疑いをもたなかった国防軍の首脳の間にも、懐疑や不信がひろがった。ヒトラーにたいする疑念や失望が、一般国民の間にもはじめて認められるようになった。とくに、スターリングラードの陥落は、おおくの大学の学生団体に衝撃を与え、新しい抵抗の動きがはじまった。一九四三年二月十六日には、ミュンヘン大学で自然発生的なデモンストレーションがおこり、ウィーン、マンハイム、シュツットガルト、フランクフルト、ルールなどでもこれに呼応する動きがおこった。ハンスとゾフィーのショル兄妹を中心とするミュンヘン大学の抵抗グループは、二月十九日に、ナチス体制に抵抗する大衆行動をよびかけたビラを公然とまいたが、それには次のように書かれていた。「スターリングラードの死者たちは諸君に呼びかけている。もしドイツの青年たちが今こそ起って復讐するのでなければ、ドイツの名は永久に汚されたままになろう」。〉(荒井信一「戦争の経過とファシズム諸国の占領政策」『岩波講座　世界歴史29　現代6　第二次世界大戦』岩波書店、一九七一年、三八頁)

戦時中、新聞、雑誌、ラジオなどのマスメディアは、ゲッベルス宣伝相の統制下にあった。当然、ドイツ軍に不利な情報は伝えられない。しかし、ソ連と戦う東部戦線から休暇で戻ってくる将兵からの口コミで、ドイツにとって戦況が思わしくない実態が伝わってくるようになった。また、傷痍軍人が帰還してくる。その様子でもドイツが追い込まれてきていることを吉野は肌で感じるようになった。

国防省の不満分子は、次々にヒトラー暗殺未遂事件を起こす。吉野はそのニュースに別段驚きをもたなかったという。

吉野　ヒトラー暗殺計画というものは単なる一部の人が起こしたわけではありません。国防省の中に、ヒトラーの作戦に反対していた人が相当多かった。ことにソ連と戦争を始めてから、ヒトラーがますます常軌を逸して、我を通そうとするようになった。

——誤りを認めようとしない。

吉野　そこでいろいろ叛乱が起きた。

――さまざまな暗殺計画があったようですが、すべて失敗に終わりますね。いちばん有名なのが、フォン・シュタウフェンベルク大佐が行った暗殺計画ですね。

吉野　彼は、爆弾を持ってヒトラーの作戦本部へ乗り込んで行って、爆弾をヒトラーの足元へ置いた人です。ヒトラーは奇跡的に助かり、シュタウフェンベルクはすぐ死刑になりましたが。

――その事件は一九四四年の七月二十日に起きました。

吉野　シュタウフェンベルクのような暗殺の計画者たちは、元貴族が多かった。

――この事件が発生したときは、吉野さんはもうベルリンの日本大使館で勤務を始めていますよね。

吉野　そうです。ベルリンの大使館でヒトラーが九死に一生を得たという話を聞いた。大使館員たちはみな、一応ヒトラーを擁護する。けれど、そのときに偶然来ていた、駐ウィーンの山口巌総領事なんかは大島浩ドイツ大使とは対立するような立場にあるから、そのニュースを聞いて喜んで、私に話しかけてきました。「ああ、ヒトラーが暗殺されそうになったよ」なんて、わが世の春がきたというような顔をしていたことを覚えています。それは、ヒトラー暗殺未遂に関連して日本の大使館内部で起きた、私にとってはちょっとした〝事件〟でした。

一九四三年後半に戦局は大きく展開した。前に述べたように一九四三年二月のスターリングラードにおけるドイツ軍の敗北が心理的転換点であったとするならば、同年七～八月にかけて展開されたロシア南部クルスクでの戦車戦におけるドイツ軍の敗北は、軍事的転換点だった。

さらに、一九四三年七月二十五日、イタリア国王はムッソリーニを首相から解任しファッショ・イタリアが瓦解した。そして、バドリオ政権が成立し、九月八日、同政権は連合国に対して降伏する。そして十月十三日にはバドリオ政権のイタリアは対独宣戦布告を行った。ちなみにバドリオ政権は一九四五年七月十五日に日本に対しても宣戦布告を行っている。

一九四三年九月十二日、ヒトラーの命令でSSの特殊部隊がアペニン山脈のグサン・サッソ・ホテルに軟禁されていたムッソリーニを救出し、ムッソリーニは北イタリアのガルダ湖畔のサロに首都を置くイタリア社会共和国（サロ共和国）の首班になったが、これはドイツの傀儡《かいらい》国家に過ぎなかった。

一九四四年六月六日、米英軍は北フランスのノルマンディー海岸に上陸する。こうしてソ連との東部戦線以外の第二戦線が設けられ、ドイツの敗北は時間の問題となった。このような情勢を背景にヒトラー暗殺未遂事件が起きたのである。

〈東西から挟撃されるドイツの軍事的敗北の接近は、今や誰の目にも明らかであった。だがヒトラーに戦略転換ないし平和実現を期待しえないとすれば、ヒトラーを排除する以外にない。かくて一部の支配層は、四四年七月二十日、反ヒトラー―クーデタを試みる。というのも、この事件の中心になるのは、支配層のうちでも貴族・官僚・軍部上層などの伝統的・保守的分子であって、資本家はほとんど含まれていなかった。ロートフェルス（註＊ドイツの歴史学者）の研究をみても、ゲルデラー（註＊元ライプチッヒ市長）と密接な関係にあった資本家としては僅かにボッシュを挙げるにすぎない。トットに始まりシュペーアによって推進される総力戦的戦争経済への再編のなかで、独占資本家たちはナチス支配権力と癒着したといえよう。もちろんこれは彼らが独占資本の利益を代弁するのを妨げるものではない。元来彼らは特権的支配階級として強固な閉鎖的集団をなし、ヴァイマル共和国から第三帝国にかけてその支配的地位・閉鎖的性格を保持したが、その地位の相対的低下、階層分解の傾向は覆い難く、とくに第三帝国ではナチ化の傾向が著しかった。ここに伝統的支配層のうちの保守的グループがナチスから離反し、反ヒトラー―クーデタに赴く理由は求められよう。

したがってまたクーデタは「上からの革命」「宮廷革命」さらには「陰謀」的色彩を濃く帯びたのである。いうまでもなく彼らのヒトラーないしナチズム批判もその支配層としての特殊な地位に規定される。形式的には内輪のサロン・討論グループのなかで行なわれたにすぎず、内容も趣味のレベルから思想のレベルまでさまざまな色合を含むとはいえ、基本的にはビスマルク帝国を理想とする立場からの批判に他ならなかった。ある意味で、彼らは「保守革命 Konservative Revolution」の系譜をひくともいえよう。いったい彼らがヴァイマル共和国に反対したのは、ここに伝統的社会秩序崩壊の危機を認めたためであるが、もはや彼らの制御しえぬ擡頭せる民衆を「大衆」として捉えた。そして彼らによれば、ボルシェヴィズムとは無秩序《アナーヒー》にまで徹底された大衆化現象に他ならない。かかる大衆化現象の「国民社会主義的」克服こそナチズムの主張であったから、彼らとヒトラーとの同盟は決して一時の戦術的なものではなかった。彼らのヒトラー排除後の内政改革プランをみてもナチス支配体制との本質的な差違はほとんど認められず、これらを詳細に検討した一研究者は「かくして構想された体制《レジーム》は立憲的な独裁であり、ヒトラーを欠く「民族的指導者国家」Völkische Führerstaat である」といっている。権威主義的支配において一致するにも拘らず彼らがヒトラーから離反するのは、ナチズムの反西欧的・反キリスト教的なかんずく擬似革命的性格にボルシェヴィズムと共通するものを認めたためである。〉(吉田輝夫「ファシズム体制の崩壊過程」『岩波講座　世界歴史29　現代6　第二次世界大戦』一九七一年、三五八〜三五九頁)

国防省幹部によるヒトラー暗殺未遂事件に対する吉野の評価もこれとほぼ同じである。国防省幹部は、反ファシズムや民主主義という観点からヒトラーを排除しようとしたのではない。むしろ軍国主義的なプロイセン国家の伝統を維持するために、ヒトラーのような、軍事専門知識を欠く、大衆煽動型の指導者を排除することを試みたのである。その意味で、吉田輝夫が指摘する「保守革命」という規定は、この事件の性格を的確に表していると思う。

この事件が失敗した理由に関する吉田輝夫の分析が興味深いのでここで紹介しておく。

〈一九四四年七月二十日、彼らのクーデタは惨めな失敗に終わる。この理由についてはさまざまに論議されているが、その決定的理由は、これが、彼ら——つまり支配層のうちの僅か一握りの伝統的・保守的グループ——の孤立した行動にすぎなかった点に求められよう。民衆の革命的蜂起を何よりも恐れた彼らには、広く民衆に反ナチス的行動（例えばゼネースト）を訴えるなど到底考えられないにしても、クーデタ計画の中心人物であった軍の長老ベック将軍は、クーデタ成否の鍵を握るとした国防軍の動員すら実現しえなかったのである。また彼らのグループにはさまざまの諸階層や諸団体の人々が含まれていたとはいえ、所詮は個人的な結合にすぎず、広汎な諸階層を組織したものではなかった。全体として軍部・資本家・官僚などの支配層はナチス権力と癒着していたこともあるが、戦局が不利になればなるほど、ヒトラーの戦争指導に最後の期待をかけたと思われる。というのも、彼らが支配層のなかで孤立した理由をナチスの徹底的な Gleichschaltung（註＊日常語ではラジオの電波を合わせる同調の意味で用いられるが、ナチスにおいては国民統制を意味する）に求めるのは困難である――Gleichschaltung は民衆に向けられたものであるから――し、またその反ソ的な英独妥協の構想が支配層の関心をそそらない筈はなかったからである。この点で注目さるべきは、彼らのグループと親衛隊（ＳＳ）長官ヒムラー Heinrich Himmler との間の奇妙な親和力である。この関係を詳細に検討したマイアー（註＊ドイツの歴史学者）によれば、ヒムラーは彼らのヒトラー暗殺計画の詳細を探知していたにも拘らず、何らの予防措置もとらず敢えて彼らを放置したことには疑問の余地はない。恐らくヒムラーは彼らを利用しようとしたのであろう。かねがねヒトラーの排除、反ソ的英独妥協の和平を考慮していたヒムラーは、あらゆる意味で危険なヒトラー暗殺を彼らに委ね、これが成功すれば彼らと提携し、英独妥協の実現を図ろうとしたのではないか、とマイアーは推測する。ヒムラーの背後には、親衛隊高官はじめ資本家などの支配層が控えていたことは指摘するまでもない。〉（前掲書、三六〇～三六一頁）

「保守革命」によって、ヒトラーの排除を試みた国防省幹部たちは、民衆蜂起が社会主義革命に向かうことを恐れた。一九三〇年代初頭までは、ドイツで革命を目指す共産党と社会民主党の勢力が無視できない大きさであったことを考えるならば、大衆的な反ヒトラー運動が社会主義革命に発展する可能性は決して杞憂ではなかった。ドイツの政治・経済エリートは、ヒムラーのようなヒトラー側近を含め、反共を軸とした英米との片面和平の可能性に賭けていたのである。

その賭けに成功するためには、一九四二年一月二十七日の「食卓での談話」で、「ドイツ民族に自己保存の覚悟がなければそれでよい。絶滅するだけだ」(同書、三五八頁)と述べた弱肉強食の社会ダーウィニズムを心の底から信じていたヒトラーを、暗殺といった類いの陰謀的な手法で除去することが不可欠だったのである。

吉野の記憶には、暗殺未遂者に対するみせしめ裁判の情景が焼き付いている。

何より印象に残っているのは暗殺の計画者たちが捕まった後の裁判の凄まじさです。その様子はナチスの新聞から知りました。裁判官は、被告人を感情的に罵倒し、死刑を宣告した。口汚く罵るのには、裏切り者は徹底的に許さないという、みせしめという目的もあったのでしょう。その手法が後々には、東西分裂後、ナチの中堅幹部たちが多く残った東ドイツに受け継がれることになったのではないのかと思うんです。人間は、弱くなると、権力者に従って、良心に従わなくなる。

と吉野は回想する。

見抜けなかった「愛国心」

現在から振り返って見るならば、対ソ戦争に踏み込まなければ、第一次世界大戦の結果押しつけられたベルサイユ体制を有利な方向に改定し、ドイツがヨーロッパ最大の帝国として生き残る可能性はあったはずだ。なぜドイツは国家路線の選択を誤ったのだろうか。そのことについて、私は吉野と率直に論じ合った。

——吉野さんとのこれまでのインタビュー記録を読み直した上で、改めて教えていただきたいことがあります。なぜヒトラーはソ連と戦争をしたんでしょうか。

吉野　いや、それがわからんのです。当時ドイツは、ソ連を除いて、欧州全部を一応支配下に置いていた。残りは英国だけだったので、英国へヒトラーの空挺部隊が上陸するのは時間の問題だというのが、私がベルリンへ着いたときの一般的な考え方だったんです。英国も、ヒトラーの空挺部隊がいつ攻めてくるかということで戦々恐々としていたわけですよ。

ところが、私は独ソ開戦前に、大島大使から「ヒトラーはソ連を攻める」ということを聞かされた。ソ連を攻めるというのは、第一次世界大戦におけるエーリッヒ・ルーデンドルフ（参謀次長）の戦略と同じで、ドイツが敗れた原因になっている。ヒトラー自身がそのことを認識して、『マイン・カンプ（わが闘争）』の中でも述べているわけです。ドイツ人の心の中にも、ソ連に攻め込むという考えはなかった。ところが、実際にはそういう事態に陥ってしまった。

しかし、いったいなぜ、ヒトラーは『マイン・カンプ』に述べているとおり、ソ連との戦いを避けなかったか。その疑問は開戦後も大きな謎として残りました。ベルリンの日本大使館でも館員たちの間で議論の的となって、政務を担当していた内田藤雄（後の西独大使）さんは、「結局、ヒトラーはソ連のウクライナの穀倉をドイツの支配下に置かない限りは、ドイツに長期戦をするだけの体力がないと考えたのではないか」という見方をしていました。英国を討つということは、同時にアメリカと戦争をすることになる。従って、これは長期戦になる。長期戦になれば、やはりウクライナという穀倉を背後に持った上でないと、米・英と戦いながらドイツが生き延びることはできない。このようなことを、内田さんは指摘していた。

それが真実なのかどうかは、私にはわかりません。第一、ウクライナという穀倉に、ソ連も含めてドイツ支配下にあるヨーロッパを養うだけの収穫があったのかというと、疑問です。実際のところは、どうなのでしょうか。

――ウクライナだけでヨーロッパ全域を養うということはできないでしょう。ウクライナの穀倉については、過大評価があるような感じがしますね。

もう一つ、ドイツの開戦の目的で重要なのは、石油だと思うんです。第一次大戦も第二次大戦のときもそうなんですが、今は忘れられていますがヨーロッパの産油国として重要なのはルーマニアなんです。ルーマニアというのは、戦前は大変な産油国だった。だからまずルーマニアが狙われる。その次は、カスピ海だったのではないでしょうか。ここで、バクー油田（アゼルバイジャン）を完全に押さえる。後はチェチェンのグローズヌィ、あそこでも石油が採れる。これらの地域を押さえれば、アメリカ、イギリスを相手にした戦争を考慮しても、長期的に石油資源を確保できるとナチス指導部は考えたのではないか。だからヒトラーは、穀物と石油という、その両方において、対ソ戦に魅力を感じていたのではないかと私は見ています。

それから、ドイツが革命直後のソ連にブレスト・リトフスク条約（一九一八年）で押しつけたソ連との国境線というのは、ドイツの地政学的利害からすると、やはりすごくよくできているんですよね。あの国境線だとウクライナ穀倉地域の大部分がヨーロッパに入ってロシアから切り離されてしまうわけですから。あの線をヒトラーは回復したかったんじゃないかなという感じがします。ヒトラーは、最終的にスターリンと手打ちができると考えていたのかもしれない。いずれにせよ、ブレスト・リトフスク条約の国境線には大きな戦略的意味があったと思います。

吉野　確かにそうですね。

——それからあとちょっと文明史的な話になるんですが、ウクライナというのは西と東で文化が違うんですね。西のガリツィア地方はカトリックなんです。ただしそのカトリックというのは、見た目はロシア正教と一緒なんです。「ユニア（東方帰一）教会」という特殊な教会で、見た目はイコンを掲げて、神父さんも結婚しているわけですよ。ところが教皇がいちばん偉いということを認めていて、それでなおかつ、聖霊の発出に関しては細かい神学の議論があるんですが、カトリック教会では、「父および子から発出する（フィリオクエ）」と言うんです。聖霊が父なる神とキリストから出てくると考えるのです。ロシア正教では「父から発出する」と言って子のことは言わないんですね。これが原因の一つになって、一〇五四年にビザンチン（正）教会とローマ（カトリック）教会が分裂するわけですけれども、この辺の対立をナチスは非常に上手に使っているんですね。「ユニア教会」を味方につけて、ウクライナ解放軍みたいな部隊をつくっているんです。

ですから穀倉、石油、それから文明史、そのようなことをやはりナチスのイデオローグたちは考えていたんじゃないでしょうか。そのブレスト・リトフスク条約の国境線だったらロシアとウクライナを割ることができるんじゃないかと、こんなことを考えていたのではという気がするんですね。

吉野　なるほど。そういう宗教も含めての細かい分析というのは、当時の大使館ではやってなかったですね。内田さんの話は単なる食糧という形での戦争遂行ということですね。

――食糧の産出能力だったら、恐らくフランスは相当あったと思うんですよ。

吉野　それはあったでしょう。

――フランスの穀倉地帯を完全に握っていれば、兵站《へいたん》を維持することはできたんじゃないかなということを素人考えには思うんですね。あとポーランドの穀倉地帯がありますから。だから、さらにウクライナというと、どうも穀倉だけではなくて、それプラスの要素があるように思えてならないんです。ロシアから穀倉を取り上げるということは意味があったかもしれませんが。

吉野　そういうことかもしれませんですね。

――要するにドイツにとってということよりも、穀倉を取り上げて数年たてば、ロシアは相当弱るだろうと。ただ、ロシア専門家の私からすると、ロシア人というのはどういう連中か、ドイツ人はよく理解していないところがあります。ドイツ人は肉をいっさい食べないで生きていくことができますか。例えば一年や二年、肉をいっさい食べないということが可能ですか。

吉野　ダメでしょうね。

――ロシア人はそれでも大丈夫なんですよ。戦争になれば、いくらでも我慢します。私の理解では、ロシア人に絶対に欠かしたらいけないものって四つあるんです。まずウオトカです。ワインやビールはなくてもいいがウオトカは絶対に必要です。それからタバコ、黒パン、ジャガイモ。この四つはロシア人にとって本当に死ぬほど重要なんです。このうち二つに手をつけると政権は崩壊するというのが私の見方なんです。白パンがなくても大丈夫なのです。ゴルバチョフ政権がどうして瓦解したかというと、一つは、反アルコールキャンペーンです。一時期、ソ連では事実上の禁酒令が実施されました。あともう一つは、民族紛争が起きてしまったがために、紙巻きタバコがなくなってしまったことです。タバコのフィルターはアルメニアで作っていたんです。アルメニアとアゼルバイジャンが民族戦争を始めたからフィルターができなくなったんです。それで大変なタバコ不足になっちゃうんです、全国的な。これでみんなイライラするんですね。この二つが欠乏したのでロシア人は本当に怒ったんです、ひどい政権だと。スターリン時代でもこんなことはなかったと。肉がなくても大丈夫なんですよ。

吉野　ウオトカがあればね。

――ウオトカとタバコと黒パンとジャガイモです。それが確保されるならば、相当厳しい状況でもロシア人は国のために働きます。あの人たちはものすごく忍耐強いですからね。

吉野　忍耐強いし、愛国心も非常に強いようです。戦後、私が尊敬し、親しくしていた、ドイツ連邦（西独）首相ヘルムート・シュミットも東部戦線へ駆り出され、死線を彷徨って帰って来た一人です。彼はドイツ側の重大な誤算の一つとして、ロシア兵の愛国心が非常に強いことを強調していました。

――そうですね。特に外国から侵略されたときには徹底的に頑張ります。例えばスターリングラードなんかでも、日本と一緒で特攻をやりましたからね。ロシア人というのは背中に地雷を背負って、戦車にそのまま飛び込んでいくということを平気でやりますからね。

第五章　在独日本大使館・一九四四

ベルリンの日本大使館

三谷隆信

新関欽哉

ベルンで客死した坂本瑞男・スイス公使

一九四四（昭和十九）年三月に吉野は研修を終え、ベルリンの日本大使館に外務書記生として着任した。書記官の下に外交官補がいるが、外務書記生はさらにその下の見習い外交官のことである。

私が外務省で研修していた頃は、サミット（主要国首脳会議）や総理大臣の外遊があると、当該国はもとより近隣国の研修生も手伝いに駆り出された。まして吉野がドイツで研修していた時期は、日本はまさに総力戦体制で、米英を相手に戦争を展開しており、ベルリンの日本大使館でも人手は足りなかったはずである。それにもかかわらず、吉野は、潤沢な研修費を与えられ、学位取得の義務もなく三年間、大学生生活を送ることができた。

――ドイツで在外研修を三年間行われたわけですが、外務本省や大使館から研修を少し切り上げて、早く勤務につけという感じにはならなかったのですか。

吉野　ならないんです。その点は、外務省は研修指導方針がしっかりしていました。まず第一に語学を覚えることが大事だということなんです。だから三年間はちゃんと勉強しろと。大使館が忙しいから出てきて手伝えという命令はなかったですね。

――こういうふうに研修時代には、職務から完全に切り離して、語学の習得と、現地人の感覚を身につけさせることが、本当に重要ですよね。

吉野　ええ。やはり研修生としても大学に通いながら、一生懸命に語学を覚えようとしていますからね、だからそれを切るということはいけません。それからもう一つは、われわれがベルリンへ行って働いたところで、大使館の仕事にとって大した助けにはならないですからね。私の場合、本当に外交官としての仕事をしたのは、ドイツが敗戦してしまって、大使館を守って、われわれ自身が在留邦人を連れて日本に帰国するというときでした。そういう非常事態には本当に人手がいりますからね。それまでは、大使館の仕事に研修生の若造が出ていったって、業務を積極的に助けることはできなかったし、それからそんな仕事はなかったですね。

ベルリンの日本大使館に勤務してから、吉野はまず電信班に回された。暗号の基礎を叩き込まれるのである。

――ベルリンの大使館に行かれて、最初の仕事はどこでしたか。

吉野　はじめは電信班で訓練されました。

――そうしたら暗号を組んだりとか。

吉野　暗号の組み方だとか、扱い方とか、それから暗号を解くことも含めてです。

――当時は暗号を組んで電信局から打ちましたか。

吉野　ええ、電信局から打っていたんですよ。いろいろ暗号があってその暗号を打ったり、解読する練習をしました。だけどそんなに大きな戦力の助けにはならなかったですね。

この話を聞いて、私は感銘を受けた。当時の日本外務省は、あたかも戦争など起きていないが如く、吉野に外交官としての基礎訓練を行っていたのである。まず、潤沢な資金を与えて、大学で三年間、十分な研修をさせるとともに人脈をつくらせる。ドイツ人をレストランに誘ったり、ドイツで欠乏している物品を外交特権を用いて入手したりして、人脈を拡大していくのだ。それと同時に、ドイツ人はどのような思考をするか、また、どのようなことで喜び、どのようなことで嘆き悲しむのかといったドイツ人の内在的論理を理解させる。さらに、ベルリン大使館の勤務についた後も、秘密保全、暗号の組み立てと解読といった外交活動の基本から訓練する。一九四四年春時点で、日本のほとんどの職業外交官は、公言はしないにせよ、この戦争で日本やドイツが勝利することはないと認識していたはずだ。戦争に敗れた後も日本国家と日本人は生き残る。そのときに外交に従事することができる若手の人材をきちんと養成しておく必要を外務省幹部が考えていたから、吉野たち外務省研修生は同世代の日本人青年たちと比較して、遥かに恵まれた環境をあたえられたのである。そして、吉野もノブレス・オブリージュ、すなわちエリートとしての責務を自然に自覚していくようになったのである。

もはや潜水艦以外、日本とドイツを結ぶ交通手段はなくなっていた。しかし、意外なことだが、無線電話は繋がるので、日本と自由に国際電話をすることができた。電話は、英米側によって盗聴されている可能性がある。そこで、当時の外交官たちは奇策を考えた。

――東京との連絡では無線電話も使っていましたか。

吉野　国際電話は無線で繋がりました。だから電話で、ベルリンの日本大使館と東京の外務本省との間でも連絡をとることができました。あるいは希望すれば、大使館から日本にいる自分たちの家族へも何回も電話をかけることができたんですね。それはみんな無線でした。ただ、電話の会話を聞いている人がいるわけです。

——ええ、盗聴されていますからね。重要なことは全部電報でやりましたね。

吉野　そうです。重要なことはもちろん電報にしました。電話では家族と話す場合が多かったですね。ただ一つ例外があって、鹿児島弁をつかって、仕事の電話をすることがあるんです。鹿児島弁というのは、普通の外国人にはわからんわけですね。もちろん大事なことは電話では言えないけど、簡単な「明日、どこどこへ出張するよ」というような連絡は、鹿児島弁でもやっていました。

——しかし、吉野さんは鹿児島弁を話せないんじゃないでしょうか。

吉野　そう。私は鹿児島弁はしゃべれません。庶務の班長が鹿児島出身者で、その人が本省の鹿児島の人と話して、雑務を片づけていた。例えば当時は日独間で潜水艦が行き来していたので、潜水艦への積み荷を指示したりとか、そういう要請のようなことぐらいまでは伝えていました。ただ、潜水艦が出発するのはいつだとか、そういう重要なことは、一切、電話ではやりとりしていませんでしたが。

——アメリカ軍も最前線ではナバホ族の先住民（ネイティブ・アメリカン）を通信兵でつけていました。それで前線の電話通信は、全部、ナバホ語でやらせていたんですよ。日本軍でナバホ語をわかる人はいないので、盗聴しても意味がありません。

吉野　あぁ、そうか、なるほど。

――日本側が盗聴しても一切わからないように。最前線になったら、もういちいち暗号を組んでいる余裕がないじゃないですか。どこどこに移動するとかいう電話連絡は、全部、先住民の通信兵にやらせていたんです。だからベルリンで日本も同じようなことを考えたんですね。

吉野　鹿児島人がナバホ族ということですね。

二度の空爆

電信班で半年ほど訓練を受けた後、吉野は政務班に異動になる。政務班は大使館の心臓部だ。ここで、吉野は外務省流の翻訳の仕方や公電の書き方を徹底的に叩き込まれる。説得力のある公電を書くことができるかどうかで、外交官としての能力が測られる。

当時、電報は現在のような光ファイバー通信で送るのではなく、暗号を組み立て、電報局から送った。電報料金を節約するために、さまざまな略号や短縮語を用いる。例えば、リッベントロップ外相ならば、初出では「リッベントロップ」外相と記し、その後は、「リ」外相とする。ベルリンは、伯林の頭文字をもって伯とするなどである。

それから、公電は、外務大臣と特命全権大使（公使）、もしくは総領事などの在外公館長との間でやりとりされる。実際に公電を起案するのは外交官補や三等書記官のような下級職員であっても、公電になる場合は、大使の名前で出される。従って、公電の内容に誤りがあるとそれは大使の責任になるので、絶対に間違った記述をしないようにという訓練が徹底してなされる。例えば、ある情報を入手したが、裏がとれずに信憑性についていまひとつ自信がない場合には、「聞き込みのままなるもとりあえず」とか「聞き込みのままなるも御参考まで」というような但し書きをする。

また、前にも書いたが外務大臣が上司、在外公館長が部下という建前なので、外務本省から大臣名で送られる公電は「貴館適当館員をして、独外務省に申し入れありたい」と「指示」の形で書かれるが、大使から外務本省に宛てられる公電は、「当方の対応につき、心得ておく点があらば、二月五日午前十時までに御指示願いたい」という「お願い」の形になる。

外務省には一種の公電文学が存在し、わかりやすく、印象に残る公電を書くことができる外交官の政策提言が通りやすいのである。

政務班において吉野の官職は外務書記生よりは高い外交官補（アタッシエ）になっ

た。電信のような裏方ではなく、文字通り、外交業務を補佐する見習い外交官としての仕事をする。中心となって仕事をするのは、政務班長の内田藤雄一等書記官、新関《にいせき》欽哉三等書記官（後のソ連大使）らで、これらの書記官は、日独両国間の政治関係を担当するとともに、戦況やドイツ政治情勢の分析を行っていた。総統府、外務省との接触のみならず、情報提供者から機微にふれる話をとるヒュミント（人によるインテリジェンス）工作も行っていた。政務班一年生である吉野は、もっぱら新聞翻訳の担当で、大使館の外に出てドイツ人と接触するような仕事には従事しなかった。

ドイツの新聞、ラジオはゲッベルス宣伝相の統制下にあるので、戦況はドイツに有利であるという情報操作を行っている。しかし、対ソ戦争を展開している東部戦線から送還されてくる負傷兵の様子や一時休暇で帰国した将校の話から、ドイツがソ連軍に押し返されていることは明白だった。一九四四年六月六日、連合軍が北部フランスのノルマンディーに上陸してからは、ドイツは米英軍とソ連軍に挟み撃ちにされるような状態になった。

ベルリンへの空爆も頻繁に行われた。吉野も空爆で命を失いそうになったことが二回ある。

一回目は、一九四四年四月のことだった。吉野の記憶では、ベルリンに着いて二〜三日後のことである。当時吉野は「ホテル・ツェントラル」という、電車路線と地下鉄路線が三重に交叉している駅の上に建てられたホテルに仮住まいしていた。

吉野　朝方になって空襲警報が鳴りました。起こされたか、自発的に起きたのかは忘れてしまいましたが、とにかく寝間着にちょっとガウンを羽織った姿のままで、慌てて部屋を飛び出して階段を降りていったんです。当時、私が住んでいたのが三階か四階で、このホテルには地下室がありました。そこに避難しようとしたら、地下室のなかはもうホテルの客でいっぱいで座るところがない。やむを得ず地下室を出て、地下鉄駅のプラットフォームに逃げた。ちょうどホテルの真下に三線の地下鉄が重なるように走っているので、その最下層を目指して駆けて降りました。

――地表からいちばん離れたところに逃げたんですね。

吉野　そう。そして、線路の脇、つまりプラットフォームの下に潜り込んだ。普段は真横に電車が通っている場所ですが、その時は不通だったんでしょうね。空襲警報が鳴ると電車は停まるんです。身を潜めてしばらくすると、ドカーンと大きな爆撃音がした。地上に出た後でわかったんですが、ホテルの地下室にいた人はみんな死んでいました。

――吉野さんは運が良かったんですね。

吉野　「おまえ、こっちはいっぱいだから入らないで、地下鉄のほうへ行ったほうがいいよ」と言われて、そのとおりにしたから助かった。地下三階のさらにプラットフォームの下の隙間に入っていたんで助かったんです。地下鉄の線路に避難した人たちもかなり亡くなったようです。

――ホテルはどうなりましたか。

吉野　私のいた部屋はもちろん、ホテル自体も跡形がないわけです。それで、着の身着のままで、結局、大使館へ向かったんだろうと思います。「いま爆撃に遭いました。なにもかもなくなりましたが、命だけは助かりました」と話したら、当時は物がないときでしたけれど、外交官ですから、みな、一着二着は余計な洋服をもっていたのでしょう。「じゃあ」と言って、上着やズボンを貸してくれたり、シャツをもらったりして、ようやく大使館で仕事ができるような服装が揃った。これでしばらくの間しのぐことができたんです。

赴任直後に身一つで焼け出され、泊まるあてのない吉野を政務班長の内田は自宅に招き、部屋を提供した。しかし、いつまでも服が同僚からの借り物では、大使館で働いていても居心地がよくない。そこで吉野は、スイスに物資調達に出かける。

当時、吉野は自動車運転免許をもっていなかったので、スイスへは鉄道を利用した。スイスは中立国である。戦争がなく、平和であった。
スイスで飲んだおいしいコーヒーの味を吉野は今でもよく覚えている。

吉野　スイスへ行きますと、まず第一にコーヒーがうまい。それはうまいはずですよね。ドイツでは、本物のコーヒー豆からコーヒーを作っていなくて、みんな代用品でしたから。

――代用コーヒーですね。ソ連時代、僕もモスクワでよく飲みました。

吉野　おそらく大豆か何か、燻《いぶ》してつくったやつだろうと思いますがね。けれどもスイスへ行くと、朝めしから本物のコーヒーを飲めるわけです。ことに薫りがよくて、初めてコーヒーというのはこんなうまいもんかなと驚きながら味わいました。そういうことを覚えています。

そのときだったか、別の機会だったかは定かではありませんが、公園のベンチに腰をかけて旅の気分を味わっていますと、四十代くらいのスイス人の男性が隣に座ったんです。そして、「私はユダヤ人だけども、おまえは日本人か」と訊いてくる。「そうだ」と答えると、「どこから来たんだ」「ベルリンだ」というやりとりがあった。そうすると、彼は「ドイツじゃ生活が大変だろう」「食料もないし、衣類もないし、靴もないし、油もないし、コーヒーも飲めないだろう」などと言って、「おまえ、何しに来たんだ」と質問しながら、ドイツの様子をいろいろと訊ねてくる。別に彼に悪意があったというわけではなく、「おまえも大変だな」というニュアンスだったので、しばらく話をしていたんです。彼が「自分たちの国スイスは中立だから、ドイツは入ってこないだろう」と言っていたことが印象に残っていますね。それからまた物資をある程度買って、ベルリンへ帰りました。

私は、一九八七年八月にモスクワに赴任したが、この頃は、ゴルバチョフの経済改革政策による混乱で、物不足が深刻だった。高級ホテルのレストランか外貨で支払う喫茶店以外には本物のコーヒーがない。モスクワ大学の食堂や市内の喫茶店では代用コーヒーしか出さない。大豆に薫りがある草を加え煎った後、粉末にした代用コーヒーを二〜三分煮込んで、最後に温かい牛乳と砂糖を加える。味はミルクコーヒーというか日本のコーヒー牛乳のようなしろものだ。ただし、薫りがないし、カフェインが入っていないので覚醒効果がなく、コーヒーの代用にはならない。

吉野は、ベルンで坂本（註＊筆名阪本）瑞男《たまお》特命全権公使に惹きつけられた。今回の物資調達の目的以外にも、吉野はスイスを学生時代も合わせて一〜二回訪れたことがある。初訪問の際、坂本は吉野をアルデンテ（やや固ゆで）のスパゲティで歓待してくれた。

坂本の父・彡之助《さんのすけ》は、名古屋の士族である永井匡威《まさたけ》の三男で、坂本家の養子となった。永井荷風は甥にあたる。福井県知事、鹿児島県知事、名古屋市長を歴任し、貴族院議員、枢密顧問官を務めた。妻・艶は伯爵川村鉄太郎の長女で、妻の妹は、ロサンゼルスオリンピックの馬術ゴールドメダリストで、硫黄島で戦死したバロン西こと西竹一陸軍大佐の妻であり、従姉妹に白洲正子がいる。坂本は、一九二〇年に東京帝国大学法学部政治科を首席で卒業し、外務省に入省。ベルギー、アメリカ、イタリアなどに勤務した。一九四〇年九月に欧亜局長となり、翌年の松岡洋右外務大臣の欧州歴訪の随員として、日ソ中立条約の調印の場に立ち会う。一九四二年八月、日本で病気療養中にスイス駐箚《ちゅうさつ》特命全権公使に任命された。ドイツ形勢不利の公電を外務本省に送り続けるが、そのため親ナチスの大島浩駐独大使との不和が高まる。一九四四年に肺病が悪化し、同年七月五日、客死した。

吉野　その頃の外務省というのは後輩を非常に大事にしますから、公使公邸へ訪ねていくと、坂本さんは「よく来てくれた」と言って、おまえのためにスパゲティを作ってやると自らご馳走してくれるんです。「スパゲティのうまいまずいは、ゆで方次第だ」と。つまりヌードルが固すぎずやわらかすぎず、ちょっと芯が残るぐらいのときにお湯からあげるといい、とね。

——アルデンテですね。

吉野　そういう説明を加えながら、キッチンに立ってスパゲティを作ってくれました。トマトソースで、肉が少し入っていたかどうかだったと思いますが、忘れてしまいました。

吉野が坂本に惹かれたのは、スパゲティをご馳走してくれたからだけではない。ノーブルであり、リベラルな教養を身につけた坂本の国際情勢認識に吉野は親近感を覚えたのである。坂本は生前、妻に「自分は外交官として、英国のイーデン外相を尊敬する。敵国であるが、それ以前に、彼は外交官の中の外交官だ」と語っていたという。

吉野　坂本さんは、ドイツは勝つとは言わなかった。ともかく戦争の行く末については、非常に懐疑的でしたね。ただ、大島大使がいるから、そこに遠慮して、私の前ではあからさまにドイツの悪口は言わなかった。それでも戦争の将来に対して、楽観的ではなかったですよ。

——確か坂本公使は名門の出身ですよね。

吉野　本当に上品でスマートな人でした。あいにく体は弱かったけれど。おそらく、坂本さんはすでに胸が悪かったのではと思います。だからスイスへ来たんじゃないでしょうかね。

坂本は妻と二人の子息を日本に残し単身で赴任していた。病状が悪化した坂本は、ベルン市内のビクトリア修道院内の病院に入院する。最後まで家族を気遣い、「病状を伝えないでほしい」と、後に代理公使を務める与謝野秀に念を押した。葬儀は現地にて行われ、スイス連邦大統領ほか、各国大使が参列した。日の丸に包まれた棺が喪章をつけた馬車で運ばれ、遺体は荼毘にふされた。戦後、遺族のもとに坂本を看病した修道女から一通の手紙が届く。そこには闘病中の坂本が、ある日、突然ベッドから立ち上がってベランダに出て、遠く景色を眺めながら、ぽろぽろと涙を流す様子が書かれていた。

二回目に吉野が空爆で命の危険を感じたのは、時期は正確に覚えていないが、ベルリン郊外でのことだった。

内田邸にあまり長く逗留するのは具合が悪いと考えて吉野は、ベルリン郊外のクライン・マハノに寡婦と十歳くらいの一人息子と手伝い女が三人で住んでいる家に下宿先を見つけた。水浴地で観光名所であるバン湖もすぐそばだ。吉野は、このくらい都心から離れていれば空爆を避けられると思ったが、それは甘かった。

吉野　夜中に、空襲警報が鳴ったので、庭の片隅に掘った防空壕に入ったわけですよ。上へ木材と土を被せた日本式の防空壕です。そしたら、ボカーンと大きな音がした。何か空気がビリビリとしてね。

――爆弾が炸裂すると空気が震えますよね。

吉野　そう。耳の鼓膜までちょっと響くような。それでも別に防空壕が直撃されたわけではなかった。翌朝にわかったのですが、下宿から一〇メートルも離れていないすぐ横の交差点に爆弾が落ちていた。見に行きましたら、交差点の真ん中に直径一五メートルぐらいの大きな穴が開いていたんです。深さは一〇メートルぐらいあったでしょうか。幸い防空壕の反対側だったから、命拾いした。

――運が良かったですね。

吉野　道路がえぐれて、すり鉢状の穴の周囲は泥とか土が盛り上がっていた。たまたま防空壕の真上に落ちていなかったから良かったけれど、もし交差点付近に逃げていたならば、吹っ飛んでいた。

ベルリンは、もはや戦場である。逃げる場所はないと腹を括《くく》った吉野は、大使館から近い繁華街の中心部に住むことにした。空襲警報が鳴り出すと、近くの「ツォー」（動物園）の中に新しく建った鉄筋コンクリートの巨大な防空施設「ブンカー」に逃げることにしていた。それは高さ、幅とも約五〇メートルはある建造物で、屋上には高射砲が装備されていた。

政務班での吉野の仕事は毎日のドイツの新聞に載る東西の戦況の報道ぶりを本省に伝えることであったが、ときどき運転手をつけてもらって政務班に課せられた雑用を片付けることもあった。

その一つは、一九四四年八月末のシャルル・ド・ゴール率いる「自由フランス」と連合軍のフランス解放によって、首都のビシーを追われたナチス・ドイツの傀儡政権ビシー政権のペタン国家首席と共に南ドイツのシグマリンゲンへ移った在フランス大使館の三谷隆信大使（後にスイス大使、侍従長）の一行に文書や物資を配達することであった。三谷大使にはプロトコール（儀典）として北原秀雄官補（後にフランス大使）と、近藤という書記生がついていた。

シグマリンゲンはドナウ川の源流として知られるドナウエッシンゲンの近くにあり、人里離れた田園のなかに立つツォラー・ホフという旅籠に仮の日本大使公邸兼事務所が構えられていた。しばしばペタン国家首席とビシー政権の首脳が滞在しているホーヘンツォルレン家の古城を訪れ、その様子を本省に報告することが彼らの主な任務だった。

当時のペタン国家首席の様子を、三谷隆信は自身の回顧録のなかで次のように記している。

〈城の内部はバロック式の華麗な部屋が沢山あって、ペタン元帥は三階に住まい、ラバル首相をはじめ閣僚等も城内に居室をもった。中世式の城に接続して近代式の別館があった。恐らく公爵一家の住居であろうが、そこには在仏ドイツ大使館の人々が住まい、またその事務室があった。

城の屋根の頂きにはフランスの国旗が昼夜ひるがえっていた。ドイツ政府はペタン政府をフランスの正当政府と認めていたからである。しかしペタン元帥は自らを捕虜と見倣《ママ》し、その建前を堅持した。従って側近の侍医以外は、誰をも、ヴィシー政府の要人たちをも接受することを拒否した。健康のためたまに自動車でドライブするほかは、一歩も城の外に出なかった。フランス国元帥フィリップ・ペタンは、第一次大戦において、ヴェルダンの要衝を守りぬいて、連合軍の大勝に寄与した名将として有名な将軍である。第二次大戦に際しても、最後の場面において陸相として政府に加わり、一九四〇年六月ドイツの電撃戦にフランスが屈したとき、元帥はフランスを代表して休戦条約に調印し、敗戦の責任をとった。此の時フランスの政治家の多くは、フランス本国をすてて逃げた。あとに踏み止まって、逃げることも、隠れることもできない大多数の国民のために、おしよせてくる敵軍と話合って、フランスを戦闘から救ったのは彼であった。その後も国家元首の地位に止まり国民の保護に任じた。国民も苦しいなかに彼に希望をおき、彼を敬愛した。一九四二年の後半米軍が北アフリカに上陸して以来、ドイツの旗色は段々にわるくなり、米英軍の動きが活発となって、祖国救援の希望があかるくなるにつれ、反独レジスタンスの勢いはフランス全国に及んだが、ペタンに対する国民の敬愛の念は消えなかった。〉（三谷隆信『回顧録』非売品、一九八〇年、一七九〜一八〇頁）

通説ではペタン政権はドイツの傀儡ということになっているが、三谷はこれとは違う見方をしている、興味深い証言だ。

さて、吉野が旅籠に到着すると、大使以下三人が大いに歓迎してくれ、日の当たる草原でバレーボールの真似事をしたり、夕飯には厚いステーキをご馳走してくれたりした。北原官補はシグマリンゲンまで追い込まれた当面の自分の運命を、ユーモアを交えながら嘆くとともに、「配所の月」を眺めなければならぬ、ペタン国家首席とラバル首相の談話の一端を話してくれた。「配所の月」とは、大宰府に左遷された菅原道真が失意のうちに眺めた月にちなんでいる。

敗戦の色が濃くなるなか、不思議と彼らに悲愴感が漂っていないのは、シグマリンゲンの土地柄から影響されるところもあったのかもしれない。三谷は、銃後を守る婦人たちについて、〈親か兄弟が戦死した人も少なくない。生き残っていても、働ける人はみな戦争にいっている。しかし苦しみや悲しみにひしがれた様子は見せなかった。歌をうたうことがむしょうにたのしいらしい。もうヒットラー政府は冗談の対象になっていたが、祖国に対しては絶対の信頼をもち、どんな悲境におちても必ず立ち上がる確信をもっているようであった。〉(前掲書、一九三〜一九四頁)と回想している。

一九四五年四月、三谷大使一行はビシー政権の移動に伴い、シグマリンゲンを離れる。吉野の連絡用務は二〜三回で終わりとなったが、政務班での仕事としては格別に印象に残っている。

潜水艦による日独連絡

前に述べたように、ベルリンの日本大使館と東京の外務本省との間の連絡手段は、公電と国際無線電話しかなかった。公電には暗号をかけることができるが、電話の場合、それができない(現在はデジタル通信なので、在外公館と外務本省の間で用いられる公用電話には暗号による秘話装置がつけられている)。そこで、前述したように、電話を使う場合は鹿児島弁で話すというユニークな盗聴防止策がとられた。いずれにせよ、日本からの郵便物はドイツにとどかない。そこで、日本政府は、潜水艦による日本とドイツの連絡ルートの確保を試みた。

潜水艦というと、ドイツのUボートが有名であるが、Uボートは、国際基準では小型か中型の潜水艦なので、日本までの航海が不可能である。そこで、連絡には日本の大型潜水艦である伊号潜水艦が用いられることになった。潜水艦によって、日独間で秘密兵器に関する情報や、戦争遂行に必要な物資を交換することを目論んだのである。吉野も、大使館の武官室に大量のレンズが保管されていたことを記憶している。潜水艦に載せて、ドイツの高性能レンズを日本に運ぶ予定だったが、結局、潜水艦の消耗率が高く、この連絡ルートは所期の成果をあげることができなかった。

日本から五隻の潜水艦がドイツに向けて出発したが、往復に成功したのは伊八号一隻だけだった（一九四三年六月一日に呉を出港し、同年十二月二十一日に呉帰投）。後は、往路に二隻、帰路に二隻が沈没した。往復に成功した伊八号も一九四五年三月三十一日、沖縄沖でアメリカの駆逐艦によって撃沈された。

〈五隻でドイツに赴いた乗員のそのほとんどは、往復路で戦死、もしくは生還しても他艦で転勤後、戦死されている。作戦潜水艦消耗率九十パーセント以上、戦後約六十年、過酷な戦いと長い時を越えて、遺独を果たしたご健在の二人の士官がおられる。〉（伊呂波会『伊号潜水艦訪欧記　ヨーロッパへの苦難の航海』光人社NF文庫、二〇〇六年、二九三頁）

日本とドイツは、具体的にどのような機材のやりとりをしたのであろうか。


〈伊八潜で交換した主な機密兵器は次のようなものである。

酸素魚雷、潜水艦自動懸吊《けんちょう》装置、最新式水上偵察機、潜水艦無気泡発射管等を提供したほか、ドイツで欠乏していた生ゴム、錫、タングステン、モリブデン、キニーネ等で、物資購入用の金塊も送られた。

ドイツから運んだ物資は表のとおりである。駐独大使館付武官で便乗帰国した海軍少将横井忠雄氏の作成したもので、交換された兵器等の実態を知る貴重な資料である。〉（前掲書、二六頁）

このうち酸素魚雷は、当時、最高水準にあった魚雷である。金塊が日本側からドイツ側に渡されるということは、ドイツが日本から必要とする情報や機材よりも、日本がドイツから必要とするもののほうが多いため、その差額を金塊でうめあわせるということなのであろう。

横井の表（前掲書、二四～二五頁）には物資五十六点が記されているが、そのうち興味深いものを抜粋しよう。

エニグマ暗号機（註＊第二次世界大戦中にドイツ軍が用いたローター式暗号機。操作が簡単で、暗号強度も強かった）

アテプリン錠（註＊マラリアの特効薬）

ボールベアリング

高速艇製造図面

飛行機用方位測定機

急降下爆撃機用照準器

発光塗料及液

陸上用電波探信儀

海軍省副官当て書類

在東京独逸大使館行托送品

一九四〇年にすでに日独の軍事同盟は成立しているのである。それにもかかわらず、日米開戦後になってはじめて、あわててこれらの機材や情報のやりとりをしているということは、裏返して言うならば、日独の軍事同盟が紙の上での約束を超える実体的関係ではなかったということを表すものだ。これに対して、連合国側は、米英では協同作戦を展開し、アメリカもソ連に対して最新の航空機を供与していた。

吉野も潜水艦による日独連絡については、よく覚えている。

――吉野さんは、ドイツのUボートや日本の潜水艦に乗ったことはありますか。

吉野　両方とも乗ったことはないです。ただ私がベルリンにいる間に、知っている軍人や、医師が、一年に一回か二回ですが、潜水艦で日本へ帰るとか、潜水艦で日本から来るということがありました。日本の伊号潜水艦を使ったんですね。しかし、非常に危険だった。

――往復に成功したのは、たしか一隻だけですね。あとは途中で沈んだりしてます。

吉野　そうそう。帰路、シンガポール沖で沈んだ潜水艦もあったと思います。

このシンガポール沖で沈んだ潜水艦は伊三〇号である。一九四二年四月十一日、広島県呉市から出発し、同年八月上旬にドイツ占領下のフランスのロリアン港に到着。

同地ではデーニッツ独海軍提督が出迎え、ベルリンでは、ヒトラー総統の招待を受けるなど、破格の扱いを受けた。

このときの航海について、生還率が一割以下だったこの作戦で、奇跡的に生き残った竹内釼一《けんいち》（当時伊三〇号砲術長兼通信長）が以下の手記を残している。

〈（註＊アフリカのマダガスカル島東方において）報国丸から補給（燃料と食料）を受け、ドイツに出発したのは六月十八日の午後。仏領のロリアン港に向けて、喜望峰から大西洋に抜ける航程の中で、最も苦労したのが、世界屈指の難所「ローリング・フォーティーズ」。咆《ほ》える四十度線の名のとおり、絶え間ない暴風怒濤の海域を、さらに風波に逆行して突破しなくてはならない。「艦が南南西に進むにつれ、次第に荒れ模様となり、ついに暴風圏に突入しました。艦は木の葉のように翻弄《ほんろう》され、今にも圧し潰されそうでした」。ついに主機械が停止、艦尾の排気口から海水が逆流、主機のピストンを破壊したからである。機関科部員の必死の作業でようやく主機が治り、悪戦苦闘の末、大西洋に抜け出た時には予定の計画を遥かに超え、二週間を要してしまった。

大西洋上はとても静かで、順調に北上を続けた、艦内では身長百八十九センチの美男子・佐々木惇夫航海長からドイツ語の指導を受けたり、ベルリン招待やパリ見物の予定が入電して、すっかり洋行気分になった。ところがその油断からか、太陽を背にして突っ込んできた敵機の発見が遅れ、急速潜航した直後、強烈な爆発音の衝撃を受けた。「前管室浸水！」の報告に観念したところ、応急灯が点《つ》いた後、確認してみると、なんと、積載されていたビールビンが割れて飛び散った音を、浸水と勘違いしたのだった。誤認だとわかり、やっと、ほっとしたという。

ドイツ側の指示で、スペイン領最北端のオルテガル岬沖を通り抜け、ビスカヤ湾に進出。八月六日に、ついにロリアン港外の指定地点に浮上した。

上空にはすでにドイツ機が待ち受け、駆逐艇も迎えにきた。佐々木航海長と竹内砲術長の天測が見事正しく、目的地点に到達したのであった。

ドイツ海軍の機雷原突破艦が誘導してロリアン港に入港したのは、八月六日。ドイツ占領下にあるとはいえ、敵地フランス領であることから、極秘に入港と思っていたが、歓迎は黒山の人だかり、「君が代」「軍艦マーチ」には、びっくりしたと同時に、目頭が思わず熱くなったそうである。

早速、潜水艦基地隊内に設けられた歓迎会場に案内され、全乗員をはじめ、日独海軍関係者全員が出席する、盛大な祝宴が催された。

入港後、健康診断が行なわれ、搭載物件、損傷した水偵を独側に引き渡し、復路計画の打ち合わせを終えた後、遠藤忍艦長、西内正一先任将校、佐々木惇夫航海長、中野實機関長は、ベルリンにおけるヒトラー総統の招待を受け、艦長にはホワイトクロス勲章が授与された。〉（前掲書、二九六〜二九七頁）

淡々とした筆致であるが、ドイツが伊号潜水艦による訪問団をいかに歓迎したかがうかがわれる。ドイツは、歓迎会の様子をニュース映画にし、連合国に対して、日独が本格的な潜水艦連絡ルートの開拓に成功したことを印象づけようとした。ドイツの高度な脳外科手術を習得した医師を、潜水艦に乗せて日本に帰国させようとしたことも吉野は覚えている。

吉野　頭蓋骨および脳の外科手術は日本よりドイツのほうが進んでいた。ドイツは何回も戦争を経験しているし、研究が進んでいるものですからね。日本では第二次世界大戦まで兵士は鉄カブトをかぶっていなかったので、弾が飛んできたらまず命を落としていた。鉄カブトの普及以降、頭部の負傷を治療するケースが多くなった。だからドイツの最新の脳外科手術を勉強しに来ていた医者が二人か三人いました。

――そのお医者さんたちは、戦争が終わるまでドイツに留まったんですか。

吉野　いや、潜水艦で帰ったんです。ところが、日本に着かなかったんですよ。

——途中で潜水艦が沈められたか……。

吉野　そういう悲劇があったんですね。それから、日本が作っていない機材も送ろうとしていた。今では日本がむしろ得意になってしまったカメラとか望遠鏡とかのレンズですね。これをたくさん潜水艦で日本へ運んでいたんですよ。現に大使館から大島大使なんかがみんな南のほうへ逃げて行った後、武官室を見に行ったら、潜水艦で運ぶ予定のレンズが山積みになっているんです。

——面白いですね。結局、大使館に入ってきたソ連軍が全部、持って行っちゃったんでしょうね。日本からは何を持ってきたんですか。

吉野　一つは、金を日本から持ってきたんですよ。それと機材を引き換えて。いわゆる戦略物資です。

——金塊で持ってくるわけですね。

吉野　ええ。金塊はどこでも通用しますから。

——いわば金塊で物品を買っていたということですね。いや、実に面白いと思います。同盟国なのに、日独の提携は、あまりよくできていなかったんですよね。

吉野　できてなかった。それはできていないですよ。

——本来ならば同時作戦をすれば非常にうまくいくはずなんですね。例えば一斉攻撃をするとか。

吉野　そうそう。いいか悪いか知らんけれども、その意味では、大島大使の言うことを日本の陸軍は聞かなかった。ましてや日本の政府が相手にしていなかった。その意味でコーディネートした戦略というのはできていなかったですね。

——私はちょっと穿った見方をしているのですが、ゾルゲ事件なんかの影響があると思うんです。

吉野　ああ、それもあったでしょうね。

——要するにゾルゲというのは、オットー駐日大使が使っていたわけですね。私は、ゾルゲは二重スパイだと思うんですよ。ソ連の仕事もしていたけれど、ドイツの仕事もしていた。ドイツ大使館からおカネをもらって、ドイツ大使館にはきちんと、情報を全部、報告しているわけですからね。

吉野　そうそう。

——そうすると、ゾルゲみたいなやつを野放しにしていたのは、どういうことなんだという気持ちが、日本の特高警察や憲兵隊にはあるでしょう。戦争中、ドイツ大使館員は、東京で厳しく監視されていたと思うんですよ。

吉野　ゾルゲに協力していた尾崎秀実《ほつみ》の例もありますからね。秀実は、私が大学生の頃は時代の寵児でした。

——本当に重要な事項をどこまでドイツに教えていいのかという、そのへんの懸念があったと思うんですよ。

吉野　たしかにゾルゲ事件が、日独提携を阻害する上で大きな影響を与えましたね。

大島大使は、ヒトラーに心酔し、ドイツが勝利するという見通しを公電にして東京に送り続けた。また、ナチスの要人を招き、ジン、ウオトカ、キルシュバッサーのような、アルコール度数が五十度を超える酒を飲み、少し音の外れたオペレッタを謡いながら、毎日を楽しそうに過ごしていた。大島も内心は悶々と苦しんでいたと思われるが、吉野は、そのような大使を覚めた目で見ていた。

第六章 ベルリン籠城

ベルリンを占拠したソ連兵

ハインリヒ・ヒムラー

ヘルマン・ゲーリング

リッベントロップ

吉野とともに大使館に籠城した河原畯一郎
参事官

一九四五（昭和二十）年四月、いよいよソ連軍がベルリン近郊に迫ってきた。四月十三日、ドイツ外務省から、日本の外交官は、ベルリンを退去し、ドイツ南部の温泉地バート・ガシュタインに避難するようにとの要請を受けた。

この辺の事情について、三等書記官・新関欽哉は著書で次のように記している。

〈政府機関は、陸海軍省をはじめとして、大部分すでにベルリンからほかのところに疎開していた。だが、ベルリンの知事を兼ねているゲッベルス宣伝相がベルリン防衛線を指揮することとなったので、宣伝省の幹部はまだ残っており、外務省幹部も、リッベントロップ外相がベルリンにいるため、ほとんど残留していた。

四月十三日、外務省儀典局長デルンベルク公使から、外交団に対し、ベルリンを退去して南ドイツの保養地であるバードガスタイン（現在はオーストリア領）へ移転するよう要請してきた。外交団といっても、戦争の関係でもともと数が少なかったうえに、そのころベルリンにいた大公使は、日本大使のほかはタイの公使ぐらいなもので、その他は本国に帰っているか、あるいはスイス国境に近い比較的安全な場所に避難していた。日本大使館の隣のイタリア大使館も空家となっていた。

デルンベルク公使からの申し入れに対し、大島大使は、外交団は任国の政府とあくまで行動を共にすべきであると主張した。とくにドイツ政府首脳部と緊密な関係をもっていた大使としては、ヒトラーやリッベントロップと最後まで連絡をとりたい意向であった。そこで、大使は直ちにステングラハト外務次官に電話し、ドイツ政府が国防軍司令部をふくめて全部南ドイツに移転するのかどうかについて問い合わせたが、次官は自分もそのことをよく知らないので、リッベントロップ外相に確かめたうえで返事をするとのことであった。夜の十時すぎになってリッベントロップから大使に直接電話があり、政府はもう暫く様子をみたうえで南ドイツに移転することにきめていると伝えてきた。そこで大使は、リッベントロップの言を信用して、大使館の移転を決定した。だが、ドイツ政府の南独移転は結局行なわれなかったので、大島大使とドイツ政府首脳部との連絡は、この電話が最後となったのである。

あとになってから、ドイツ側は、十三日夜に政府移転を正式に決定したが、その直後に戦況がやや好転したので、方針を変更したとの釈明を行なったが、真偽のほどは不明である。移転先のバードガスタインは、そのころ噂されていた「アルプス要塞」のなかにふくまれるので、日本大使館の移転によって「アルプス要塞」情報に信憑性を与えて米国側を混乱させるための反間《はんかん》苦肉《にく》の策であったと考えられないこともない。というのは、ドイツ側は日本外務省の暗号電報が米国によって解読されていることを知っていたからである。

それはさておき、ドイツ側は、移転要請に際し、敵機がアウトバーン（高速自動車道路）を爆撃する可能性があるので、大使一行のベルリン出発を夜中の三時ごろにしてほしいと言ってきたが、なにしろ突然の話なので、とても準備が間に合わないため、翌十四日午後三時まで出発を延ばすこととした。いずれにしても、米軍はライプチヒに向けて進出中で、南北の交通が遮断される惧れが多分にあり、自動車で南方に移転するのが一刻をも争うような事態となっていたことは確かであった。〉（新関欽哉『第二次大戦下　ベルリン最後の日　ある外交官の記録』NHKブックス、一九八八年、一一六～一一八頁、以下、新関回想録と略す）

同様の記述を、ベルリン大使館に、吉野、新関らとともに最後までとどまった参事官の河原畯一郎《しゅんいちろう》が、終戦翌年に発表した『中央公論』一九四六年十二月号の手記にみることができる。四十年後に刊行された新関の回想録の記述には驚くほどその表現においても河原の手記と重なる部分が多い。

〈四月十三日夜、ドイツ外務省儀典局長デルンベルヒ公使から、外交団に対し、ベルリンを去つて南ドイツのバードガスタイン（現在オーストリー領）へ移転するやう要請してきた。外交団といつても、当時ベルリンに残つてゐた大公使は、日本の大使のほかは泰国公使位のもので、その他は本国に帰つてゐるものもあり、南ドイツまたはスイス国境の近くに疎開してゐるものもあるありさまであつた。この要請に対して大島元大使は、外交団は任国の政府と行動をともにすべきものであると主張し、またヒットラーやリッベントロップ外相とは、最後まで連絡をとりたい意向であつたらしく、ドイツ政府自体が南ドイツに行くのかどうかを、外務次官ステェイングラハト男爵に電話をかけて聞き合はせた。ところが外務次官もそれを知らないから直接外相に聞いてみるといふ返事であつたが、しばらくすると、リ外相自ら電話口に出て、政府はしばらく様子をみた上で、南ドイツに行くことに決定してゐること、しかし外交団の南ドイツ行は別に強制的ではないことを返事した。大島は、リ外相とは十年来の友人であるから、その返事に偽りはないと信じ、南ドイツ行きを決心した。しかし「ヒ」も「リ」もつひに南ドイツには行かなかつたため、これが大使にとつて最後の連絡となつたのである。ドイツ側は、後になつて、政府は十三日夜一旦南ドイツに移転することに決定したが、その後オーデル戦線の防禦成績がよいのでベルリンに残ることに変更したのであると釈明した。この真偽はわからないが、仮りに初めから南ドイツへ行くつもりはなかつたとしても、リ外相の大島元大使に対する返事は、外交団の安全を考慮した措置で、別に大使を最後の瞬間においてまで欺いたと見るべきでもなからう。〉（河原畯一郎「ナチ崩壊の日　ベルリン籠城記」『中央公論』、一九四六年十二月号、六一頁、以下、河原手記と略す。漢字表記を変更した）

河原の手記において、その冒頭に〈起稿にあたり、筆者と一緒に籠城した新関書記官から種々援助を受けた〉とあるが、河原の文責で公刊された。四十年後に刊行された新関の回想録の記述はその内容、表現において河原の手記と重なる部分が多い。新関の回想録は、河原手記を参照して書かれたと私は理解している。ただし、新関はそのことを明示していない。従って、新関回想録と河原手記で内容が重なる箇所は河原手記を引用することとする。

新関は、ドイツが日本大使館の移転によって「アルプス要塞」情報に信憑性を与え、アメリカの攻撃目標を混乱させようとしたという見方を示しているが、その根拠は、〈ドイツ側は日本外務省の暗号電報が米国によって解読されていることを知っていたからである〉ということよりも、四月十三日夜のリッベントロップ外相から大島大使への電話の内容に求めるべきだと思う。一九四五年七月に、河原参事官が、外務本省に「在独大使館内籠城ヨリ独逸引揚迄ノ経緯」（以下、河原報告書と略す。漢字表記を一部変更し、適宜句読点を補うなどした）と題する極秘の報告書を提出した。その中で、リッベントロップからの電話について以下の記述がある。

〈次テ「リ」外相ヨリ直接大島大使ニ電話シ越シ「絶対極秘ナルカ政府及大本営ハ暫ク形勢ヲ見タル上南独ニ赴ク筈ナリ。但シ本日外交団ニ離伯ヲ求メタルハ強制的ノモノニ非ス」ト述ヘタリ。依ツテ大島大使ハ十四日午後三時陸海軍武官内田書記官以下数名ノ館員ヲ帯同（我方ニ於テハ早クヨリ今日ノ事態ヲ予期シ館員ノ過半ハ既ニ「バード・ガスタイン」ニ移シ置キタリ）自動車ニテ出発シ本官新関書記官外八名ノ館員ハ伯林ニ残留スルコトトナレリ。尚御真影ヲ奉遷スルハ途中ノ危険モアルニ付最モ安全ト認メラルル大使館防空壕内ニ奉安シ置クコトトセリ。〉

「絶対に秘密である」という枕詞をつけるならば、電話でこのような連絡をすること自体が不可解である。深夜であっても、外務省に呼びつければよい。外交の世界では、このような深夜の呼び出しは決して珍しいことではない。「ドイツ政府と大本営が、しばらく形勢を見た上で南ドイツに赴くはず」ということは、常識的に考えれば、「戦闘態勢を整えて南ドイツに移動する」ということである。外交団といっても、ドイツと外交関係をもっている主要国で、いまだにベルリンにとどまっているのは日本だけだ。

大島大使が、ヒトラーとともに徹底抗戦を主張するのを意気に感じたリッベントロップ外相は、日本大使館の庭に巨大な地下壕を造った。「外交団がベルリンから離れるのを求めることが強制でない」ということは、ソ連軍によるベルリン占領が確実視される状況で、アルプス要塞に立て籠もるヒトラーやナチス・ドイツ首脳と運命を共にせよとの呼びかけと解釈される。ヒトラーに心酔する大島ならば、この呼びかけに応えてもおかしくない。ソ連、あるいはアメリカとイギリスが、リッベントロップの電話を盗聴することを前提に、ドイツ側が攪乱工作を仕掛けてきたのであろう。「アルプスの要塞」にアメリカの関心を向けさせ、とにかくアメリカと何らかの取り引きの端緒を見出そうとしたのだと私は考える。

危機に直面したときに人間の真価が測られる。このとき大島大使が、ベルリンの大使館籠城組の外交官に対して与えた指示は実に頓珍漢な内容だ。

〈四月十四日午後三時、大島大使以下の大使館員は十数台の自動車に分乗してベルリンを出発したが、それに先立って、日本酒と握りめしで送別会が行なわれた。去る者も残る者も、お先真暗で、今後の運命がどうなるか全く見当がつかず、暗澹たる気持ちであった。

別れに臨んで、大使から私に特に指示があったのは、つぎの二つのことであった。

（一）ヒトラー総統に対する大使からの贈物として太刀二振と掛軸一本をマイスナー官房長に手交すること。
（二）大使の愛馬カルメンヘン（四歳駒で、ハノーヴァー知事から贈られたもの）をドイツ軍に献納すること。〉（新関回想録、一一九頁）

危機の状況にあって、刀や掛け軸や馬の処理について指示するゆとりがあるならば、ベルリンに残留する日本人の保護について考えるべきだ。

その事情について、河原はこう述べる。

〈大使は南方へ去ったが、ベルリンの日本大使館を空屋にしておくわけにはいかなかった。それは国有財産である大使館建物および家具調度などを保護し、またベルリン附近に散在してゐる在留邦人の保護にも当るものが残る必要があったのである。

当時在独邦人の数は全部で五百人くらゐであったが、ベルリンから百キロくらゐはなれたベルチッヒ、ヅコウ、リンデ、ノイルピン、メクレンブルグなどの各地に全部で二百五十人くらゐの邦人が二十名ないし百名づつ団体を組んで疎開してゐた。ベルチッヒには馬瀬総領事を配置し、そのほかの土地にはそれぞれ大使館員を派遣して保護に当らしめてあったが、ベルリン陥落の場合、占領軍司令部はベルリンに置かれることゝなるので、これと折衝するものが必要となることが明かであつたので、先例を調べた結果、参事官である筆者がこれに当ることゝなつた。それで筆者は輔佐役としてロシア語の新関書記および間片理事官、ドイツ語では兼松、吉野官補そのほか曾木理事官および大瀧書記生を選抜して残すことにした。このほかスェーデンに転任を命ぜられてゐた杉浦、中根両官補も入国査証がとれず出発出来なかつたので、そのまま残留組に加はつた。〉(河原手記、六二頁)

このような経緯で、吉野はベルリンの大使館に籠城することになった。吉野は大島大使一行からはずされたことについて特に不満はなかった。大島大使一行に加われば米軍に捕らえられ、米国経由で帰国する公算が大きいが、ベルリンに留まったとしても、ソ連軍が当時中立条約を結んでいた相手国の日本外交官に危害を加えることはまずないだろうと考えたからだ。それよりも、すでに何回か死線をさまよっていたので、人間の運命については天に任せるよりほかないという諦観を抱いていたというのが、素直な感覚だった。

しばらくして避難した大島大使からとんでもない指示が届く。「大使館の倉庫にある酒と肴をバート・ガシュタインに持って来い」というのだ。すでにソ連軍がベルリンに迫っている。制空権はアメリカにあり、車を動かせば、アメリカのP51戦闘機から機銃掃射を受けることは確実だ。しかし、官僚である以上、命令に背くことはできない。

「よし、これも何かの巡り合わせだ。なるようにしかならない」と吉野は心の中でつぶやいた。

決死の任務遂行

平時ならばこのような命令も「とんでもない命令だけど仕方がない」と苦笑いをして済ませることができる。しかし、今はソ連軍がまさにベルリンを包囲しようとしている状況だ。

ドイツは制空権を失っている。米軍機、英軍機のみならずソ連軍機もベルリンを爆撃するようになった。アウトバーン（高速自動車道路）の上空では米軍の戦闘機P51が獲物を狙って待っている。文字通り、命を賭して酒と肴を大島に届けに行かなくてはならない。

戦場で戦って死ぬならば仕方がない。在留邦人の保護に従事する過程で殉職することになるならば、外交官として本望だ。しかし、大島の欲望を満たすために、酒と肴を届ける途上でP51によって撃ち殺されるというのは、あまりに情けない。運良くP51から逃れることができたとしても、バート・ガシュタインからの帰路にベルリンが完全に包囲されてしまい、最前線のソ連軍と遭遇する可能性がある。その場合、戦闘に巻き込まれる危険がある。よほど運が良くないとベルリンに戻ってくることはできないと吉野は思った。

かつて、吉野に対して大島は、「外交の手段には戦争も含むべきだ」と勇ましいことを言っていたではないか。吉野たちが残留する地下壕も、リッベントロップ外相が、大島ならばヒトラーと最期まで運命をともにすると思って特別に日本大使館の庭に造ったものではないか。ソ連軍が迫ってきたのに酒と肴のことしか頭にない大島が日本国家を代表する大使であるというのは、あまりに哀しい。

しかし、恨み言を言ってもはじまらない。外交の世界には誰もがやりたがらない嫌な仕事がある。これで死ぬならば、最初からそういう運命だったということだ。

結局、運命の女神は吉野を見放さなかった。酒と肴の「運び屋」という特殊任務を、それも二回も、かすり傷ひとつ負うことなく、遂行したのである。

しかし、今になって振り返っても、この仕事には意味がなかったと思う。ただし、危機的状況において、軍人や外交官がどのような行動をとるかを観察するよい機会ではあった。日頃勇ましい軍人が危機に取り乱すこともあれば、普段は凡庸に見られていた領事担当の外交官が、ソ連軍の進攻を受けたベルリン郊外で邦人保護の業務を見事になしとげる。もっとも普段凡庸な者が、危機的状況で取り乱すこともある。危機に直面した人間の行動は、その時にならないと、誰もわからない。

大島大使一行は、四月十四日午後三時にベルリンを出たが、バート・ガシュタインに直行していない。ドレスデン、レーゲンスブルクを経由して、十六日夜にザルツブルクに入り、そこで二泊している。これらの都市に立ち寄る合理的理由は見出せない。半ば、物見遊山で避難しているのである。戦地となったベルリンと異なり、温泉地のバート・ガシュタインで、大島大使一行は快適な生活をしていたのであるが、吉野は現地に赴くまで、そのような状況を想像していなかった。

大島に同行した内田藤雄一等書記官が、当時の事情について『大戦中在独陸軍関係者の回想』（伯林会、一九八一年、九一〜九二頁）に回想録を残している。

〈伯林《ベルリン》からドレスデンに向う道は殆ど車が通って居らず運転には楽であった。唯既に制空権が完全に英米側に握られていたので、何時戦闘機が空から銃撃を加えて来るか分らなかった。道の両側には焼け落ちた車が累々と並んでいた。だから運転者以外は皆空を見張り乍《なが》ら進んだ。小休止は森の中と云うことであった。ドレスデンには未だ陽の高いうちに着いた。町の中には入らなかったが、郊外の小山の上から町を見下した。こゝは極く最近十数万の死者を出した猛爆撃が二晩続いて行われた所で、美しい町影は全くの焦土と化していた。それからはなるべく明るいうちにと第一日目の目的地、チェコ領内のテプリック（註＊チェコ語ではテプリツェ）に急いだが、着いた時はもう陽が落ちて、灯火管制の為真暗な町の中でやっと宿を探しあてた。此の町はゲーテとベートーヴェンが最初に会ったと云う由緒のある保養地であるが、そんな跡を訪ねる暇もなかった。旅館、ホテルは病院に使用されていた。兎も角空腹をいやしてベッドの上に寝ることが出来たのは幸いであった。〉（九一頁）

テプリツェは有名な温泉地である。逃避行二日目、四月十五日の記述については、次の通りだ。

〈翌日（註＊十五日）はチェコ領内を独乙との国境沿いに一路南下した。何時パットン兵団（註＊米軍）の先導隊がチェコ内に突出して来るか分らぬと云う情勢であったので気がせいた。そしてバイエルンとの境に達して間もなく西に折れてレーゲンスブルグに達した。こゝが二日目の目的地であった。〉（九一～九二頁）

当初から、レーゲンスブルクで宿泊することを考えていたのであろう。レーゲンスブルクは、カトリックのバイエルン王国の支配下に置かれたのが遅かったので、プロテスタントの影響も残り、独自の文化を作り出している都市だ。ドイツに駐在している外国人ならば、一度は訪れてみたいと考えるドナウ川沿いの観光名所だ。バート・ガシュタインに向かう一行がこの町に宿泊する必然性も認められない。レーゲンスブルクの印象に関し、内田はこう記している。

〈こゝは又驚くほど静かな町で、空襲も受けて居らず、戦争など何処で行われているのかと云った感じの風情であった。夜は市役所のケラーで市長の御馳走になったが、農村地帯のせいか肉、チーズ、野菜など豊富で、葡萄酒、キルシュワッサー等も存分に飲めた。恐らく戦時中最後の御馳走であったと思う。〉(九二頁)

十六日はザルツブルクに移動する。ザルツブルクとバート・ガシュタインは、文字通り目と鼻の先だ。しかし、なぜか一行は最終目的地に行かず、ザルツブルクに宿泊する。内田はこう記す。

〈三日目ザルツブルグまでは大した距離でもなく平穏な旅であった。此の町も戦火を受けていない文化都市で、戦乱を避けて来た人々でいくらか雑踏はしていたものの、落着いた町の姿を留めていた。こゝで二晩を過した後最終目的地バード・ガスタインに辿り着いた訳で、こゝで独乙の敗戦から米軍に軟禁される生活が始まった訳であ

る。〉（九二頁）

好意的に解釈すれば、大人数の移動で、柔軟な避難行動が取れないので、アウトバーンでベルリンからザルツブルクへの最短コースの経由地であるミュンヘンまで直行するのは危険だ、という判断からこのような迂回路をとったのであろう。もちろん、大島大使一行にはドイツ外務省からの案内係が同行していたはずだ。そこで、ドイツ側が気を利かせて、観光地巡りを日程に入れたのかもしれない。しかし、大島たちは、日本国家の利益を体現した外交官として赴任しているのである。物見遊山にかける時間と余力があるならば、ドイツに残留する邦人の保護にエネルギーをかければよい。大島がベルリンを去るときの新関欽哉三等書記官への、最後の指示である「刀と掛軸をヒトラーに寄贈せよ、愛馬をドイツ軍に献納せよ」という頓珍漢な内容とあわせ、大島には日本国家を代表する外交官としての緊張感が欠けていると言わざるをえない。

繰り返し強調しておくが大島は、ベルリンがどのような状態にあるかも想像がついていたはずだ。その上で、部下に対して、命を懸けて酒と肴を持ってこいと言っているのである。どう考えても異常な命令だ。しかし、異常な命令であっても、大使命令には絶対に従わなくてはならないのが、外交官の宿命だ。吉野からこのときの話を聞きながら、私も、某大使の命令で、日本から来た国会議員に対して行ったいかがわしいアテンドのことを思い出した。

吉野は自動車免許をもっていない。これまで、自動車の運転を習う機会がなかったのである。従って、運転は誰かに頼まなくてはならない。命の保証がない仕事をドイツ人の現地職員に頼むことはつらかった。当時、ドイツでは、根こそぎ動員が行われていた。従って、大使館の現地職員にも青年はいない。五十歳近い、ミュラーという運転手に吉野はこの仕事を頼んだ。

大使館の運転手には、大使や公使の公用車を運転する高級運転手と、雑用に従事する雑件運転手がいる。雑件運転手は、荷物運びなども兼ねて行うことがある。ミュラーは雑件運転手だった。車は古いセダンであった。ドイツ車は左ハンドルである。吉野は、車の後部座席に乗らず、あえて、運転手の右隣の助手席に座った。吉野は運転手の心理の細かいところにまで気配りをしているのだ。

私はモスクワで、一九九一年八月のクーデター未遂事件、一九九三年十月のモスクワ騒擾《そうじょう》事件などの非常事態のとき、タクシーを借り上げた。大使館の運転手は給与が定額なので、危険な場所に乗り込むのを嫌がることがある。しかし、借り上げのタクシーならば、チップをはずめば相当の無理を聞いてもらうことができた。こういうときは、車の後部座席に乗ってはダメなのである。私はいつも助手席に座った。そもそもロシアでは、一般のタクシーはもとより白タクでも、お客は助手席に座る。後部座席に座って命令をするのは、高級官僚と将官級の軍人くらいで、一般の人々は、運転手と対等の助手席に座るのだ。外交官は通常、後部座席に座って指示を出すが、道中はふつう居眠りをしている。しかし、外交官が助手席に座って、話しながら移動をすると、運転手は、「この人は俺を対等に扱っている」と意気に感じるのだ。非常事態のときは、運転手との一体感がとても重要になる。

吉野　運転手はミュラーという人で、バート・ガシュタインに行った二回とも同じでした。ミュラーは大使のクルマの運転手ではなく、雑用車の運転手ですがね。しかし、だからといって運転は別に下手でもない。政務班の仕事でも彼とよく移動しました。私は、運転中、ミュラーが眠ったりしないように、ときどきチョコレートのようなものを彼に渡して食べさせていた。非常に従順ないい運転手だったですよ。

――年齢はどれくらいでしたか。

吉野　もう五十近くじゃなかったかと思う。私の言うことはよく聞いてくれた。後になって、彼としては私と一緒に行くのが一番楽しいと言っていましたからね。まぁ、チョコレートなんかやったからでしょう。

当時、ドイツで物資の欠乏は深刻だった。一般のドイツ人にチョコレートは簡単に手に入らない。吉野は外交官だから、特別配給がある。そのチョコレートを運転手に分けたのである。

吉野　バート・ガシュタインには、自ら望んで行ったわけじゃない。「大島さんから酒を持ってこいと言われたから、おまえ行ってくれよ」というようなことで、行くことになった。

――大島大使から、特に吉野官補に来てほしいという御指名があったわけではありませんか。

吉野　そんなことはないと思います。

――ただ、大使館にある酒と肴がほしいと。

吉野　そうそう。運び屋ですよ。誰でもいいわけですよね。今回、内田さんの回想録を読んで、大島大使がベルリンからバート・ガシュタインに行く途中でも、ほうぼうへ寄っていたことを初めて知りました。大島大使は、行く先々で宴会なんかで歓待されていたから、バート・ガシュタインに到着したときにはすっかり気持ちがよくなっていたわけですね（笑）。自分が逃げていながら、まだまだ大丈夫だという気分になってしまった。酒も飲めるし、それからお客を呼んで宴会もできると。大島大使はこういう具合に考えていたのでしょうが、本当はもっと真剣に考えないといかん。すでにヒトラーは、自殺する用意をしていたのですからね。それを、大島さんは南方へ逃げてまだ大丈夫だと思っていた。根拠のない楽観論で、自分たちを取り巻く情勢に対する認識が非常に甘かった。特にヒトラーへの認識が……。ヒトラーは、ベルリンの地下壕に籠もって、南の要塞へは帰らんとまで言っているわけですから。もうすでに自殺を決意していたのですよ。

この程度の情勢認識と判断しかできない人物が、強引に日独の軍事同盟を推し進め、日本を戦争へと引きずり込む上で大きな役割を果たしていたという事実を歴史にきちんと刻み込んでおく必要がある。

ベルリンを出て、アウトバーンを南下し、ミュンヘンに向かう。ドイツの制空権はすでに完全に連合軍に握られている。上空では米軍の戦闘機Ｐ51が待ち構えている。そして、アウトバーンを走る自動車に機銃掃射を行う。戦闘行為に加わっていない非軍用車への攻撃は、厳密に言うと戦時国際法違反であるが、そんな規則を米軍は守らない。Ｐ51は低空飛行性能に優れた戦闘機で、一二・七ミリ機関銃による機銃掃射が人体に当たるとまず確実に死亡する。また、ガソリンタンクに弾が当たると自動車が火を噴く。タイヤに弾が当たると横転する危険性がある。運転手のミュラーは、P51の姿を見ると、それを避けて、アウトバーンを降り、橋の下に入る。アウトバーンが一般道と交叉するところには、たくさんの橋があった。橋の下で、P51が去ったのを見極めて、全速力で次の橋まで向かうのだ。

吉野　ベルリンからアウトバーンをずうっと真っ直ぐに走って、ミュンヘンへ向かいました。その間しょっちゅう、アメリカのP51が動くクルマを見つけては飛んで来る。

——クルマの向かい側からですか。

吉野　後ろから来ることもあるけど、大部分は向かいからです。

——怖いですね。

吉野　上空で待機していて見ているわけですからね。われわれのクルマが橋の下から出てくるのを。だから、橋と橋の間の短い距離を一直線に、全力疾走した。

——P51がいないと思ったら、サッと出て行って、敵機が出てくるとまた隠れて、サッと行って、隠れて。

吉野　それから、飛行機が去ってしまったら、全速力で出発した。

バート・ガシュタインへの出張は、二回とも日帰りだった。現地で、大島からねぎらいの言葉をかけられた記憶もない。

――吉野さんが酒や肴をバート・ガシュタインまで運ぶと、大島大使から「よく来たからちょっとゆっくりしていけ」というようなことになりませんでしたか。

吉野　いやいや、そんなことはなかった。大島大使に会ったか会わないかは忘れてしまいましたが、ともかく酒と食べ物を置いただけです。私は「すぐに帰らないと危ないから」と言って帰ったわけですから。バート・ガシュタインの宿屋に泊まるようなことすらしませんでした。

――現地はどんな様子でしたか。

吉野　風光明媚で、しかも安全でね。

――ベルリンとの落差が大きいですね。

吉野　物品を渡すときに、私の同期の松井左七郎君とかが「吉野、無事でよかったな」と話しかけてきたような記憶はありますが、大島さんから「おう、吉野、よく来たから、そんなに急いで帰る必要はないじゃないか」なんてことは言われなかった。私も、大島さんに会いにきたわけじゃないし、ただ使命だけを果たせばいいと考えていましたからね。

——これも仕事の一部であるということですね。

吉野 そうそう。だけど、いま考えてみると馬鹿なことをしたものだなと思いますね。二回目も行ってくれと言われたときに、河原参事官に「もう行けませんよ」と、そんなふうに言えばよかったんですがね。だけど私は、まだソ連軍によってベルリンが封鎖されていなかったから結局また出かけたんですよ。でもこの二回目のときはベルリン封鎖が目前に迫っているのはわかっていましたから、出たら最後、今度は大使館へ帰ってこられるかということが不安でした。

——ベルリン籠城組と比べると大島大使一行は暢気なものですね。

吉野 今になってわかりましたが、大島大使のバート・ガシュタインにおける心理状況と、大島大使の命令に従って彼のほしいものを持っていくというわれわれの立場における心理状況というのは、主観的にぜんぜん違いますよね。しかし、当時はそんなことまで分析しなかったですね。少なくとも私は（笑）。そのような観点からものを見れば、また違ったでしょうね。

——馬鹿馬鹿しい任務でも、遂行している最中というのは、「そういうものだ」と自分に言い聞かせて、最後まで進むのが外交官の掟ですから。

吉野 そうそう、そういうことです。当時は言われた任務を忠実に遂行したということです。

客観的に見れば、吉野は上司のわがままに起因する無意味な任務で、命を落としかけたのである。吉野の死生観は、どのようなものであったのだろうか。

――その頃の死生観はどういう感じでした？　吉野さんの生死に関する観念というのは。

吉野　毎日のように爆撃に遭ったり、それから最後の場合は銃撃なんかに遭ったり。ヒューヒューと弾が飛んでくるわけですから最初は怖かったけど、その頃になるとべつにそういうことを考えなかったですね。

吉野が日常的に銃弾の下で暮らしていたのと比較すると、私自身が、弾の下をくぐったことは一回しかない。一九九三年十月三〜四日に発生したモスクワ騒擾事件である。ホワイトハウス（最高会議建物）周辺で情報提供者と会っているときに、ヒュー、ヒューという乾いた音が何度かした。私から一〇メートルくらい離れた住宅の壁に弾が当たった。ちょっと巡り合わせが悪ければ、私に当たっていたかもしれない。また、日本大使館のすぐそばに国営通信社イタルタス本社がある。最高会議側の武装集団がイタルタス通信社を占拠しようとして銃撃戦が展開され、死者が出た。このときは、パラッ、パラッ、パラッ、パラッというような乾いた高い音の連射音を聞いた。カラシニコフ自動小銃の音だ。また、十月四日に戦車の大砲の音と衝撃も皮膚感覚で感じた。エリツィン大統領側が戦車で砲弾をホワイトハウスに撃ち込む模様は、CNNの映像を通じて実況中継された。ちなみにこのCNNの映像は、クレムリン（大統領府）の決定で、ロシアの地上波でも同時に流された。砲撃は、ホワイトハウスの前を流れるモスクワ川にかかった橋の上からなされた。テレビの画面に、戦車が大砲を撃つとともに煙が出て、反動で少しだけ戦車が後退する映像が映り、ズドンという音がする。それから約二秒経つと、大使館の外側からいまテレビで聞いたズドンという音が、テレビからの音とは比較にならない迫力で響き、大使館全体が震える。橋と大使館の距離が八〇〇メートルくらいあるので、テレビの画面に映る電波の速さ（光速）と現実の音速の時差が生じるのだ。これら銃撃や砲撃の一発目の音を聞いた瞬間には筋肉が引き締まる。しかし、二発目からは慣れる。銃砲の音を聞きながら、特に死生観について考えることはなかった。

　私が生命の危機を感じた局面は、大衆暴動が起きそうになったときである。そのような体験は二回ある。一回目は、一九九一年一月、リトアニアの首都ビリニュスで、ソ連軍が独立派の住民十数名を装甲車によってひき殺した「血の日曜日」事件のときである。私は、事件の直後にビリニュス入りした。独立派、ソ連残留派のいずれも興奮している。内乱が発生する直前の状態だった。二回目は、前述の一九九三年十月のモスクワ騒擾事件だ。五十代、六十代を中心とするソ連維持派の集団が、猟銃や火炎瓶をもち、モスクワ市庁舎別館（旧コメコン本部ビル）や、周辺の商店などに放火したときである。炎を見ながら、興奮した人々の輪が広がっていく。周囲では、自動小銃をもった民警（警察官）が警備しているのであるが、内戦に発展することを恐れたクレムリンの命令で実弾が支給されていなかった。デモ隊がその事実に気づくと民警をつかまえてリンチにかける。警備網が崩れ、騒擾に発展した。大衆暴動に巻き込まれ、外国人が標的にされると命を失う危険がある。外国人住宅が襲撃されるかもしれない。そう考えると自分のことよりも妻の命が心配になった。

政治的性格を帯びた大衆暴動は実に怖い。それは、まず、そのような行動に参加する人々は自らが正しいと信じているからである。それに加え、一部の指導者は、正しいことのために自らの命を捨てる気構えができているからだ。絶対に正しいと信じることのために自らの命を捨てる覚悟をした人々は、他者の命を奪うことに対するハードルが著しく低くなる。私は、ソ連崩壊前後の時期に民族問題を担当していた関係で、絶対に正しい自民族の理念に命を捧げる決意をもったモラルの高い人々が、凄惨な殺戮を行う実状を見てきた。世間一般には、今の日本の外交官は自己保身しか考えないので、日本国家や日本民族のために身命を賭すような外交官はいないという先入観があるが、そうではない。環境が人を作る要素を無視してはならない。例えば、イラクやアフガニスタンなどの紛争地域に勤務する日本の外交官は、職務遂行のために命を投げ出すことは覚悟している。しかし、この覚悟は逆に他者の命を尊重することに対して外交官を鈍感にする危険がある。

日本陸軍の中将である大島大使にしても、国家に対して命を捧げる覚悟が主観的にはできていたのだと思う。それだから、自らの欲望を充足させるために「酒と肴を持ってこい」と部下の命を危険にさらすような命令を平気で出すことができるのだ。アメリカ軍に捕らえられるくらいならば大島大使は割腹自決をする、と周囲の人々は半ば心配し、半ば期待していたのだと思う。しかし、死に対する覚悟は、実際にその瞬間になればいくらでも揺らぐ、脆いものなのだ。大島も自決を考えたことがあるはずだ。だが、最後の瞬間になって、怖くなったのだと思う。一旦、怖くなり、怯《ひる》んでしまえば、生き残ることを正当化する理屈はいくらでも見出すことができる。

吉野の死生観は、大島とは決定的に異なる。もちろん命を失うことは怖い。従って、身辺の安全については最大限気をつけるが、外交官という職業を選んだ以上、歴史のうねりに巻き込まれればそこから逃げ出すことはできないという合理的認識を吉野はもっている。松本高校、東京帝国大学時代に身につけた英米流の経験主義がここでも生きている。その後も沖縄密約交渉、さらに吉野自身がイニシャル署名した沖縄密約の証拠文書がアメリカの公文書館から出てくるという人生の重大な局面において、吉野は過度の感情移入を戒め、所与の条件下でとるべき道を合理的に考えるのである。そして、一旦、決断をした後には、それを揺るがせず、その結果、生じうる不利益については甘受するという姿勢を貫く。このような死生観、職業倫理は、ベルリン時代の体験によって培われたものであると私は見ている。

武官の職務放棄

さて、四月上旬までは、国際無線局を通じて日本との間でも電話で話をすることができた。この頃、吉野はドイツ滞在中にただ一度だけの国際電話で松本にいる父と話をした。

吉野　四月上旬のことです。恐らく私のほうからかけたのだと思う。私の親父はその年の六月頃に亡くなるのですが、電話をかけたときはまだ元気だった。そのときにはもうすでに病気でしたがね。ガンではないのですが、胃が悪かった。——電話は、ドイツと日本の双方で盗聴されているので、機微に触れる話や、ドイツが負けそうだといった類いの話はできませんよね。

吉野　そういうことです。向こうは非常に心配していましたから、私の声を聞いたときは、「ああ、そうか、まだ無事でいるのか」と言ってえらく喜んでいました。私は、手紙は書かないし、向こうからも書けないですしね。

――郵便はもう届かない状態でしたね。吉野さんがこのときまで家族の方に、あえて連絡をとらないようにしていらっしゃったのに、ここで国際電話をかけようかと思われたという動機は何ですか。これで死ぬことになるかもしれないという予感からですか。

吉野　そういうことですね。普通、大使館に勤めていたら、死んだら死んだというようなことは新聞か何かに報道されるのでしょうが、もうそういう状況ではなかった。ドイツのニュースが伝わっていない時期に、私が電話をかけたから、親父も喜んだということでしょうね。

外交官とは、状況によっては自らの命を投げ出さなくてはならない無限責任を負う職業なのである。その観点からしても、大島大使、さらに駐在武官たちの行動は不可解だ。

ベルリン陥落が目前に迫ったこの状況で、外交官として行う職務は何であるか。第一は、在留邦人の保護である。確かに馬瀬金太郎ベルリン総領事以下、領事官たちはベルリン郊外のマールスドルフ城他に邦人を避難させ、邦人保護に従事している。その後、ベルリンの日本大使館に籠城した吉野たちも邦人の帰国を実現する職務に全力を尽くした。大使以下の外交官は、日本国家を代表して行動し、総領事以下の領事官は自国民保護に専心したので、特に問題はない、と官僚的説明をすることはできる。しかし、ナチス・ドイツ第三帝国が崩壊しようとし、二百五十名ほどの在留邦人の生命に危険が迫っているのである。その邦人たちと命運を共にしようとする同胞意識が大島たちの行動からは感じられないのだ。もっとも、身内の大使館員に対して命の危険を冒させて酒と肴を持ってくることを命じるような人物には、官僚機構の外側にいる邦人の保護という発想がもともとなかったのかもしれない。

第二は、日本国家に対して、ドイツ崩壊の実状について、正確な報告を行うことである。報告の重要性に関して、陸軍中野学校の姿勢は徹底していた。たとえ、重傷を負い、目や腕を失おうとも、報告をするまでは絶対に死んではならないと教育した。中野学校は自決を厳しく禁じ、日本国内で非国民扱いされようとも捕虜になり、日本軍人は「虜囚の辱めを受けない」という戦陣訓を逆用して、敵軍に偽情報を提供して攪乱し、与えられた条件の中で日本国家にもっとも有利になる方策を考えよと教えた。

当時、大島たちが置かれた状況について考えてみよう。ベルリンに残留すれば、ナチス・ドイツ崩壊の最後の瞬間を目撃することになる。ソ連は日本と外交関係を維持しているので、多少の混乱はあるだろうが、ソ連軍によって日本の外交官が危害を加えられたり、逮捕されたりすることはない。モスクワ経由で日本に帰国することが可能になるかもしれない。そうすれば、日本政府にドイツ敗北に関する正確な情報を伝えることができる。

バート・ガシュタインに逃れればどのようなことになるか。相当高い確率で、バート・ガシュタインは米軍によって占領される。日米は戦争下にあるので、大島大使以下、日本の外交官は外交特権を援用することができない。従って、米軍の捕虜になる。こういう場合、アメリカは徹底的な尋問を行って、対日戦争においてアメリカを有利にする情報を引き出そうとする。

客観的に見て、そのような状態に陥ってしまえば日本の国益を毀損する。あるいは大島は、米軍に捕らえられる直前に自決することを考えたのかもしれない。もっとも、吉野は大島に自決する決意があったとは考えていない。バート・ガシュタインでの生活態度からすれば、そのような可能性は考えられないのである。

――大島大使たちは向こうではどんな生活をしていましたか？

吉野　のんびりとしていました。バート・ガシュタインは温泉地ですからね。それで大島大使以下全員、戦火を逃れて、いずれはアメリカ軍に捕まるだろうということを期待していたんでしょう。

――ソ連軍じゃなくてアメリカ軍に捕まりたいと。

吉野　そういうところでしょう。

――捕虜になることを前提にしているわけですね。だから捕虜になるんだったらアメリカに捕まりたいと。

吉野　あぁ、そうでしょうね。

しかし、捕虜になってしまっては、東京への報告ができない。大島は特命全権大使である。特命全権大使は、天皇によって、信任状を与えられ赴任する親任官だ。軍人でも、親任官は陸軍大将、海軍大将のみが任ぜられる。陸軍中将である大島は通常ならば勅任官に過ぎない。

ベルリン陥落前後の大島の行動を見ていて、私が違和感を覚えるのは、天皇に対する心の底からの忠誠心が見えないことだ。それは御真影（天皇、皇后の写真）に対する取り扱いについて、端的に表れている。先に紹介した河原報告書の中に御真影について以下の記述がある。

〈尚御真影ヲ奉遷スルハ途中ノ危険モアルニ付最モ安全ト認メラルル大使館防空壕内

ニ奉安シ置クコトトセリ。〉

淡々とした表現であるが、ここから状況がよく見えてくる。大島大使一行は、ベルリンが危険になったからバート・ガシュタインに避難したのである。従って、バート・ガシュタインに御真影を移動することが危険であるという説明はできない。それで「途中の危険もあるに付」という理屈をつけたのである。しかし、これまでの記述で見たように、道中での危険はなかった。結果として、危険がなかったということではなく、そもそもあまり危険でないことが想定されたから、各地で宴会の手配がなされていたのであろう。最も安全なのが大使館の地下壕ならば、大島大使は御真影とともに地下壕にとどまればいいのである。

沖縄の地上戦においても、国民学校（小学校）の御真影を守るために多くの校長が命を失っている。親任官である大島は、天皇の臣であるという姿勢を徹底してとるというのが当時の「ゲームのルール」であったはずだ。私は大島の行動に尊皇精神を感じないのである。

バート・ガシュタインに移動した後の大島大使一行の行動は弛緩しきっている。

〈大島大使一行ハ十六日、「ザルツブルク」ニ到着セル旨通報アリタルモ、其後、消

息判明セズ。既ニ国内通信状態混乱セルコト明トナレリ。〉(河原報告書)

仮にドイツ国内の電話や電報通信が混乱しているとしても、大島大使一行は多額の金銭や金塊を持参していたはずである。それらを使って、伝令を雇うことは可能だったにちがいない。そもそも吉野がベルリンとバート・ガシュタインを二往復したのであるから、バート・ガシュタインからも伝令を送ることは可能だったはずである。

ちなみに河原報告書のこの部分に私は作為を感じる。この報告書を読んだ外務省幹部は、四月十六日以降、ベルリンの日本大使館籠城組とバート・ガシュタインの大島大使一行とは一切連絡をとることができなくなったという印象を受ける。しかし、実際は、ベルリンがソ連軍によって包囲されるまで、例えば、吉野の「運び屋」活動を通じて連絡をとることはできていた。東京では、ヒトラー総統、リッベントロップ外相の信任が厚い大島の動向には強い関心がある。従って、バート・ガシュタインに避難した以後の動静については断片的であっても情報がほしいはずだ。

吉野のバート・ガシュタインへの命懸けの往復については、記録に残すのが通常だ。それでは、なぜ河原報告書に大島の動向に関する記述が欠けているのか。可能性は二つある。第一は、河原が意図的に記述を省いた可能性だ。第二は、河原はまず口頭で上司に報告を行い、その際、上司から、「大島の動静については連絡がとれないので、知らない」というラインで報告書を作成せよという指示を受けていた可能性である。私の現役外交官時代の経験でも、入手した情報を外務本省に報告することで特定の与党政治家や外務省幹部に不利益がもたらされることが想定される場合、その部分については口頭報告にとどめたり、私的なメモを大使館内部で回覧するにとどめるとの指示を上司から受けたことが何度もある。外務省としては、大島のふがいなさがわかる報告書を作成することで陸軍と無用の軋轢《あつれき》を生じさせる必要はないと考えたのかもしれない。あるいは、日本の特命全権大使として、あまりにも情けない大島の立ち居振る舞いについて記録に残すことが恥ずかしいと考えたのかもしれない。

いずれにせよ、吉野が命の危険を冒して、バート・ガシュタインに二度も酒と肴を運んだという史実は、私が発掘しなければ、歴史の闇に葬り去られていた。吉野が経験したこの命懸けの「小さな物語」に日本の官僚機構の病理が圧縮されている。まさに「神は細部に宿り給う」のである。

河原報告書からは、ベルリン陥落直前の駐在武官の責任感が極度に低下していたことがうかがわれる。ソ連軍がすでにベルリンを占領した後のことである。河原は五月三～四日にソ連軍幹部と接触した結果、日本外交官は近く、ベルリンからの撤退を求められるとの感触を得た。

〈本官（註＊河原のこと）等ハ、蘇側ノ伯林退去要求近キヲ察シ、帰館後、直ニ館内ノ清掃及館品ノ整頓ヲ開始セルカ、大使館事務所及大使官邸ノ整理ハ三日間ヲ以テ終了セルモ、為念、大使館附属建物タル陸軍武官室事務所ヲ巡視セル処、武官一行、南独ニ離伯セル際、未焼棄ノ儘残サレタル機密書類アルヲ発見セリ。其中ノ主ナルモノハ、

（イ）動員計画中ノ航空関係事項全部
（ロ）参謀本部ヨリノ極秘電報一通
（ハ）大使館関係機密電報ノ写数通
（ニ）我対白露及「ウクライナ」工作関係ト覚シキ書類並ニ蘇連邦ノ軍備戦力調査ニ関スル書類多数
（ホ）日独秘密協定ニ基ク兵器及軍需資材輸出入ノ各取扱会社別品目表及其数量価格明細表等ナリ。

其他準機密書類（主トシテ昭和十七年以前ノモノ）多数、勲四等瑞宝章一個、軍帽、肩章数個アリ。別ニ倉庫内ニ小銃二十挺入リノ木箱一等発見セラレタリ。右書類及物件ノ焼棄処分ニハ本官及大使館員ノミヲ以テ之ニ当リ、十日ニ至リ漸ク武官室整理ヲ完了セリ。〉（河原報告書）

一見、淡々とした官僚文書の中に河原の怒りが溢れている。

外交特権をもった大使館（武官室を含む）の敷地内から、小銃のような戦闘用の武器が出てきたら、国際法違反であるという口実をソ連側に与え、大使館員が拘束される危険がある。さらに、〈我対白露及「ウクライナ」工作関係ト覚シキ書類並ニ蘇連邦ノ軍備戦力調査ニ関スル書類多数〉などというものがソ連側に押収されれば、スパイ容疑をかけられることはまず間違いない。

河原は陸軍武官に対して、「お前たちは、普段は勇ましいことばかり言っているくせに、いざとなったら何というぶざまな対応をしているのか」とこの報告書で、さりげなく弾劾しているのである。

ソ連軍と緊迫した交渉を行うなかで、陸軍武官室の不始末の処理で煩《わずら》わされたことを河原はあえて歴史記録に残したのである。

——いよいよソ連軍が迫ってくるとなると武官たちの逃げ足が速いのは、実に見事です。ほとんどの武官が大島大使と一緒になって、バート・ガシュタインに避難するのですが、武人の誇りについて、彼らはどう考えていたのでしょうか。

吉野　まず、武官といっても、彼らは戦線で戦うわけではないですから。少将か大佐かは知りませんが、みんな上のほうの連中ですし、機関銃を持っているわけでもない。ただ、日本とドイツとの間の軍事的な連絡が仕事です。それからもう一つ、あからさまにはっきりしているのは、これは陸軍のほうに関心が強かったと思いますが、ドイツの望遠鏡や、写真機、レーダーなど、まだ日本で開発されていない品や、そのサンプルをできるだけ早く買って、日本から来る伊号潜水艦に載せることが彼らにとって重要だった。

しかし、戦争も末期になると、潜水艦の往来などもうなくなっていますから、武官はほとんどやることがないんです。しかも、自分で身を守るために小銃か何かを携帯して、いざというときに迎え撃つという発想なんてなかった。そういう武官たちでしたよ。

――しかし、ベルリン郊外のマールスドルフ城や他の避難所には二百人以上の在留邦人が集まっていたわけです。陸軍士官学校や、恐らく、陸軍大学校を出ている武官たちは、国際法の知識ももっているし、統率の訓練も受けている。在留邦人を守るために何かしたいという発想はなかったのでしょうか。

吉野　全然ないですね。だいたいその武官たちは、日本からそんな命令は受けていないと言って、何もしませんよ。

――邦人保護のために行動したら、命令もないのに越権行為になるということですか。

吉野　そういうことですね。だから武官などは、その状況下においては、ある意味で外交官よりもっと邪魔なんですよ。

――最終段階になると、武官は邪魔ですか。

吉野　そういうことです。

時間を少し前に戻す。大島大使一行がバート・ガシュタインに去った後も、日独伊三国同盟日本側軍事委員の阿部勝雄海軍中将とその補佐官の渓口泰麿《たにぐちやすまろ》海軍大佐の二人はベルリンに残った。ドイツの潜水艦Uボートを日本に融通してもらおうとしたのである。

〈ドイツの敗戦が目前に迫っているとみた日本政府は、海軍軍令部の要請にもとづき、ドイツ潜水艦が連合国側に引き渡される前にこれを日本に回航することについて、ドイツ政府の意向を打診するよう訓令してきたのである。第二次大戦中、主として北大西洋海域を荒らし廻ったドイツの潜水艦は、最盛時には二百五十隻に達し、その後次第に減少したが、それでも百隻近くの潜水艦を保有しており、ドイツ潜水艦が連合軍の手に落ちることを防止し、せめてその一部なりとも太平洋方面の戦争に使用できれば、というのが、日本海軍の切なる願いであった。〉（新関回想録、一三〇頁）

そもそもドイツの敗戦を前提とした交渉に、ドイツ側が乗ってくる可能性があると考えた日本側は正常な判断能力を失っている。それにUボートは、大きいものでも日本の基準では呂号潜水艦にあたる中型潜水艦で、インド洋を航行して日本に到達することが技術的に難しい。しかし、藁《わら》にもすがる思いで、日本はドイツからの潜水艦譲渡の可能性を追求するのである。この辺の事情は河原報告書に次のように記されている。

〈十九日、本官（註＊河原）、阿部中将及渓口大佐ト共ニ「リ」（註＊リッベントロップ）外相ヲ往訪、阿部中将ヨリ本国政府ノ命ニ依ル趣ヲ以テ、若シ独逸カ北方ノ海軍基地ヲ喪失セル場合、独ノ潜水艦ノ一部ヲ本邦ニ廻航アリタキ旨申入レタル処、「リ」外相ハ右申出ハ先ニ「デーニッツ」元帥ヨリ承リ「ヒ」（註＊ヒトラー）総統ニモ話シ置キタルカ、「ヒ」総統トシテハ右ノ如キ事態トモナラハ考慮スヘキモ、目下ノ処、右ノ如キ考ハ敗戦主義ノ思想ニテ、独トシテハ現戦争ヲ独ノ有利ニ終結セシムル確信ヲ有スル旨述ヘタリ。其ノ後、独海軍側ニ於テハ、潜水艦ノ日本ヘノ廻航ハ燃料ノ関係上不可能ナル旨洩シタル趣ナリ。〉（河原報告書）

もっとわかりやすい言葉に言い換えるならば、ヒトラーから、「お前ら、俺たちが負けることを前提とした話をもってきやがって。検討の必要などない。入り口で却下だ」と言われたということである。

Uボート廻航問題について、吉野の意見を聞いてみた。

——日本政府は、ドイツの戦況がこれ以上悪くなったら、ドイツのもっている潜水艦を日本のほうに回せと言っているんですね。外交的にとても無礼です。それにこんな提案を正式にしてもドイツ側が受け入れる可能性はゼロです。それが見えなかったのでしょうか。

吉野　まぁ、そういうことですね。だいたい、日本へ潜水艦を回したところで、海路を逃げ回る途中で狙われてしまうでしょう。

——そうですよね。

吉野　それだけの馬鹿な話なんです。

自らの馬鹿さ加減が、日本海軍高官には見えなくなっていたのである。

情報提供を要請しながら

日本陸軍もドイツ側にさまざまな協力を要請していた。次に示すのは馬鹿な事例ではない。無責任な事例である。

アメリカ軍の日本本土上陸が必至なので、陸軍参謀本部は本格的なゲリラ戦の準備をしていた。陸軍中野学校も、二俣分校（現静岡県浜松市）を開設し、ゲリラ戦の専門家を養成していた。

ドイツは、フランス、ポーランド、ウクライナなどで、ゲリラ戦に悩まされた。従って、ゲリラ対策に関する情報がゲシュタポ（秘密国家警察）に蓄積されている。ベルリンの日本陸軍駐在武官は、このゲシュタポ情報に目をつけ、協力を要請した。河原報告書を読み解くと、当時の日本が本土決戦に備えて、ドイツからさまざまなノウハウを入手しようとしていたことがうかがわれる。そのうちの一つが、ドイツ軍が蓄えたゲリラ戦に関する情報である。

日本が精神力のみで、アメリカ軍に対抗しようとしていたというのは、戯画化された見方だ。日本軍は所与の条件下で、アメリカに対するゲリラ戦の準備をしていた。そのゲリラ戦の準備を中心になって担ったのが陸軍中野学校であった。

もっとも陸軍中野学校は、つねにゲリラ戦を想定して教育を行っていた。陸軍中野学校出身で、中国の青島《チンタオ》で「渡機関」の機関長を務め、対中国共産党工作を行った渡辺秀生は私にこう述べた。

一年二ヵ月、中野学校で学んだときには、吉原政巳先生（註＊陸軍士官学校時代に五・一五事件に連座したため、軍籍を剝奪されたが、その後、東京帝国大学文学部で平泉澄《きよし》の教えを受け、在野の右翼理論家として活躍。陸軍中野学校講師として招かれる）の国体論の実習で、奈良の吉野や楠木正成ゆかりの千早城や湊川に見学に行ったことをよく覚えています。話だけでなく、史跡巡りをすることによって、皮膚感覚で南北朝時代を捉えようとしたのです。

南北朝時代、後醍醐天皇を中心とする南朝に結集した武士たちは、物量において圧倒的に不利な状況を知恵によって克服しようとした。南朝の武士たちは、ゲリラ戦士なのである。南北朝時代のゲリラ戦士の精神を、陸軍中野学校は、現代インテリジェンスに生かそうとしたのである。その根本は、「絶対に死ぬな。生きて、生きて、生き抜いて、国家のためにつくせ」という精神であった。

渡辺の記憶では、一九四三年頃から、外地で活躍している中野学校関係者が本土にもどされ、ゲリラ戦争の準備にあたったとのことである。

戦局が不利になった一九四三年に中野学校は、「遊撃戦要員」の教育を開始した。遊撃戦とは、ゲリラ戦のことである。さらに一九四四年九月には、静岡県の二俣にゲリラ戦の専門家を養成する陸軍中野学校二俣分校を開設した。戦後二十九年間、フィリピンのルバング島で、再び日本軍が反抗作戦を展開し、救援に来るまで現地の情報を収集するとともに後方攪乱を行う「残地諜者」の任務を一九七四年三月九日まで遂行し、二〇一四年に亡くなった小野田寛郎もこの二俣分校の出身である。

ゲリラ戦は、長期的に守勢に立たされた側が行う戦法である。過去、長期的に守勢に立たされた経験をもたない日本にとって、ゲリラ戦に関する情報も経験も不足していた。そこで、中野学校は敵である中国共産党の手法から学んだ。

〈学校自身でもかねてから、訓練の必要上、中国共産党のゲリラ戦法を研究していたのである。この「に号部隊」訓練の要請で、戦況の不利から、ますますその要求の増大を見越した学校側でも、遊撃戦教育の基準となる「遊撃戦教令」をつくることにしたのだ。そして、研究部主事の伊藤貞利中佐と、実験隊付の岩男正澄中尉は、フィリッピン、ニューギニア、スマトラ、マレイ、ビルマ等、南方諸地域の戦闘部隊をまわって資料を集めたのである。その資料は、ただちに飛行便で学校に送られた。これを教官の鶴田国衛少佐が主任となり、調査分類して、それを参考に「遊撃戦教令」ができあがったのは、昭和十九年の春である。〉（畠山清行『陸軍中野学校──秘密戦史』番町書房、一九七一年、二八～二九頁）

いくら完璧な「遊撃戦教令」というマニュアルができても、実戦訓練が伴わなければ意味がない。それにマニュアルに書かれている内容が、実行可能かも試さなくてはならない。中野学校は教令づくりとともに、実地訓練を重視した。

〈この「遊撃戦教令」がその後の、遊撃戦士の教育や、二俣分教所での訓練基準となったのだが、その「教令」づくりと併行して、昭和十八年の春からはじまった「に号部隊」の訓練も、決してなまやさしいものではなかった。それは、防諜、偵諜、宣伝、謀略、通信、兵要地誌調査、宣撫《せんぶ》、語学など、中野学校の普通学術教育の上に、さらに実技の特訓が加えられていたのである。水底潜行、岩壁登攀《とうはん》、密林走破偵察、奇襲攻撃など、その一つ一つで常人に倍する能力をもつことが訓練の理想で、さらに剣道、唐手、柔道など、昼夜をわかたず六カ月間の特訓が続いたのだ。その「に号部隊」の特訓をうけた徳野明曹長（二戊〔註＊二戊とは下士官出身の中野学校生の二期生の意味〕）は、

「私は、昭和十六年の春から、ニューギニアに行くまで、実験隊の実技指導の助手と、完成した武器や諜報用具の試験などをしていた。『に号部隊』の特訓は、この実技指導をしていた、いわば先生格の我々ですら顎を出すほどはげしいもので、実技の

一例をあげると『水中潜行』というのがある。

これは鉄の下駄をはいて、針の穴のような小さな穴のあいた竹筒をもって水中にもぐる。そしてその、竹筒の先だけを水面に出してくわえ、竹筒の小さな穴からの呼吸で、長時間もぐり続けている訓練だ。もぐって三、四分したときが一番苦しく、たいていは我慢ができなくなって、浮かびあがってしまう。私が、これをやるときは、心の中で軍人勅諭を読むことにしていた。軍人に賜わった御勅諭は、急いで読んでも十四分かかる。それを二回で二十八分。まアそれぐらい、だいたい三十分前後というのが、私のたえ得る水中潜行記録で、私はそれをやりながら（こんなことが、はたして必要なのだろうか）という疑問をもっていた。

ところが、ニューギニアのロンベバイ湖で、夜の湖面を泳いで敵の水艇基地をさぐったとき、水音をたてない泳ぎ方で島に泳ぎついたのはいいが、岸の頭の上の岩に二人の敵歩哨兵が座りこんでいて、動かない。少しでも音をたてたり、水面に頭を出せば、発見されて一発のもとに射殺だから、歩哨の交代まで水の中にひそんでいたが、そういう離れわざができたのも、あの実験隊での訓練のお蔭だと、はじめてわかった」

と語っていたのである。〉（前掲書、二九～三〇頁）

竹筒の小さな穴からの呼吸だけで長時間水中に潜るというのは、恐らく忍者の技法の応用なのであろう。

ちなみにドイツは、フランス、ポーランド、チェコ、ウクライナなどで、ゲリラ戦士たちに悩まされた。どのようにゲリラ戦を封殺したかについて、ドイツの経験から学べば、今後、日本を占領するアメリカ軍に対するゲリラ作戦に備える役に立つということは、誰でも考える。ドイツが蓄積しているゲリラ戦に関する情報の提供を在ベルリンの陸軍武官がゲシュタポに依頼していたことが河原報告書から浮かび上がってくる。

〈尚同日（註＊四月十九日）、独政治警察（註＊ゲシュタポ）第六課「クラッセン」教授ヨリ本官（註＊河原）ニ対シ、小松陸軍武官（註＊小松光彦少将）ノ依頼ニヨリ、独側「ゲリラ」戦術ニ関スル材料ヲ蒐集セルカ、陸軍武官室ノモノ全部離伯セルニ付本官ヨリ同武官ニ転送アリタキ旨申出アリ。本官ヨリ最早転送ハ不可能ナルカ、右要旨ヲ参謀本部ニ電報スルコトハ取計フヘキ旨述ヘ、明日、第六課長（課略班××［註＊二字判読不明］）「シエレンベルグ」少将ト会見方取計アリタキ旨申入タリ。然ルニ翌日、同教授ヨリ、伯林ノ往来危険トナリタルヲ以テ「ゲリラ」戦術ノ材料送付シ難ク又「シエレンベルグ」少将ハ本日離伯スルヲ以テ、本官トノ会見モ不可能ナル旨電話

シ越セリ。〉（河原報告書）

陸軍として、ゲリラ戦に関するヨーロッパの情報は喉から手が出るほど欲しかった情報だ。このような情報を要求しておきながら、武官室全員が、ドイツ側に今後の連絡手段について合意することなく任務を離れたのは無責任きわまりない。ちなみに、日本外務省、日本陸軍は別々の暗号を用いていたが、いずれの暗号とも戦争末期には破られていたので、〈要旨ヲ参謀本部ニ電報スルコトハ取計フ〉という河原の提案は、「連合国側に情報が漏れてもいいという前提で、公電にする」と言っているに等しい。ドイツ側が情報提供を断るのは当然の結果である。

地下壕での生活

四月二十一日からベルリン市中心部に爆弾が落下し始める。大使館員は、この日から地下壕で籠城生活を始める。

吉野には、籠城生活がどのようなものであったか、どうしても具体的記憶がよみがえってこない。恐らく壕内にベッドはあったのだと思う。電気がついていたか否か、何を食べたのか、恐らくは缶詰が中心であったのだろうが、記憶にない。大島浩駐独大使の命令で、米軍のP51戦闘機の機銃掃射を受けながら、酒と肴を届けにバート・

ガシュタインへ車で二往復したことと、ベルリン陥落後のソ連兵との遭遇、さらに、在留邦人を引率して帰国するなど大きな出来事の印象が強烈であるために、地下壕での生活が記憶から抜け落ちてしまったのであろう。

水道、電気、ガスが途絶した場合に備えて、大使館内に井戸が掘られ、炊事用コンロ四個、ロウソク数百本、百人分の食糧が二ヵ月分備蓄されていた。これがとても役に立った。

〈二十一日から電灯がつかなくなり、真暗のなかでローソクの光だけで食事から炊事までやらねばならなかつた。二十三日からは断水したので、砲爆撃の合間をみて、屋外に出で井戸水をポンプで汲み上げなければならなかつた。〉（河原手記、六四頁）

このような状況で、河原参事官は、もはやドイツの崩壊は時間の問題であると判断し、四月二十二日に館員に命じて電信機械を破壊し、暗号機密書類を焼却した。

危機的状況になるとさまざまな人間模様が見える。ベルリン陥落が迫り、リッベントロップ外相が挙動不審であったことが、河原報告書に端的に記されている。

〈二十三日、外務省人事局次長「ベルグマン」公使ヨリ「リ」外相（註＊リッベントトロップ外相）ノ命ニ依ル趣ヲ以テ本官（註＊河原）ニ対シ、伯林ヲ去リ他ニ避難方要請シ、避難先ハ外務省ニテ斡旋スヘキ旨申出アリ。本官ハ、大使館内ニ堅固ナル防空壕アリ又食糧其他ノ準備モ充分手配シアルヲ以テ、其要ナカルヘシトテ之ヲ断リタルカ、次テ「リ」外相ヨリ本官ノ来訪ヲ求メタルニ付、午後一時半「ダーレム」ニ於ケル外相私邸ニ赴ケル処、「リ」外相ハ急ニ「ヒ」（註＊ヒトラー）総統ヨリ呼出シアリタリトテ、三時半帰邸シ、面会セリ。〉（河原報告書）

一旦、一時半に呼び出しておきながら、急にヒトラーに呼ばれたということで、河原を二時間も私邸で待たせるあたりに、末期の混乱したドイツ指導部の様子がうかがえる。なお、河原がリッベントロップと単独会見するのは、これが最初で最後になった。リッベントロップは、河原に同行を強く要請した。

〈「リ」外相ハ、自分ハ只今「ヒ」総統ヨリ伯林退去ヲ命セラレタルヲ以テ、今夜出発ノ筈ナルカ、日本側ト連絡ヲ保ツ必要アルニ付同行アリタク、蘇軍ハ伯林ヲ包囲シ、之ヲ潰滅セントスルモノニテ、目下、「ナウエン」ノ方向ニハ若干間隙アリ。此方向ヨリ北独逸ニ赴ク筈ナリト述ベタルニ付、本官ヨリ「ヒ」総統モ離伯セラルル次第ナリヤ、又、貴外相ハ、北独ニ留リ、南独ニ赴カサル次第ナリヤヲ尋ネタルニ、

「リ」ハ「ヒ」総統ハ尚暫ク伯林ニ留リ居リ、自分ハ一旦北独ニ赴クモ、直ニ南独ニ赴ク可能性アル旨答ヘタルニ付、本官ヨリ、自分ハ伯林ニ於テ処理スベキ職務アリ。閣下カ北独ニ留ルニ於テハ、随行スベキモ直ニ南独ニ赴クモノナラハ、南独ニハ大島大使アルヲ以テ之ト連絡シ得ベク、本官ハ同行シ難キ旨ヲ述ヘ、之ヲ断リタリ。〉（河原報告書）

リッベントロップの河原に対する要請は執拗だ。日本の外交官を同行させることによって、どのような利益があるのだろうか？　河原が強い疑念をもっていることが、文面に表れている。戦後になっても、河原の疑念は氷解しなかった。

〈ヒ総統はあくまでベルリンを死守する覚悟でゐるのに、なぜ「リ」は脱出するのであらうか？「ヒ」の命令によるといつてゐるが事実であるかどうか？　「リ」は命措《ママ》しさに逃げ出すのか、または「ヒ」総統の真意を伝へるため、「ヒ」と了解の上脱出するのか？　筆者にはわからなかつた。もしヒ総統とリ外相がともに北ドイツに行くのであつたら、自分も日本政府の代表者として随行しなければならぬ運命にあつたであらう。しかし「リ」が単独で行く以上、ドイツ政府の移転と見ることが出来ないから、これを断つて差支へないと考へたのである。また「リ」がなぜ自分に同行を求めたかは、全くわからなかつた。「リ」は日本の代表者がソ連軍の手に落ちるのは面白くないからであるといつたが、当時日ソ間は中立関係にあつたから、これは理由にならなかつた。ただ筆者を危険な場所から救出しようといふ好意的動機からか、または筆者の外交特権を利用しようといふ肚であつたか、今日になつてもわからない。〉（河原手記、六五頁）

もちろん、リッベントロップが河原を〈危険な場所から救出しようといふ好意的動機から〉このような提案をすることは考えられない。同時に日本の外交官がもつ外交特権をリッベントロップが有効に活用する術が何か考えられるであろうか。河原を補佐した新関欽哉も、本件について、〈河原参事官を危険な場所から救出しようという純粋な好意にもとづく行為であったのか、あるいはそれとは逆に日本大使館参事官の外交特権を利用しようという肚であったのか、いまだにその謎は解けない。〉（新関回想録、一三九頁）と記している。

ロシア側の文献と照らし合わせて見ると、この謎解きが可能になるのではないかと思う。

ヒトラーは、四月十日にドイツの連合軍に占領されていない地域を、北部と南部の二つの行政・作戦命令地区に分ける命令を出している。北部の全権委員がデーニッツ海軍司令官で、南部の全権委員がケッセルリング空軍司令官だった。そして、河原がリッベントロップに呼び出された四月二十三日に異変が起こる。ロシア側の文献を見てみたい。

〈ソ連軍によるベルリン包囲終了後、残りのドイツに対するヒトラー政権は、相当程度、名目的なものとなってしまった。このことが、権力を狙う残りのナチス指導者の間での闘争を一層先鋭なものにした。

四月二十三日に南部地区にいたゲーリング空軍元帥が、ヒトラーに無線電報を打ち、総統の後継者として権力を握る意向であると表明した。ゲーリングの計画は、ドイツ国家の新しい指導者になり、西部における戦闘行為を終了することについて、アメリカ、イギリスと合意し、ソ連軍との戦闘は継続するというものだった。ヒトラーは、ゲーリングをナチスから除名し、すべての役職と称号を剥奪し、逮捕するように命じた。

それと同時にヒトラーからもう一人の同僚が離れていった。四月二十四日夜、北部地区にいたヒムラー内相が、スウェーデンの仲介者ベルナドッテ伯爵と会見した。ヒムラーは、ヒトラーを排除して、西側諸国と和平を実現する用意があると表明した。ヒムラーの提案は、アメリカ政府とイギリス政府に伝えられた。両国政府は、スイスにおける単独和平交渉の不快な結末を思い出して、ヒムラーという人物の政治的不誠実さを認識し、このことをソ連政府に通報した。更に、ヒムラーとベルナドッテとの交渉の資料が公表された。四月二十八日、ヒトラーは、最側近のこのような行動を知り、ヒムラーもナチスから除名するように命じた。〉（ソ連科学アカデミー編纂『世界史第10巻』思想出版所、モスクワ、一九六五年、四六八頁、引用部分拙訳）

河原報告書に記されたリッベントロップの〈自分ハ一旦北独ニ赴クモ、直ニ南独ニ赴ク可能性アル〉という発言が鍵になる。リッベントロップ、ゲーリング、ヒムラーは、いずれも英米の資本主義国と和平交渉を成立させ、共産主義国であるソ連との戦いをドイツが継続するという枠組みを考えていたのである。

リッベントロップは、恐らく、この流れに日本を巻き込むことを考えていたのだと私は考える。仮にこの計画にアメリカとイギリスが乗ってくるならば、リッベントロップは、対ソ戦争に踏み切るべきであるというドイツの意向を、河原を通じて日本政府に伝達しようと考えたのだと思う。しかし、弱体化したドイツに米英両国が関心を示すはずなどないという、現実主義外交の基本が、リッベントロップ、ゲーリング、ヒムラーのいずれにも見えていなかったのである。

ドイツの敗北が誰の眼にも明らかになったとき、リッベントロップ等の独外務省の上層部は以上の通り、あわよくば英米軍に降参し、ソ連軍には抗戦を続けるというシナリオがまだ通用するかもしれないと考えていたようであるが、独外務省の課長クラスはもっと客観的に事態を見ていた。やるべきことは、まずドイツが敗亡し、三国同盟から離脱する以上、その条約上の義務をどう処理するかだと考えていたようである。実際、吉野が二十年ほど後になって、敗戦後南米に逃亡していた日本課長にミュンヘンで偶然出会った。名前は思い出せないが、ハイデルベルク時代に会ったことがある人物だ。彼は吉野にこう語った。

「ドイツが敗北し、その結果、三国同盟から物理的に離脱せざるを得ず、事実上三国同盟の義務をもはや遂行できないならば、ドイツはこのことを日本に対し、速やかに通告しなければならない条約上の立場にあった。だから私は、敗北が明らかになったとき、日本大使館に伝えようと、当時爆弾や砲弾で穴だらけになったドイツ外務省から日本大使館への道をヨロヨロと自転車に乗って、それを伝えに行った。

そのとき日本大使館の誰に会ったか記憶がない。当時リッベントロップ以下の上層部が自分勝手な夢に追われ勝手に行動していたとき、日本課長としての自分は『ドイツはこれで敗れ、三国同盟から離脱するが（註＊イタリア社会共和国は一九四五年一月十九日、連合軍に降伏したことにより離脱）、日本はなお、単独で英米との戦争を続け最後の勝利にみちびいてくれることを祈る』と言いに行ったことを覚えている」

吉野自身が見たわけではないが、この男が自転車に乗って日本大使館にやって来る姿が、なぜか吉野の脳裏に焼きついて離れないのである。

さて、大使館の地下壕生活に、四月二十五日に新しい仲間が加わる。朝日新聞の守山義雄支局長と原良夫支局員である。守山は、このときの事情に関する手記を残している。ソ連軍が包囲する中、ドイツ政府がベルリン市を非武装都市と宣言し、市内での軍事行動を停止するという措置がとられることを市民は期待していた。

〈ベルリン市は非武装都市として開城を宣言されるのではなからうかといふことが我々の間で大きな問題となった。人口の三分の二は疎開したとはいへ、その後東部ドイツからの避難民を収容したベルリンは当時人口三百万の女子供をも含む大都会であったのだ。籠城成功となれば食物はどうする、負傷者はどうする。ほとんど戦史に例のない惨澹たる混乱を想像すればドイツ当局は一応慎重なる考慮をめぐらしたのも当然だ。われ〳〵の観察したところではベルリン市民の殆ど全部は非武装都市の宣言はけふか明日かと待ってゐた。トランスオツェアン通信などもベルリン非武装都市問題は二十二日の日曜日中に何れかに決定するだらうといふ通信を出したほどだった。

すでにソ連軍の二十センチの重砲弾が朝日支局のあった区の中心部に雨の如く落下してくる真只中にあって市民は地下室の中で固唾《かたず》をのんでゐる。文字通り全ベルリンは沸き上り、大揺れに揺れ返る思ひだった。ヒムラーが各市各村の徹底抗戦を命令した後だったので流石《さすが》に世紀の悲劇を前にして、指導当局の間にも大きな紛争のもつれがあった。廿五日にいたりベルリン防衛責任者たるゲッベルス宣伝相がこの問題に中間的な解決を与へ、制服を着た軍人のみでベルリン防衛戦を遂行せよといふ布告が発せられた。女も防衛戦に参加する以上はユニフォームを着よといふ指令である。だがベルリンの運命にとっては結局同じことであった。かくしてベルリンは傍観者の目には全く無謀にみえる形で世紀の悲劇の中に捲きこまれていったのだ。〉（『守山義雄文集』守山義雄文集刊行会、一九六五年、二六七〜二六八頁）

ユニフォーム（制服）を着ると、戦時国際法上、戦闘員とみなされる。ナチス・ドイツは国民の運命にあまりにシニカルなのだ。

この時期に、総統地下壕でヒトラーは、これまで抑制していたチョコレートとケーキを山ほど食べるようになり、生活を楽しんでいるのである。そして、四月二十九日にヒトラーと永年愛人だったエーファ・ブラウンの結婚式が行われた。

〈かつてゲッベルスの大管区オフィスで働いていた戸籍局長がたまたま近くに駐屯している国民突撃隊部隊に動員されていることが判明し、装甲車で連れてこられ、総統とエーファ・ブラウンの結婚式を執り行うよう依頼された。ゲッベルスとボルマン（註＊総統秘書）が婚姻の証人となった。両人は形式を考慮して、特殊な状況に鑑み戦時結婚とするよう依頼し、引き続き、両人とも「純粋なアーリア民族の出自にして、かつ遺伝病をもたざること」を宣言した。

申請が受理された後、この戸籍役人は二人の方に向きなおり、ヒトラーとエーファ・ブラウンにそれぞれ、あなたはこの相手と結婚することを決意しますか、と尋ねた。両者が「はい」と答えた時、彼は、この婚姻が法に照らして「合法的に結ばれたものである」ことを宣言した。結婚証明書にサインをするとき、エーファ・ブラウンはひどく動転していたため、うっかり旧姓でサインをしかけた。しかしそれに気づくと、頭文字のBに線を引き、「エーファ・ヒトラー、旧姓ブラウン」と書き直した。引き続き夫妻は自分たちの居室に移動し、クレープスとブルクドルフの両大将、何人かの副官、そしてフォン・ベーロ大佐や秘書たちと一緒に少し飲み、過ぎし日々をふりかえった。ヒトラーの結婚式のニュースが広まるやいなや、地下要塞の上の階ではそこに居合わせた何人かが総統にあやかることを決意し、その夜のうちに何組かの結婚式が執り行われた。宣伝省の事務次官ドクター・ヴェルナー・ナウマンが戸籍役人としてその手伝いをした。〉（ヨアヒム・フェスト〔鈴木直訳〕『ヒトラー　最期の12日間』岩波書店、二〇〇五年、一二一～一二三頁）

この翌日、一九四五年四月三十日にヒトラー夫妻は自殺する。遺言に従って、二人の遺体はただちに焼却された。

国民に対して、無関心で冷たいヒトラーやナチス・ドイツのエリートの感覚は、ナチズムの思想に起因する問題である。ナチズムの人種主義的イデオロギーに基づくならば、ソ連指導者と共産主義イデオロギーの生物学的基礎をなすユダヤ人は根絶される運命にあった。また、劣等人種であるスラブ人は、アーリア人種であるドイツ人の奴隷となる運命にある。ロシアの土地は、ドイツの植民地になるのが自然の成り行きだ。

〈かくて世界史上例をみないイデオロギー的殲滅戦争となった対ソ戦では、もはや政治的妥協による休戦はありえない。「勝利か、然《しか》らずんば敗北あるのみ Alles oder Nichts」。四二年初頭、対ソ戦の失敗を前にヒトラーは、「ドイツ民族に自己保存の覚悟がなければそれでよい。絶滅するだけだ」（四二年一月二十七日の「食卓での談話」）と語ったが、社会ダーヴィズムの論理からすれば、これは当然の帰結であった。〉（吉田輝夫「ファシズム体制の崩壊過程」前掲書、三五八頁）

自らが「劣等種族」として、淘汰されることに違和感をもたなかったという点で、ヒトラーはほんもののナチストであり、社会ダーヴィニストだったのである。

話を守山にもどす。守山たちはもはや取材どころでないと考えた。大使館に駆け込んだときの様子について守山は、前に引用した部分に引き続き、こう記している。

〈それから約十日間言語に絶した市街戦がつゞいた。ソ軍の砲撃の物凄さといふものを我々もお蔭で身をもって体験した。二十五日まで朝日支局はあった。アンハルターの駅前で頑張ってゐた頃地下室まで砲弾で射ち抜かれ、われわれの事務所に女や子供の死体が持ち込まれてわれ〳〵の支局が一般大衆のための仮繃帯所みたいになってからはさすがにゐたゝまらず、同僚原君と二人で死物狂ひの運転をやりティーアガルテンの日本大使館に飛込んだ。ここでも河原参事官以下十一名の館員諸氏と民間や正金（註＊横浜正金銀行。三菱ＵＦＪ銀行の前身）の人たちはすでに悲壮な籠城生活をはじめてゐた。大使館も幾発爆弾を浴びたことか、真暗な地下室で天長節の式を挙げた感激など今から顧みればみな無事に助ったことが不思議なほどですべては筆紙につくし難い体験であった。〉（『守山義雄文集』二六八頁）

四月二十九日に大使館員たちが天長節を祝っているとき、そこからそう遠くない総統地下壕でも、前に記したようにヒトラーの結婚祝いが行われていたのだ。

それから三日後、五月二日の朝九時頃のことだ。ソ連兵が大使館に乱入してきた。

女たちの苦難

吉野もこの日のことはよく覚えている。

――大使館に乱入してきたのは、赤軍のコミッサール（政治将校）でしたか。

吉野　いやいや、そうではなくて、最前線の兵隊でした。戸を開けろといって、大使館の敷地に入ってきたわけですよ。だから我々はドアの外に出ていって、「ここは大使館だから不可侵権がある。おまえたちの入るところじゃない」と。

――連中はドイツ語をしゃべるんですか。

吉野　片言でしゃべっていたかもしれません。

――あるいは大使館に、誰かロシア語がわかる人がいましたか。

吉野　新関君はロシア語を話せたが、向こうはドイツ語を話していたようにも思います。何語で話をしたかはっきりしませんが、兵士たちが「ともかく入れろ」と要求するわけです。「俺たちは外交のことはよくわからないが、とにかくスターリングラードからここまで歩いてきたんだ」という調子なんです。こちらが「ダメだ。中には入れない」と言ったら、「なにぃっ、手をあげろ」と背負っていた軽機関銃をかまえて気色ばんだ。

――滅茶苦茶ですね。

吉野　それから、「ともかく腕時計持っている者は出せ。万年筆持っている者は出せ」と言う。大使館に備蓄していた食料品や酒などもみんな持って行かれてしまった。大使館の自動車と小さなトラックもなにもかも。後からソ連軍によって、食料品が配給されましたが。

時計、万年筆、食料品などを略奪しただけでは、ソ連兵は収まらず、「マダム、ダワイ！（女を寄こせ）」と叫びだした。吉野らは、「女はいない」と答えたが、ソ連兵は地下壕に入ってきた。前述のように実は、ここには大使館のタイピストを務める若い女性が二人いたのである。ソ連兵の毒牙にかからないようにと吉野は祈った。

吉野　我々は、女性の現地職員を、壕の中にあるマンホールに匿っていたんです。彼女たちに水と食料を渡してマンホールの蓋を閉め、その上に絨毯を敷いて。

――難を逃れたのですね。

吉野　ええ。難を逃れました。だけど後から考えてみると、彼女たちはどうやって空気を吸っていたかがわからないんです。二十四時間ぐらいはその場に隠れていたんです。

――歳はいくつぐらいでしたか。

吉野　二十歳くらいだったと思う。ドイツ人のタイピストで、しかも二人とも八分の一くらいはユダヤ人なんですよ。当時は八分の一のユダヤの血が入っていたら、ユダヤ人としてナチスに引っ張られるかもしれないという境目です。ところが、一年くらい前に大使館に出入りしていたあるドイツ人から、彼女たちは有能だから雇ってくれといってきたのです。

――日本大使館に雇われていると安全なわけですよね。

吉野　そうです。日本大使館に雇われていたら安全だということを、向こうも承知のうえで連れてきたんでしょうね。当時のナチス・ドイツは「日本大使館がやることに対しては、我々は何も文句は言わん」という立場だったから。雇用を頼んできたドイツ人のような人は、公言しないにしても、根は反ナチ、反ヒトラーの感情をもっていました。

――ドイツ人の中で反ナチですけども、親日という人は多かったわけですよね。

吉野　それはありましたよ。親日は多かったです。

日本は、ドイツの同盟国であったが、ナチスの人種理論とは距離を置いていたことが、日本大使館がユダヤ系のタイピストを雇っていたという事実からも明らかになる。

河原参事官がロシア語のできる新関書記官を連れて、ソ連軍幹部と折衝した結果、大使館に歩哨が立つようになり、ソ連兵による乱暴、狼藉はなくなった。

吉野は、ソ連軍占領下のベルリンの街を見てみたいという好奇心を抑えられなくなった。

――物理的な戦闘が終わって、吉野さんが大使館の敷地の外に出たのはいつ頃ですか。

吉野　本当に街を歩き出したのは一週間ぐらいたってからでしょうね。まず、下宿に行ってみたんですよ。私の最後の下宿というのは、大使館からそんなに離れていない、ベルリンの銀座通りに相当する「クアー・フィルステン・ダム」から一寸入ったところにありました。下宿のおかみさんは逃げてしまっていて姿はみせないけれど、おかみさんが雇っていたポーランド人の、三十歳前後の女性がまだいたんですよ。私が扉を叩いたら、彼女が開けてくれた。すでにベルリンの町中の女性たちが暴行を受けたという噂を聞いていたので、私は驚いて尋ねました。「ソ連軍が入ってきて、ベルリン中の女性は全部やられてしまったと聞くんだけれど、無事だったのか？」と、すると「私は大丈夫だった」と彼女は言うわけですよ。それじゃあ、どうやって難を逃れたんだと聞いたら、「彼らがやってきたときに、ポーランド語で『私はポーランド人だ』と言った」と。ポーランド語とロシア語はある程度通じるんです。そのとき、ロシアの兵隊が何人いたのか知りませんが、とにかく彼女は機転をきかせた。しばらく話を交わしたのち、彼らと家の廻りの一ブロックを二〜三回まわったら、おとなしく帰っていったと言う。危うく難を逃れることができたという話でした。

——言葉が通じるので「同胞」だと思ったのでしょうね。東欧でもロシア人が「同胞」であると認識しているブルガリアやスロバキアでは、もちろん暴行事件もありましたが、歩止まりがあった。敵と認識しているルーマニア、ハンガリー、ドイツでは、ほんとうに滅茶苦茶なことをします。

吉野　私の下宿のポーランド人は、ちゃんと応対し、かつ言葉が通じたから、ソ連兵も手を出せなかったのでしょうね。

——そうだったのだと思います。また、相手のロシア人が良心的だったのでしょう。彼女は運が良かったのです。

ドイツにおけるソ連軍の蛮行については、イギリス陸軍出身のノンフィクション作家アントニー・ビーヴァーが詳しく調査している。

〈ドイツ軍当局の最大の誤算は、赤軍の進撃路のアルコールのストックを破棄しなかったことだった。敵が泥酔すれば戦えなくなるだろうという皮算用だったが、女性住民にとって悲劇的なことに、赤軍兵士はまさにアルコールの勢いをかりてレイプし、そのアルコールで悲惨な戦争の終結を祝ったのである。

　勝利の祝宴がひと区切りついても、ベルリン市民の恐怖は去らなかった。はめをはずした祝宴の余波で多くのドイツ女性がレイプされた。あるソ連の若い科学者は、恋人となった一八歳のドイツ少女から、五月一日の夜、赤軍将校が拳銃の銃口をむりやり彼女の口に突っこんで、言うなりにさせるため、襲撃のあいだじゅう、そのままにしていたという話を聞かされた。

　まもなく女性たちは、夕方の「狩猟時間」のあいだ姿を消すすべを学んだ。若い娘たちは何日もつづけて屋根裏の倉庫に隠れた。母親たちはソ連兵が二日酔いで眠っている早朝をねらって、街路に水くみに出るようにした。ときには、ある母親が自分の娘だけは助けようと必死になって、よその娘たちの隠れ場所を教えることから、最大の危険がせまることもあった。

　窓ガラスがすべて吹き飛んでいたので、夜ごとに悲鳴が聞こえてきたのを、ベルリン市民はおぼえている。ベルリンの二つの主要病院によるレイプ犠牲者の推定数は、九万五〇〇〇ないし一三万人。ある医師の推定では、ベルリンでレイプされた一〇万の女性のうち、その結果死亡した人が一万前後、その多くは自殺だった。東プロイセン、ポンメルン、シュレージエンでの被害者一四〇万人の死亡率は、ずっと高かったと考えられる。全体ではすくなくとも二〇〇万のドイツ女性がレイプされたと推定され、くり返し被害を受けた人も、過半数とまではいかなくても、かなりの数にのぼるようだ。〉(アントニー・ビーヴァー〔川上洸訳〕『ベルリン陥落 1945』白水社、二〇〇四年、六〇一〜六〇二頁)

吉野が聞いた「ベルリン中の女性は全部やられてしまった」という噂も実態からそれ程かけ離れていなかったのである。

吉野 ベルリンの街をうかうか歩いていると、ソ連兵の手伝いをさせられました。ですから、そういう場面に出くわさないように注意しました。

――外国人にも手伝えと言ってくるわけですか。

吉野 ええ。「手伝ってくれ」と言われて、一度は、独軍の対戦車ロケット(パンツァー・ファウスト)で破壊されたソ連の戦車の残骸をトラックに積み込む作業をしましたね。

――車輪かなんかが外れているわけですか。

吉野　車輪や、それからキャタピラーが外れたり、半分ぐらい切れているわけですよ。ベルリン陥落前、ヒトラーユーゲントがソ連軍と戦って、対戦車ロケット弾を撃ち込んでいる。それで外れた戦車のキャタピラーなどをトラックの上に載せるのは、結構、重労働なんです。そういうものを手伝えと言われたことがありますね。

――陥落後一週間ぐらいに、ベルリンで戦勝記念パーティーをするというので片付けていたのでしょう。

吉野　そうです。「戦勝記念パーティーがあるから」と言いはじめて、二〜三日前から街を本格的にきれいにしはじめました。

五月八日、ベルリン郊外のカルルスホルストで、ドイツ軍最高司令部の陸海空軍の代表者が、アメリカ、イギリス、フランス、ソ連に対する降伏文書に署名した。ソ連政府幹部会令によって、五月九日が対独戦勝記念日に定められた。この日にソ連軍はベルリンで記念行事を行った。

吉野　戦勝記念日の頃から、少しずつベルリンは平静を取り戻していきました。

当時、最初にベルリンの街に出てきたのは誰かというと、娼婦です。ドイツ人の娼婦ですね。

――それはもともと娼婦をやっていたような人たちが出てくるわけですか。それとも一般の女性も……。

吉野　もともとのプロだろうと思いますね。しかし、商売で娼婦をしている人たちは日頃みかけないものですから、見てすぐわかるわけです。顔におしろいを厚く塗って、口紅を濃くつけて。洋服だって派手なものを着ていたんです。そういう女性たちが、三〜四人、階段みたいなところに座っているわけですよね。

――客引きをしているわけですね。

吉野　ええ。我々がそばを歩くと、声をかけてきたり。

――その対価はカネではありませんよね。ロシア人だったらルーブルや、軍票しか持っていないだろうから。

吉野　何を対価に求めたかはわからないです。しかし彼女らのことですから、タダではないでしょう。商売ですから。

どのような状況でも、人々は逞しく生きていこうとするのだと、娼婦たちの姿を見て吉野は思った。

第七章

ソ連占領下からの脱出

爆撃を受けたベルリンの日本大使館

秋草　俊

東郷茂徳

加瀬俊一

笠信太郎

ソ連軍が入ってくるとともにドイツ人の娼婦たちは逞しく商売を始めた。また、闇商人たちも動き始めた。人間の生存本能は実に強いと吉野文六は思った。ナチス・ドイツのマルクは信頼が落ちている。ソ連軍の軍票も信頼度が高くない。そういう状況では、誰もがほしがる物が一時的に貨幣の役割を果たす。その話を聞いて、私はモスクワ時代の経験を思い出した。

吉野　敗戦直後のドイツでは、チョコレートとかコーヒー豆、それからタバコ。そういうものが通貨の代わりに使われていたんです。

――確かにタバコは通貨になりますね。僕がモスクワに勤務していたときですが、一九八九年から一九九〇年にかけては、一時「赤いマルボロ」が通貨代わりになったんですよ。要するにルーブルは、ほとんど買えるものが限られていた。かといって、まだ秘密警察の力があるんで、ドルを使っていると捕まる可能性があるんですね。そうすると、その中間で換金性、汎用性があるということで「赤いマルボロ」なんですよ。「金色のマルボロ（ライト）」や「緑色のマルボロ（メンソール）」は通貨の役割を果たさない。それこそ売春婦の代金も「赤いマルボロ」を二カートン（二十個）でしょうね。クルマでモスクワの端から端まで行くのに「赤いマルボロ」二個です。冷蔵庫なんかも「赤いマルボロ」で買えるんです。確か「赤いマルボロ」十カートンで冷蔵庫一台だった。そういう時代がありましたよ。チャウシェスク体制下のルーマニアでは「ケント」が通貨の役割を果たしていたといいます。戦争で敗けたわけではないんだけれども、戦争で敗けたときと同じような状況が、ソ連が弱体化した時期に起きたんですね。一九九一年になると、ソ連国家の弱体化が急速に進み、秘密警察もワイロに米ドルを要求するようになった。その瞬間からドルが流通するようになりました。

混乱状況で、吉野はさまざまな人間模様を見た。リッベントロップ外相のように逃げ出してしまう者もいる。ドイツ外務省最高幹部がそのような醜態をさらしているときに、前にも述べたが、淡々と職務を遂行した現場の外交官もいた。

——ドイツ外務省の日本課長が自転車で、大使館に敗北を伝えにやってきたのは、三国同盟の一員としての責務ですか。

吉野　ええ、後になって、ミュンヘンで出会った彼は、そう語っていました。個人ではなく、職務の一環という意識だったのでしょう。ドイツの外交官として、日本大使館まで、自転車に乗って通告しにいったと。

さて、ドイツ、オーストリア、ハンガリー、満州などソ連が敵国と認識していた諸国におけるソ連軍の行動には特徴がある。一定期間、ソ連兵が乱暴狼藉を行い、レイプ、略奪などが横行する規律なき状態が生じる。その後、政治将校（コミッサール）が入ってきて、秩序の維持に当たる。吉野は、軍紀に反するソ連兵を政治将校が平気で射殺する様子を見て驚いた。

そして、一定の秩序が回復されたところで、共産主義者とそのシンパなど現地人による人民委員会や労農委員会のような親ソ統治機関を作り、その後の傀儡《かいらい》政権の足がかりにするのである。

戦前、ドイツには、二つの主要なマルクス主義政党があった。社会民主党と共産党である。社会民主党は、ソ連のレーニン主義はマルクス主義と異質の独裁思想と認識し、反ソ的傾向が強かった。社会民主党の理解では、社会主義革命は資本主義が高度に発達した国家で発生する。従って、ロシアのような後れた資本主義国から社会主義革命が発生することはない。さらに社会主義は、資本主義国の自由や民主主義を発展させた上で成立するので、ソ連における秘密警察と軍隊による自由と民主主義の抑圧は、むしろソ連がマルクス主義と縁がないことを示すものと考えた。一方の共産党は、このような社会民主党を、マルクス主義の用語や労働者の権利擁護といった言葉を弄《もてあそ》んで労働者階級を騙す敵であると考えた。第三者的に突き放してみるならば、共産党と社会民主党の相互不信と抗争がナチスの台頭を容易にしたのである。

第二次世界大戦の結果、左翼社会民主主義者のソ連観が大きく変化した。それを利用して、ソ連は共産党と社会民主党を合同させ、巨大な左翼政党を作り、一気にドイツ革命を実現しようとした。一九四六年十月にソ連占領地域で、両党の合同が実施され、ドイツ社会主義統一党が結成された。そして、一九四九年に東ドイツ（ドイツ民主共和国）が成立すると、社会主義統一党は、指導的地位を占め、事実上、国家としての役割を果たした。一九八九年のドイツ統一後、社会主義統一党は、民主社会党と改名し、さらに二〇〇七年には旧西独地域の左翼勢力を吸収し、左翼党となった。二〇〇五年九月の連邦議会選挙で、約八・七パーセントを獲得し、五十四議席をもつドイツ国会における第四党となった。二〇一三年のキリスト教民主同盟、社会民主党の連立政権樹立後は、野党第一党の立場にある。

吉野とともにベルリンの日本大使館地下壕に籠城していた新関欽哉は、一九四五年五月十四日にベルリンの新市長と面会したことを回想録に記している。

〈市長の名前はバッハマンといって、ゲッベルスをもっとみすぼらしくしたような風采の男である。ベルリン出身の共産党員で、ソ連軍のベルリン占領までモアビットの監獄に入っていたが、彼が釈放されるのとほとんど入れかえに、ナチス系の前市長が同じ監獄にほうりこまれたそうである。新市長の態度は極めて丁重であったが、倉庫の略奪を行なった者の六割はナチスの残党であるなどと弁明につとめていた。〉（新関回想録、一七一頁）

ベルリンは、ソ連軍に占領されて軍政下にあった。当面、ソ連軍が直接行政を担当してもいいはずである。あるいは、ソ連に亡命していたドイツ人共産党員を市長に任命するほうが占領政策を徹底するためには都合がよいはずであるが、あえてナチス時代に投獄され、「国民と苦難をともにした者」を市長に据えたのである。ソ連は、東側の占領地域で、「一握りのナチス指導者を除き、ドイツ国民はナチズムの犠牲者であった」という神話の構築にいち早くとりかかったのである。

御真影が無事で、ドイツ大使館員、ベルリン総領事館員も無事だが、大使館は建物の外形はとどめているものの、内部は砲弾などで滅茶苦茶になっていることなどを、外交官の任務として、東京の外務本省に伝えなくてはならない。

ソ連軍が迫ってきたので、大使館の無線通信機はすべて破壊した。暗号乱数表も焼却した。無線電話もつながらない。そもそも一般の通信機能は完全に麻痺している。現実的に考えれば、ソ連軍の通信しか外部との連絡を確保する手段はない。ソ連は中立国なので、便宜を図ってくれる可能性があるとベルリンの日本人外交官たちは考えた。ベルリンから東京と直接連絡はとれないとしても、モスクワの日本大使館となれば、容易に連絡がつくはずだ。モスクワの日本大使館が、ベルリンからの連絡を受けて公電で東京の外務本省に連絡すればよい。

この種の要請は、もっとも高いレベルで行うことが効果的だ。ベルリン残留組では、河原参事官がもっとも階級が高い。そこで、河原に加え、ロシア語を研修した新関三等書記官、ソ連勤務が長いためロシア語をある程度理解する間片英彦電信官がソ連軍司令部を訪ねることにした。ソ連側の了承が得られれば、間片電信官が直接、通信機器を操作する可能性も考えたのであろう。しかし、三人は、ソ連軍に五月三日から二日間、軟禁されてしまう。

ソ連軍当局に、モスクワの日本大使館と電信で連絡をとりたいと伝えたら、ソ連側は「用があるならこっちに来い」と言う。ソ連軍の少佐が車で迎えに来て、三人でソ連軍司令部に向かった。

吉野たちがいくら大使館で待っていても、河原たちは戻ってこない。心配になったが、安否の確認をとる手段がない。

河原たちは、ソ連側が差し向けた車で二時間くらい市内を引き回された上で、将校クラブのようなところで降ろされた。河原たちを案内した少佐が、「司令部の命令で、日本大使館員を全員保護（実質的な意味は軟禁）することになった」と通告し、新関に「これから残りの大使館員を全員連行してこい」と言う。河原は、「それは不可能だ」と頑強に拒絶した後で、「大使館建物は治外法権をもっていて、いわば日本領土の一部である。その保護を本国政府から命じられてベルリンに残留しているわれわれとしては、本国政府の訓令なしに大使館から勝手に立ち退くことはできない。但し、日ソ両国政府の交渉の結果、引き揚げが決定する場合には、ソ連当局に大使館建物の管理を依頼して立ち退く用意がある」と言った。

その後、この少佐と思われる人物が、大使館を訪ねてきた。吉野たちが対応したが、大使館内の様子を細かく観察して、戻っていった。河原の話が真実かどうか、裏を取りに来たのであろう。

国際法で、大使館建物、外交官の不可侵権は保障されている。従って、ソ連軍が日本人外交官を強制収容することはできない。しかし、戦時下で国際法が遵守されるという保障はない。ここで、河原は機転をきかせ、大使館建物の管理について、ベルリン駐在ソ連軍司令部がモスクワに訓令を求め（請訓）、ソ連政府がモスクワの日本大使館と連絡をとり、間接的にであれ、ベルリンの日本大使館の動きを伝えることを狙っている。

しかし、これらの努力はすべて無駄だった。モスクワの日本大使館は、ソ連政府に対して、何度もベルリンの同僚の安否について確認したが、ソ連側からは、何の返答も得られなかった。

河原たちは移動することが認められない。そして、夕刻になって、追加的な尋問を受ける。

〈六時ごろになってから、政治部将校と思われるソ連軍大佐が二名、ドイツ語の通訳を連れて現われ、つぎの諸点を質問した。

（イ）残留館員の氏名（ロ）ベルリンに残留した理由（ハ）大使以下の行動（ニ）在留邦人の所在（ホ）満州国公使館員の所在（当時ベルリンには呂宜文公使および江原綱一参事官のほか二名の館員がいた）（ヘ）リッベントロップ外相の動静（ト）ドイツ側で最後まで日本大使館と連絡していた人物の氏名。

質問に対する一応の答えが終わったあと、上層部と交渉のためと称して、私たちをシェーンワイデのローン街にある軍司令部に連れて行き、恐らく政治犯留置所に用いられていたと思われる民家の一室に閉じこめた。その部屋には、裸のベッドが一つあるだけで、ほかにはなにも家具が置いてなかった。私たちはやむなく外套を着たままベッドに並んで寝たが、夜は一時間毎に剣つき鉄砲をもった番兵が入って来て、一人《ラス》、二人《ドヴァ》、三人《トリ》と声を出して数えていくのであった。恐らく逃亡防止のためであろうが、窓の下の道路では自動小銃を肩にした兵士が絶えず行ったり来たりしており、厳重きわまる警戒ぶりであった。〉（新関回想録、一六二〜一六三頁）

この尋問は、インテリジェンスの観点から実に興味深い。新関は二名のソ連軍大佐を政治将校と考えているが、私はこのうち少なくとも一人は情報将校とにらんでいる。

ここで政治将校と情報将校の違いについて説明しておきたい。政治将校は、共産党から派遣され、軍隊内部に共産党の方針を徹底させるとともに、政治的不満分子の摘発に従事する。そもそも軍事のプロではない。ナチス・ドイツ軍は、ソ連軍の政治将校に捕虜となる資格を認めず、即時、射殺するという方針をとっていた。従って、政治将校はドイツ軍に捕らえられることを恐れた。政治将校が作戦に介入し、無理な行動を強制することも多かった。ソ連軍が攻勢に転じ、東ヨーロッパやドイツに進攻した後、親ソ政権を現地に打ち立てる工作を行ったのは、政治将校である。

これに対して、情報将校は軍事インテリジェンスの専門家である。相手にソ連の意図をできるだけ悟られないようにして、必要な情報をとることが任務だ。当時のドイツにおいては、すでに東西冷戦の萌芽となるソ連とアメリカ・イギリスの対立が生じていた。ソ連は、ナチス・ドイツの残党が米英と手を握る可能性を懸念していた。ソ連時代の「欽定版」世界史の以下の記述から、チャーチル英首相に対するソ連の警戒感を読み取ることができる。

〈戦争の最後の時期と平和回復の初期にチャーチルは、偉大な同盟国であるソ連に対して表面上は忠誠を誓っていたが、実際は対ソ戦争の準備を命じていた。五月九日の対独戦勝記念日に、チャーチルはモントゴメリーに対し、赤軍の進撃が続く場合には「再びドイツ兵に簡単に兵器を配布することができるように」ドイツの兵器を収集することを命じたのみならず、五月九日の対独戦勝記念日にアイゼンハワーに対して、捕獲したドイツの飛行機や兵器を破壊しないようにと要請した。〉（ソ連科学アカデミー編纂『世界史　第10巻』思想出版所、モスクワ、一九六五年、四八七頁、ロシア語より引用部分拙訳）

イギリスがアメリカを巻き込み、ナチス・ドイツ軍の残党を味方につけて、対ソ戦争を展開することをスターリンは本気で恐れていた。したがって、連合軍とナチス・ドイツが提携することに関する情報を、ベルリン陥落当時のソ連は、必死になって収集していたのである。ソ連軍大佐が河原と新関に対して行った尋問から判断すると、このソ連軍将校は、連合国とナチス・ドイツの残党が結合する可能性を何よりも懸念していたことがうかがわれる。この種の情報収集には、その道のプロである情報将校が従事していたと見ることが妥当であろう。

まず、〈(ホ) 満州国公使館員の所在〉について質したのは、陸軍参謀本部が在ベルリン満州国公使館に対ソ情報を収集するための「星機関」を設置していたことを承知していたからと考えるのが妥当である。ちなみに陸軍中野学校の創設者で、「対ソ諜報の神様」と呼ばれた秋草俊《あきくさしゅん》も一九四〇年から一九四二年まで、在ベルリン満州国公使館参事官兼ワルシャワ総領事を擬装して、「星機関」長を務めていた。

〈(ヘ) リッベントロップ外相の動静〉については、電話盗聴やスパイにより、リッベントロップが河原に同行を求めたという情報をソ連側がすでに得ているので、尋問したのであろう。そうでなければ、リッベントロップについてピンポイントで尋問することはない。「ナチス要人の動向について、知っていることを述べてほしい」という設問になるはずである。〈(ト) ドイツ側で最後まで日本大使館と連絡していた人物の氏名〉について、ソ連側が関心をもったということは、当該人物を確保して、日本側から聴取した情報について裏取りをすることを考えているのであろう。

いずれにせよ、これらの尋問内容は、インテリジェンスのプロによって、よく考え抜かれたものである。新関の回想録や、河原報告書を読む限り、両名はソ連側の問題意識について、それほど深く考えていなかったようである。

五月四日は、尋問もなく、三人は一日中軟禁状態に置かれた。食事とタバコの差し入れと、中庭での二十分間の運動が認められただけである。

〈午後十一時ごろ、寝ようとしているところにドイツ語を話す係官がやって来て、河原参事官に司令官のもとに出頭することを求めた。間もなく帰って来た参事官の話では、司令官は、改めて残留の理由、大使の行方、館員の動静などについて訊ねたのち、これまでは安全を保障するため留め置いたが、戦闘行動が終了したので、明朝大使館に送り届けることを約束したとのことなので、やっと胸をなでおろしたのである。

翌朝、副官がやって来て、私たち三人をジープで大使館まで連れて行ってくれた。大使館に残っていた館員は、待てど暮せど私たちが帰って来ないので、大変心配していた。聞くところによると、留守中に状況が一段と悪化し、ソ連兵の略奪暴行を防ぐのに大いに苦労したが、その都度なんとかなだめすかして大事には至らなかったとのことである。但し、大使館にあった自動車は、一台を残して、全部押収されてしまった。〉（新関回想録、一六三～一六四頁）

恐らく、五月四日の日中にソ連側は、三日に河原と新関の二名から得た情報の裏取りをしたのである。ソ連側が新たに得た情報と、二名から得た情報の間に大きな矛盾がないので、河原の供述に変遷や記憶違いがないかを見るために、四日の深夜に再度、尋問を行ったのである。ソ連側に無用の疑惑をもたれなかった河原、新関は運が良かった。

ここでソ連側が少しでも二人に猜疑心をもったならば、ただちにモスクワの秘密警察本部に連行されることになったであろう。この場合、外交特権は何の意味ももたない。「スパイに対して国際法は適用されない」というのがロシア人の常識なのだ。もっとも、外交官に対するこのような勾留や尋問は、特に日本に対してだけ行われたのではない。

〈右抑留及捜索ハ、外交団全部ニ対シ行ヒタルモノニシテ、瑞典（註＊スウェーデン）公使館員ハ、本官等ト共ニ帰館ヲ許サレタルモ、瑞西（註＊スイス）公使館員ハ、蘇聯（註＊ソ連）トノ国交ナキ為、伯林（註＊ベルリン）郊外ニ軟禁セラレタル由ナリ。尚泰国（註＊タイ）公使館内ニハ武器発見セラレタル為、同国公使館員ハ本官等釈放セラレタル後モ猶抑留セラレ居タリ。本官等抑留中ノ蘇側待遇ハ比較的良好ニ

シテ、番兵ノ態度モ慇懃ニシテ全然警戒心ナキモノト認メラレタリ。〉（河原報告書）

この点についても、日本人外交官は運が良かった。大使館に付属する陸軍武官室には、〈倉庫内ニ小銃二十挺入リノ木箱〉（河原報告書）があった。これが見つかれば、吉野たちもタイの外交官同様に長期抑留されたかもしれない。

前にも述べたが、陸軍武官室には、武器だけでなく、〈対白露（註＊反ソ亡命ロシア人）及「ウクライナ」工作関係ト覚シキ書類〉（河原報告書）もあった。これらの書類がソ連側の手に落ちれば、スパイ容疑で日本人外交官が拘束されたことは、まず間違いない。河原や吉野たちは、これらの武器や書類を、ソ連側が大使館建物を接収する前に処分することに成功したのである。

ちなみに、河原、新関がいない状況の地下壕では、外交官補の吉野が、最高ランクの外交官になった。ソ連軍の乱暴狼藉から大使館を守るという任務を、吉野は現場の最高責任者として、見事に果たしたのである。

邦人引き揚げ

ベルリン市民は、瓦礫を片づけ、商売を始め、新しい時代に適応していこうとしていた。その様子を見て、吉野は、「さて、我々ベルリンに取り残された日本人はこれからどうなるのか」と思いを巡らした。

――外交官にとって在留邦人の保護は重要な仕事です。ベルリンにいる日本人を日本へ連れ帰らなくてはならなくなるわけですね。

吉野　そうです。日本国籍を持っている者を、居留民として保護をしなければならない。

――しかし、それは大使館として大変な仕事ですね。

吉野　大変な仕事でした。

――ドイツは敗戦国となったが、日本は戦争を継続している。連れて帰るということになると、中立国を経由するしかないと。そうすると事実上は、シベリア鉄道を使ってソ連から帰るしかないですよね。

吉野　そうです。

――スウェーデンも中立国ですけれど、その先帰る道がないですから。

吉野　そういうことです。だから、スウェーデンにいる日本人も一緒に連れて帰るしかないですね。

――その準備は、どのように始められたんですか。

吉野　外交官以外は、ベルリン周辺のマールスドルフとベルツィヒの二ヵ所に集団疎開をしていた。その人たちを集めて、一緒にベルリンを出ました。

——どういうふうにして連絡をとったのですか。

吉野 ソ連軍がどこに日本人がいるかを調べ上げて、連絡したんだと思います。そして、その人たちを我々のグループに入れてきたんですよ。最後に全部同じ汽車に乗せて、モスクワに向かいました。

ソ連軍からのベルリン退去命令は、五月十八日の午前に出された。

〈十八日午前十一時、国境警備隊の徽章《きしょう》をつけたソ連軍の一大佐が大使館を訪れ、河原参事官に対し、軍司令官の命令によるものであると前置きしたうえで、今回ソ連軍占領地内に居住している日本人を全部本国に送還する方針が決定したので、大使館にいる日本人も四時間以内に出発してほしいと申し入れてきた。

これに対して、参事官から、われわれは政府の訓令によってベルリンに残留し、大使館建物および在留邦人の保護にあたることとなっているのであるから、改めて政府の指示がない限り勝手に行動することは許されない、一般の通信が不可能であるならば、せめて軍用電信によりモスクワの日本大使館を通じ政府と連絡をとることができないか、と言って、押しかえした。

すると大佐は、軍用電信をそのような目的に使用することはできないと述べたので、当方から、フィンランドおよびブルガリアにおいてはわが方の代表はいずれも本国政府からの訓令をえたうえで帰国した例があると指摘したところ、先方は、ドイツ政府は敗戦によって消滅し、ベルリンは四国共同占領地域となったので、フィンランドやブルガリアの場合とは異なると主張した。さらに大佐は、ソ連側がこのような措置に出たのは、日本人の安全のためであって、あくまでもソ連側の提案に応じないで独自の行動をとる場合には、日本大使館員の生命財産の安全を保障することはできないとまで極言した。

そこでやむなく、参事官から、われわれがベルリンを出発するとしても、官用品を整理、封印し、かつベルツィヒ、ノイルピンなどにいる邦人たちとも協議する必要があるので、最小限一週間の余裕を与えてほしいと述べたのに対し、大佐は、ソ連としてはベルリン在住の外国人全員を引き揚げさせるための措置を講じており、特別列車を準備し、宿泊その他の便宜も計らうつもりなので、是非とも今夕までに出発準備を完了してほしい、他の場所にいる日本人のところにはそれぞれ連絡員を派遣し、同じ趣旨で話を進めているので、心配は無用であると答えるのみであった。

衛戍《えいじゅ》司令官から書面でこの旨を通告する手続をとってもらいたいと述べたのに対しても、先方は、ソ連軍にはそのような書面による通告を行なう慣例はない、事が軍事占領下のベルリンで起こっていることを理解すべきであると言うので、結局ソ連側の提案に同意することとした。

なお、その際、米英軍が近く入城するので、このような措置に出たのではないかと聞いてみたが、先方はこれを頭から否定した。〉（新関回想録、一七四〜一七五頁）

ソ連軍がこの時期に日本人をモスクワ経由で本国に送還することを決めた理由に、米英軍が近くベルリンに入城するという理由があることは明白だ。むしろベルリンに残留した日本人外交官にとって、このことは、好都合であった。日本は、アメリカ、イギリスと戦争をしているのであるから、日本人外交官は交戦国に対して外交特権の適用を求めることはできない。米英軍がベルリンに進駐してくれば、日本人外交官と在留邦人は、捕虜として収容される。

特に外交官はさまざまな秘密を握っている。このような人々が、敵の手に落ちずに帰国できる便宜をソ連が図るということは、明らかにソ連による日本に対する「友好の印」である。

もっとも、以前から述べていることであるが、ここにはソ連の情報操作工作があると私は考えている。ソ連は、一九四五年四月に日ソ中立条約の不延長を日本政府に通告した。従って、同条約の有効期限が切れる一九四六年四月二十五日以後にソ連が日本を攻撃する可能性は十分想定できた。問題は、それ以前にソ連が日本を攻撃する可能性だ。実は、一九四五年二月十一日のヤルタ協定で、ソ連、アメリカ、イギリスは、〈三大国、すなわちソヴィエト連邦、アメリカ合衆国及び英国の指導者は、ドイツ国が降伏し且つヨーロッパにおける戦争が終結した後二箇月または三箇月を経て、ソヴィエト連邦が、次の条件で連合国側において日本国に対する戦争に参加することを協定した〉と文書で約束している。ソ連の参戦は必至だったのだ。しかし、ヤルタ協定は当時、秘密協定とされ、日本政府はその内容を知らなかった。

「ベルリンに残留した日本人に帰国の便宜を図れば、ソ連が近未来に日本を攻撃することはないと日本政府は誤算する」と考えたインテリジェンス工作が展開されたのだと私は見ている。

マールスドルフ城に集団疎開していた日本人に対しても退去命令は突然やって来たようである。東京帝国大学を卒業し、在ベルリン陸軍武官府の嘱託として勤務していた坂尚敏《ばんたかとし》の記録では次のようになっている。

■五月十八日（金）

〈突如城内に警報鳴り響き、ソ連軍の命により本日午後4時限り全員退去。モスコーに連行せられることを伝えられる。一同ソ連軍差し廻しのトラックにて伯林市内を通りリヒテンベルクに午後9時頃到着宿泊。（午前10時全員城内大広間に集合、永井会長から上記スターリン命令を言い渡される。こゝでボビー〔註＊坂の愛犬〕の処置に悩んだが、行ける処まで連れて行く覚悟で同行に決心。全員荷作りに忙殺。特に食料班は貯蔵食料の梱包に大奮闘。午後4時連合軍の貸与法〈Lend & Lease〉でソ連軍に引渡されたFordの大型トラック10輛で出発。日本人所有の車は馬瀬総領事の伊太利の名車Alfa Romeoをはじめ武官室の大型Buickなど13輛凡てソ連軍に引渡す。アウトバーンを走って戦禍の街ベルリンに入る。放送塔の下で中西賢三氏一家下車自宅へ。Kaiserdamm に入る。行人虚脱の表情。中年の女性吾々の車に近付き煙草をほしがる。Knie附近から市街戦の跡。Zoo駅は名物の時計のあたり黒く燻されていた。寺院広場では角のMichelsは壊滅。Budapester Str.ではEden Hotel残骸と化す。Lützow Str.とPotsdam広場の街角に珍らしく2、3軒人の住む家が残っていた。Potsdam広場は一面弾丸の痕。Leipziger St.は廃墟の連続。Spittel MarktからFrankfurter Alleeを通って漸くLichtenberg到着。荷物を下ろして吾々の入った宿舎の標札にはSebastianと出ていた。）

■五月十九日（土）

〈終日監禁状態続く、秘かに脱走してベルリン残留を考えたが決断つかず。ベルリンの自宅に帰るJohannaにErichsen宛の手紙を託す。ソ連兵の警戒頗る厳重。〉

■五月二十日(日)
〈午前4時から駅で荷物の積込み開始。清水君酔いつぶれて前後不覚、床に横たわったまま。パリに残してきた妻子を考えれば同情に余りあり。昼頃乗り込んだ車輛は当時既に姿を消してしまった1920年代の4等車。これからの行く先々のことを考え、ボビーの同行に悩む。然し最後の決断は将に発車直前列車に駈けつけた今仁君を送って来た「彼女」だった。これが最後のチャンスと決断、思い切ってボビーを「彼女」にHalenseeのアドレスをつけて渡す。茫然と車窓に立って「彼女」にひかれて遠ざかるその後姿を見送る。列車は午後1時モスコーに向け出発。〉(坂尚敏「丸腰組のドイツ敗戦日誌」『大戦中在独陸軍関係者の回想』伯林会、一九八一年、二二九～二三〇頁)

妻子をパリに残して帰国する哀しみを忘れるために泥酔した人、ぎりぎりまで愛犬と行動を共にし、最後の瞬間に友人の恋人に託した人、それぞれの人々の帰国への希望や、今後への不安、ヨーロッパに残した想いなどを乗せて列車は出て行くのである。

消えた嘱託職員

馬瀬金太郎在ベルリン総領事が日本に帰国した後、一九四五年七月二十八日付で、東郷茂徳《しげのり》外務大臣に「在独邦人引揚ニ関スル件」という報告書を提出している（以下、「馬瀬報告書」と呼ぶ）。馬瀬報告書によれば、この列車に乗り込んだ日本人は二百五十三名である。この報告書の末尾に名簿が掲載されているが、最後に崎村茂樹（鉄鋼統制会）という名前がある。

この崎村は、第二次世界大戦中、ベルリンの日本大使館嘱託として勤務していたが、一九四三年九月七日から一九四四年五月二十三日までスウェーデンに滞在する。一九四四年五月一日の『ニューヨーク・タイムズ』が「日本人が大使館から脱走」というセンセーショナルな見出しを掲げ、〈「初めて連合軍に加わろうとした日本人」「枢軸国の敗北を初めて公言した日本人」〉などと報道された（加藤哲郎「情報戦のなかの『亡命』知識人　国崎定洞から崎村茂樹まで」、20世紀メディア研究所編・刊『Intelligence　第9号』二〇〇七年十一月二十八日発行）。その後、特高警察から在ベルリン日本内務省事務所に勤務していた佐藤彰三（元神奈川県特高課長）らによってベルリンに連れ戻される。

崎村は、吉野らとともにベルリンを発ったが、帰国せず、中国にわたった。一九五〇年、毛沢東暗殺未遂事件の関係者として逮捕され、一九五五年に釈放されて、中国から帰国した。インテリジェンス史の観点から実に興味深い人物で、一橋大学の加藤哲郎教授（現・名誉教授）が、崎村茂樹に関する本格的な調査を行っている。加藤教授は、崎村がスウェーデン滞在中に連合国軍ジャーナリストのインタビューに応じたことについて、彼がドイツ国内の反ヒトラー勢力と連動した可能性があると考える。

〈むしろ、時期的には、1944年7月20日のドイツ国内での反ヒトラー派によるヒトラー暗殺未遂事件（ヴァルキューレ作戦）に近いことが気にかかる。ヒトラー暗殺未遂事件は、ドイツ国防軍、外務省、財界、ベルリン大学教授、社会民主主義者を含む幅広い反ヒトラー・グループを背景に持ち、多くの研究があるが、日本人の関与は知られていない。

しかし、日独関係に関わるドイツ人は、何人かが関与していた。ベルリン大学「水曜会」グループの一員で、1936～37年日独交換教授として来日し東京大学等で教えたエドゥワルド・シュプランガー教授は、日独協会の荒木教授やクラウス神父を介して、崎村茂樹も日本滞在時代から知っていた可能性がある。地政学のハウスホーファー教授の息子アルブレヒト・ハウスホーファーも、1937年にリッペンドロップ外相事務所の仕事で来日し、戦争中に父とも対立してヒトラー暗殺事件に加わり検挙・処刑された。ドイツ国防軍諜報部（Abwehr）のカナリス将軍は、ヨーロッパの日本軍情報将校のほとんどとつながっており、米国ＯＳＳ欧州総局長アレン・ダレスとも秘かに連絡を取って、ヒトラー暗殺未遂の黒幕となった。

ベルリンの崎村茂樹は、島村哲夫と共に、軍需産業と関わる鉄鋼統制会の仕事をしていた。そのドイツ側窓口のクルップ社など財界（シャハトら）やシュペアーのドイツ軍需省にも、反ヒトラー派は伏在した。もしも崎村茂樹のストックホルム「亡命」が組織的・計画的なものであれば、それは、日本外務省や軍部の反ナチ派よりも、ドイツの国防軍、軍需省、鉄鋼産業、知日派知識人とのつながりであった可能性がある。

ストックホルムで崎村茂樹が頼ったのは、反ナチ知識人亡命を援助してきたストックホルム大学講師のトルステン・ゴルトルンド（戦後ストックホルム経済大学教授で、経済学のいわゆるスウェーデン学派の重鎮）であった。当時ストックホルムで海外ドイツ社会民主党員の反ファッショ運動組織化にあたっていたフランツ・モクラウアーとも連絡した形跡がある。〉（加藤哲郎前掲論文、三六〜三七頁）

もっともこの推定を裏付ける史料は今のところ発見されていないようである。私は、加藤教授の推論は成り立ちうると考える。当時、ドイツに滞在していた日本人には、自由主義的発想をし、ナチスに対して反感をもつ者が多かった。外交官であるが、吉野文六も思想的には自由主義者に分類されてもおかしくない。

私は、吉野に加藤論文を渡し、崎村について質してみた。吉野は、

崎村さんのことを懐かしく思い出しました。大学の先生で、たしか大使館の嘱託だったと思う。左翼系の考えをもっているんじゃないかと噂されていました。具体的にはもう覚えていません。

と言った。当時、ベルリンには、鉄鋼連盟、日本郵船などの主要企業、さらに内務省が、大使館とは別に事務所を構えていた。吉野は、鉄鋼連盟の代表として、年配の島村哲夫が勤務していたことは覚えている。崎村については、「懐かしく思い出しました」が、どのような話をしたかについて「具体的にはもう覚えていません」と言う。他方、崎村をストックホルムから連れ戻した特高警察出身の佐藤彰三についてはよく覚えている。

——内務省のベルリン事務所にいた佐藤彰三さんというのはどんな方でしたか。

この人と会われたことはありますか。特高警察ではけっこうならしたみたいですね。神奈川県警の特高課長を務めています。

吉野 この人は、見かけは非常に穏やかなおっとりとした人なんです。碁が大変強かった。恐らく当時のベルリンに住んでる日本人の中ではいちばん強かったでしょうね。

——碁が強いということは、なかなか戦略家なんですね。しかし、人当たりはやわらかい。

吉野 私は、内務官僚というのはそういうもんだと思っていましたから、べつに不思議には思わなかった。いつもニコニコして、何を考えているか、顔に出さない。だから崎村事件や、ほかにも事件があったと思うのですが、それに全然気がつかなかった。

——当時は、崎村事件について大使館の中で箝口令をしいてたんでしょうね。

吉野 箝口令ということはなかったと思うが、私は全然気づかなかった。

——大島大使と佐藤彰三さんの関係はどうでしたか。

吉野 大島大使は、自分の勢力範囲内に、将来、場合によっては大臣になれるような、あるいは会社の社長になるとかね、そういう人たちが周りにいるような態勢をつくっていました。内務官僚として将来を嘱望された佐藤さんとも、当然、関係は悪くなかったでしょうね。大島大使の勢力範囲内に入っていますからね。
内務官僚はニコニコしているというのは、私にも確かに思い当たる節がある。警察庁の外事関係者、ロシアのＦＳＢ（連邦保安庁）、イスラエルのシンベト（総合保安庁）などの防諜（カウンター・インテリジェンス）のプロはいつもニコニコしていたが、眼は決して笑っていなかった。

ヨーロッパに滞在している日本人で、大島浩駐独大使と仲がよくない人もいた。例えば、朝日新聞の笠信太郎《りゅう》である。一九四〇年末に朝日新聞社より戦時下のヨーロッパ視察の辞令を受けた笠は、当初、ベルリンを拠点として活動していた。いわゆる支局詰ではなかったが、独ソ戦やスターリングラード決戦などを報じた朝日新聞の「ベルリン特電」には笠の意向が反映されていたといわれている。

〈笠さんは一九四三年十月半ばにベルリンを去ってスイスに移った。その頃欧州戦局は明白にドイツに不利に発展しつつあった。ドイツの敗北の遠くないこと、しかも日本はまだ戦いをつづけるだろうこと、この判断で笠さんは中立国スイスに移る決意を固めたのだった。〉（笹本駿二「笠さんの滞欧七年」『回想　笠信太郎』笠信太郎追悼集刊行会、一九六八年、一六六頁）

吉野は帝大新聞編集部にいたころ、ゾルゲ事件で知られる尾崎秀実とともに「昭和研究会」のメンバーの一人だった笠に何度か原稿を依頼したことがある。

――朝日新聞から欧州に派遣されていた笠信太郎さんと大島大使は波長が合わなかったでしょうね。

吉野 合いませんでした。以前から私は笠信太郎さんとは面識があったんです。帝大新聞の記者をしていたときに、寄稿を依頼していた関係です。学生時代、私もある程度は、戦争反対というか、あまり日本はムチャなことをしてはいけないというような気持ちでいたんですが、彼も同じでした。反体制的な彼に原稿執筆を依頼するということは、当時の言論状況を思えば大胆なようですが、帝大新聞では第四面の世界情勢を担当していた私にとっては、情報をまんべんなく報じるというのは、ひとつのアイデンティティだった。それに、「まさか学生の言論活動に関してまで、特高が引っ張るようなことはないだろう」と考えていました し、特に恐ろしいとも思っていなかった。むしろ、原稿依頼をして、執筆が承諾されたときは得したような気分だったことを覚えています。もっとも、帝大新聞時代の記者活動を問題視されていたら、外務省は私を採用しなかったでしょう

（笑）。それに、笠は、非常に言葉を選んで話をしたりものを書いたりしていましたから、すぐに特高に捕まるというようなことはなかったです。

——吉野さんも外交官にならずに新聞記者になっていたら、スイス支局に配属されて、大島大使のような波長の合わない人とはあまり付き合わないでもいいという生活ができたかもしれませんね。

吉野　朝日新聞のベルリン特派員を務めていた守山義雄さんと私は、たびたび会っていました。別に何か魂胆を共有していたわけではありません。あるとき守山さんから、笠信太郎が朝日新聞の顧問かなにかで欧州へきたということを知らされた。私はびっくりしたんですがね。むしろ、彼は、開戦後に引っくくられたかと思っていましたから。

——朝日が逃がしたんでしょう、きっと。

吉野　そういうことでしょう。笠さんにはスイスで会ったことがあります。

——スイスでは加瀬俊一《しゅんいち》公使が中心となって和平工作を行っていましたよね。

吉野　ええ、その方向で進展していきましたから、笠さんなんかおおいに、陰で働けるようなところがあったんでしょう。

——スイスというのはなかなか謀略の中心なんです。

吉野　そうそう（笑）。

このやりとりをしているうちに私は好奇心を抑えられなくなった。吉野は、松本高校時代から、英米系哲学に惹かれた。そして、東京帝大時代には、帝大新聞記者として活躍した。この頃に笠信太郎と親交を深める。もう少し吉野が年上で、官僚にならず、新聞記者になったらどうなっていたか。恐らく、吉野の書く記事は、当局に歓迎されなかったであろう。吉野も笠のように、ヨーロッパに脱出せざるをえなくなったのではないか。

あるいは、官僚になっていても、外交官ではなく、企画院に勤めるようになれば、軍部からにらまれ、逮捕されるような事態に巻き込まれたのではないだろうか。

私の現役外交官時代を顧みても、この人が外交官にならず、演劇人になっていたら面白いだろうに、あるいは新聞記者になったら、外務省にとって鬱陶しかっただろうなと思わせる同僚がいた。人間の職業選択などというのは、ちょっとした偶然で決まる。この偶然が人生を大きく左右するのである。私の想像は膨らんだ。

——当時のヨーロッパには、崎村さんや笠さんなど、リベラルで知的な魅力がある人々がいましたよね。私はときどき夢想することがあります。吉野さんも生まれるのがもう少し早く、人間的巡り合わせというか、歴史の歯車の嚙みあい方が少し違ったらどうなっていたであろうか、と。吉野さんは、お考えがリベラルですから政府の側にこないで（笑）、政府からけっこうにらまれる側に行った可能性があったと思うんですよ。

吉野　うん、可能性があったかもわかりませんね。

――例えば新聞記者になったりとか大学教授になったりしてたら（笑）。あるいはですよ、企画院あたりにでも入っていたら、要するに高等文官試験に合格して行政のほうで行くことになり、偶然、企画院に入って、日本の国力の算定かなんかしていて、どうもこの戦争は調子がよくないというような報告書を書いたら、反軍部とみられた危険性もあったと思うんですよね。

吉野　その可能性はありますね。つまり、私の場合も単なる運というのか、チャンスがあって外交官になったんだろうと思ってますね。

――吉野さんは基本的に運は大変いいと思うんですよ。それは、命が助かったということも含めてですね。

吉野　それは運ですよ、もちろん私の場合はみんな。

人生には運がある。しかし、実力がないと運が近づいてきたことに気づかない。従って、運をつかむことができない。沖縄密約に関する吉野のイニシャルが記された文書が出てきたとき、これは吉野個人にとっては大きな危機だった。世論の批判が外務省とともに吉野に向かう可能性も大きかった。しかし、そのとき吉野は、真実を正直に語った。沖縄返還を実現するためには、密約が必要だった。それが日本政府の方針であったし、吉野の外交官としての職業的良心にも反していなかった。ちなみに私は吉野と三年近くにわたり十数回、意見交換をしている。私はプロの情報屋だった。外務省の文化も熟知しているつもりである。私の考えでは、沖縄返還密約について、吉野が自己の職業的良心、すなわちこのような文書を作成することが日本の国益に反すると確信したならば、吉野はアメリカ局長のポストから退いていたと思う。それも路線の違いが外部に露見しないように、「健康上の理由」という形で静かに退いたであろう。

沖縄密約問題の本質は、外務官僚が職業的良心に基づいて「やむをえない」と考え、行った確信犯的行為であるというところにある。従って、密約を結んだが、「そのようなものはない」と当時国民に対して嘘をついたことについて、外務官僚に良心の呵責はないのである。

しかし、問題はその後だ。吉野は、密約を結んだということがわかる書類を公文書の形で、後世、吉野を含む外務官僚が、国民に対して嘘をついたことがわかるように残した。小賢《こざか》しい外務官僚ならば、嘘をついた痕跡を消すことができる。しかし、吉野はそれをしなかった。

二〇〇〇年に、証拠書類は、日本ではなく、アメリカの公文書館で確認された。二〇〇六年、新聞記者にイニシャルのサインがある密約文書の写しを示され、吉野はそれが自分のサインした文書であるということを認めた。しかし、吉野はそれよりも前の一九九九年に政策研究大学院大学が行った聞き取り調査「オーラル・ヒストリー」で密約を締結したことをすでに認めていたのである。密約は必要であるが、歴史的にその事実を明らかにできるようになったときには明らかにするという吉野の姿勢は、一貫している。このような、筋を通す生き方は、吉野の職業外交官としての自信と実力によって裏付けられている。

外交官というのは、理解されにくい職業だ。しかし、密約を巡る吉野の行動が、自己保身や隠蔽ではなく、外交官としての職業的良心に基づくものであったことが、有識者には理解されたと思う。外交官にとって、その行動を、社会全体ではないにせよ、有識者から理解されるというのは、とても「運がいい」のである。

もちろん、歴史に照らして、密約という選択が正しかったか否かについては種々の議論があろう。しかし、密約の存在を明らかにしても日米関係に与える実害がないにもかかわらず、二〇一〇年、民主党政権時につくられた調査委員会が認めるまで、日本政府、外務省が長らく真実を隠蔽し、「密約はなかった」と国民に嘘をついてきた状況の中で、吉野が真実を語った意味は大きい。

モスクワに向かって

話が少し横道にそれた。それでは、一九四五年五月二十日のベルリン・リヒテンベルク駅に戻ろう。荷物の積み込みは、午前五時から始まった。その前の荷物の整理や仕分けで吉野も徹夜をした。午後一時二十分の列車の発車まで、連絡や雑用に忙殺され、吉野や新関欽哉三等書記官など、大使館員は疲れ果ててしまった。ドイツに初めて足を踏み入れたとき、まさかこのような形でベルリンを離れることになろうとは、吉野は夢にも思わなかった。列車はゆっくりとホームを離れていった。

――モスクワへは、ドイツからポーランドへ抜けて行かれたのですか。

吉野　そうです。

――線路はちゃんと通っていたんですか。

吉野　戦闘で鉄道は破壊されましたが、ソ連軍があとから自分たちの補給のために、線路を補修したので、通っていました。ただ問題は橋なんですよ。モスクワまでの間にいくつか川が流れていますからね、その橋を修復するか、あるいは橋の代わりになる施設をつくった。

──浮き橋みたいなやつですか。

吉野　そう。浮き橋をつくっていったわけですね。それで一応、鉄道は通ずるようになってはいたんだけれども、しかし一応、橋のたもとへ来て汽車を停めていた。もう一回汽車がその川を渡るについては安全かどうかを調べて、安全だということになれば、そこを汽車が通過するということをやっていたんですね。それで時間を食われる。

──車両はどんな感じですか。寝台ですか、それとも普通の椅子がついた車両でしたか。

吉野　車両は、寝台車両プラス普通の座席のついた車両ですよ。私たち外交官は寝台車両でした。もっともモスクワから先のシベリア横断は、全部寝台車両でした。

吉野は、寝台車両に揺られながら、モスクワが近づくにつれ、「これからシベリアを経由して、満州国を通り抜け、そしてようやく日本に帰れるんだ」という希望に似た感情が胸に湧いてくるのを感じた。向かいには、同期の兼松武が座る。共に外務省に入省し、横浜を出航し、太平洋を横断したのは四年前のことである。

平時ならば、国際列車には食堂車がついている。ロシア人シェフの乗った食堂車はなかなかおいしい。特にピクルスとオリーブに牛肉もしくはチョウザメを入れた「サリヤンカ（塩漬け野菜入りスープ）」が絶品だ。牛肉をサワークリームで煮込んだ「ビーフストロガノフ」やウエルダンのヒレステーキもおいしい。それにスグリのジャムがついたアイスクリームが出てくる。それから、車掌に頼むと寝台列車の個室まで、いま言った食事を運んできてくれる。しかし、戦争の混乱期にそのようなぜいたくはできない。

——ポーランドを抜け、モスクワまでの食料はどうしたんですか。各人で持ち込んだんですか。

吉野　いいえ。ともかくベルリンで、ソ連軍は、我々が大使館の地下壕に備蓄していた食料を全部持っていった。そのかわりソ連側で準備した食料をわれわれに提供しました。

——どんなものでしたか。

吉野　私が覚えている限りは、シベリア横断鉄道の場合には黒パン。一食あたり、カビの生えたような黒パンの一切れしかなかったですね。もっとも、大きな塊です。汽車が半日か一日か走って駅に着き、停車時間にわれわれが地面に降りると、あちらこちらから物売りがやってきて、「あれを買え、これを買え」と差し出す。物々交換だったと思いますが、コンパートメントのみんなでネギを一本買うことにして、まな板代わりに使っていた小さな板の上で切って分けあって、塩をかけて黒パンと一緒に食べたことを覚えています。野菜がほとんど支給されませんでしたから、ないよりはましということです。

――もともと、ロシア人はあんまり野菜を食べないですからね。

吉野　野菜をあんまり食べないのですか。

――そうです。平時でも列車に持ち込むのは、黒パンと白パン、それから豚の脂身、サラミソーセージにチーズといったものですね。

吉野　それで、どうやってビタミンCとかそういうものを補給しているんですか？

――ビタミンCは、私がモスクワにいる頃は錠剤で補給していました。

吉野　やっぱりねえ。

――ひと昔前まで、ロシアって壊血病がすごく多かったんですね。ビタミンC不足で。それだからあのソ連でどんな状況になっても、ビタミン剤はいつも売っているんですよ。栄養素をぜんぶ最初から錠剤で補給するという文化は、おそらく戦前からだと思います。食料を大量に摂ってビタミンを補給するようなシステムをつくるよりは、科学的にビタミンをつくって国民に補給したほうが安いというソ連的な発想ですね。

吉野　なるほどね、そういうことか。

――食習慣の文化は恐ろしいもので、野菜が少ないことに慣れちゃうとそれで平気になるというか、あんまり野菜を食べたくなくなるんですよね。だからウオトカを飲むときの一番おいしいつまみというのは、ロシア人の考えでは脂身のハムなんですよ。肉がついてるハム（ベチナー）よりも、脂身だけのハム（サーロ）のほうが値段が高いんです。

吉野　そうか。ハハハハハ。

――日本人からすると理解できない趣味ですが、食は文化なので、ロシア人の嗜好は、日本人とだいぶ違います。ところで、吉野さん一行がモスクワで着いた駅はベラルーシ（白ロシア）駅だと思います。モスクワに、モスクワ駅はないんです。行き先に合わせて駅の名前があるんですよ。だからモスクワでレニングラード（現サンクトペテルブルク）方面に列車が出るところは、レニングラード駅なんです。ドイツから、ウクライナ方面を経由して来る列車はキエフ駅に、同じくドイツからでも、ワルシャワからブレストを経てモスクワに来るのは、ベラルーシ駅に着きます。おそらく吉野さんたちは、ベラルーシ駅からモスクワの中を移動して、セーベルヌイー（北方の意味）駅（現ヤロスラブリ駅）に行ったと思うんですね。

吉野　そうそう。そうだと記憶しています。

——ここからシベリアのヤロスラブリに行く鉄道が出ています。その先さらにシベリア横断鉄道に通じているんです。現在ヤロスラブリ駅があるところは、この駅の他にレニングラード駅と中央アジアやコーカサス方面に向かうカザン駅があります。三つの大きな駅が集まっているので、戦前からモスクワのマフィアと犯罪者の巣窟なんですよね。そういう場所を吉野さんは通られたのだと思います。

ベルリンから、ワルシャワ、モスクワを経由し、シベリア横断鉄道で満州里まで移動した人々のうち何名かが、この移動過程について記録を残しているので、日付ごとに再整理して紹介したい。ここでの出典は以下のように略す。馬瀬：馬瀬金太郎「在独邦人引揚ニ関スル件」（外務省公信）一九四五年七月二十八日。河原：河原畯一郎「在独大使館内籠城ヨリ独逸引揚迄ノ経緯」（外務省公信）一九四五年七月。新関：新関欽哉『第二次大戦下　ベルリン最後の日　ある外交官の記録』（NHKブックス、一九八八年）。四本：四本忠俊「マールスドルフ籠城記」（『明治大学教養論集　社会科学』第一八五号、一九八六年）。坂：坂尚敏「丸腰組のドイツ敗戦日誌」（『大戦中在独陸軍関係者の回想』伯林会、一九八一年)。

■五月二十日(日)

〈列車はポーランド国有鉄道のもので、従業員はみなポーランド人であった。十五輛連結のうち客車七輛と貨車一輛が日本側に提供された。もっとも軟床(二等)は二室だけなので、一室を河原参事官、湯本財務官、馬瀬総領事および今井領事にあてがい、他の一室は病人のために用いることとした。ほかはすべて木製腰掛の三等車であった。

輸送指揮官はユダヤ人のソ連軍中佐で、横柄な態度の不愉快な男であったが、一行はいよいよ故国に帰ることができるというので、幾分はしゃいだ気分になった。酒瓶を取りだして祝盃をあげる者あり、麻雀に興じる者ありで、賑やかな談笑のうちに汽車はポーランドの緑野を走りぬけていった。〉(新関:一七七~一七八頁)

もっとも、吉野には、車中で浪花節を聴いたり、麻雀をしたりした記憶がない。恐らく、新関が各コンパートメントを愛想良く回っていたのに対して、吉野はベッドでうずくまっていたのであろう。この頃、吉野は肝臓を病んでいたのであるが、吉野自身はそのことに気づいていなかったのである。新関には、〈長途の旅の疲れから黄疸気味になった仲間をこれこそ本当のシベリア横断などと言ってからかう〉（新関：一八三頁）という記述があるが、これは吉野を指すのであろう。

〈列車は午後1時モスコーに向け出発。Strausberg を通過、両側は一面激戦の跡、弾痕、林の中には撃破された戦車、畑に横たわる馬の屍体、腐爛して青黒く水脹れしたドイツ兵の死屍。Oder 河の仮橋を渡るとKüstrin、廃墟の街に2、3人の人影を見る。夕刻 Landsberg 通過。〉（坂：二三〇頁）

■五月二十一日（月）

〈鉄道の修理が遅れているため列車は大分北に迂回しているらしい。夕刻8時 Lodz 着、温い食事の配給をうける。列車に同行吾々の世話係のユダヤ人コンミッサール（政治将校）がプラットホームをあちこち散歩する猫背の姿が妙に印象に残る。途中 Posen 駅で物売りに手元に残っていた6年前の Zloty 札を出したら、既に別の紙幣に変っており単位も桁違いになっていた。〉（坂：二三〇頁）

ポーランドではズロティ札も切り替えられ、戦後の深刻なインフレが始まっていたのである。

〈五月二十一日は、カトリックの祭日にあたるので、いたるところで行列や集会がみうけられた。開戦以来六年間にわたり戦乱に明け暮れたポーランドの人たちは、はじめて味わう平和な気分を満喫しているようであった。

途中で、ソ連領となったポーランドの東部地方から強制的に退去させられた農民をぎゅうづめにした貨車とすれちがった。彼らの語るところによると、二週間ばかり前に突然引き揚げ命令があり、二十四時間以内に出発したが、小量の食料品を携行しただけで、ずっと貨車のなかで生活してきたのだそうで、まだ行先もわからないと言っていた。〉（新関：一七八〜一七九頁）

ここで強制的に退去させられたのは、東プロイセンに数世紀間、暮らしていたドイツ人だ。これらの人々がナチス運動に積極的に関与していたわけではない。ドイツ人の存在が今後、紛争を発生させる恐れがあるということで、スターリンが強制追放という形で、民族浄化を実現したのである。

■五月二十二日（火）

〈ベルリン、モスクワ間にある最大の都市といわれたワルソーに着いたのは二十二日午前五時ごろであったが、汽車が入ったのは貨物駅で、終日なすこともなく待機させられた。そのとき聞いたポーランド人の貨物係の話によれば、物価騰貴が甚だしく、月給ではとてもやっていけないとこぼしていた（四〇〇ないし五〇〇ズロチの月給に対しパン一キロ一〇〇ズロチ、ビール一本二五ズロチ、煙草一本が二・五ズロチ）。

午後六時ごろになって、やっとトラックでプラーガ駅（註＊プラハ駅）まで移動することとなった。トラックの上から眺めたワルソー市の荒廃ぶりは言語に絶するほどで、ベルリン市東部の惨状にもひけをとらないものであった。一面の瓦礫のなかに崩れ残った建物の外壁がところどころに立っているだけで、市街の九〇パーセント以上が完全に破壊されており、かつて見たポンペイの廃墟を想い起こしたぐらいであった。〉（新関：一七九頁）

〈三日間ノ東向ノ後漸ク「ワルソー」ニ到着セルカ途中戦争ニ依ル損害甚シク田畑等モ殆ド耕作セラレ居ラサル状況ナリ。「ワルソー」ニテ一同下車シ貨物自動車ニテ「プラーガ」ニ向ヒ同処ヨリ蘇聯（註＊ソ連）ノ車輌ニテ莫斯科（註＊モスクワ）ニ向ヘルカ「ワルソー」市ノ戦争ニヨル損害甚シク居住シ得ル家屋殆ド見当ラズ人通リ極メテ稀ニシテ其荒廃程度伯林以上ト認メラレタリ。「ワルソー」駅ニテ波蘭（註＊ポーランド）将校、駅員、乗客等ト談ル機会アリタルカ何レモ蘇軍ノ行政ニ不満ヲ表示シ独軍ノ占領当時ノ方、遥ニ事態良好ナルト説明シ居ル状態ニテ波蘭ハ独立ヲ喪失シ蘇聯邦ノ一トナリタルノ感ヲ深クセリ。〉（河原）

短時間のワルシャワ滞在であるが、河原はポーランド人から精力的に情報を収集し、情勢を分析している。

特に、ナチス・ドイツの占領と比較して、ソ連のほうがひどく、ポーランドが独立を喪失して、ソ連の一部となるという分析が興味深い。その後、東欧が人民民主主義国という形態でソ連の衛星国とされる危険性を見抜いている。

〈いよいよショパンの国（ポーランド）の首都ワルソウである。鉄道のゲージが異なるため、他の路線に乗りかえ、モスコウに向う。

ドイツ軍がポーランドに侵入した当時、スイスにいた大ピアニスト老パデレゥスキーは、祖国の急を知って、開戦の直前（一九三九年八月二十六日）ラジオを通じてポーランド国民に呼びかけようとしたが、これはスイス政府の許可するところとならなかった。ポーランド国家誕生の初代大統領でもあった彼は、祖国の運命を憂える念にたえなかったのであろう。「自由の太陽が再びわが祖国の上に輝くまではピアノ演奏会は行なわない」といって二度とステージに現われなかった彼は、異国の土（アメリカ）に客死した。〉（四本：八二頁）

四本は、大国に翻弄されるポーランド人の祖国愛に深い共感を寄せている。

ワルシャワから乗り換えたのは、立派な急行列車であったが、日本人用の車両が七両から三両に減らされたので、窮屈になった。

〈プラーガ駅から乗りこんだモスクワ行きの急行列車はなかなか立派なものであったが、日本人一行は三台の車輛に押しこまれ、相当窮屈な思いをせざるをえなかった。ロシア人の女車掌の話では、二十六日からベルリン、モスクワ間の直通列車が動きだすとのことである。

なお、車内備付の物品に対し一つ一つ損害賠償の規定があるのは、ソ連独特の制度である（例えば灰皿一ケ五〇ルーブル）。〉（新関：一八〇〜一八一頁）

■五月二十三日（水）

〈二十三日午前十時、ブレストリトフスク（旧ポーランド領）に到着した。ここは独ソ戦争の始めに激しい要塞攻防戦が行なわれたところである。すでにロシア領に編入されていて、駅名その他はロシア語となっている。駅前広場には、ドイツから本国に帰国するロシア人の女子労働者の群れが屯《たむろ》していたが、もう三日三晩ここで汽車の便を待っているとのことであった。

ソ連では物々交換が盛んに行なわれており、汽車が駅に着く毎に集まってくる附近の農民と品物を取り引きした。卵一個は三・五ないし五ルーブルであるが、煙草十本で卵五個、オーデコロン小瓶（これは化粧用ではなく、酒の代りに飲むらしい）で十個という工合、そのほかロシア人がほしがるのは時計、靴下、ハンカチ、石鹼などである。

沿線の風景は広漠たる平原で、ところどころに森林がある。牛馬が放牧されているのはみかけたが、耕作されている土地は比較的少ない。農家もだんだんロシア風の「イズバ」が多くなってきた。

バラノウィチ附近は激戦の名残をとどめていて、完全に破壊された駅はまだ修復中であった。

午後三時ミンスクを通過する。ここからオルシャ、スモレンスクにかけては独ソ戦争の初期に激しい戦闘が行なわれたところである。スモレンスクはドネプル河の上流に臨むロシアで最も古い町の一つであり、市街は小高い丘のうえにあるが、遠くから見ても破壊のあとが著しい。〉(新関：一八一頁)

イズバーとは、丸太をむき出しにして造ったコッテージ・ハウスで、屋内にペチカがある。イズバーが目立つようになるとロシアの文化圏だ。駅での物々交換の風景から、ソ連ルーブルがほとんど貨幣価値を失っていることがうかがわれる。

■五月二十五日（金）

〈二十五日朝九時莫斯科ニ到着セリ。本官等十数名ハ打合ハセノ為大使館ニ赴クヲ得タルモ其他ノ者ハ停車場ヨリノ外出ヲ許サレズ。列車ハ其ノ後直チニ「セーヴェルヌイ」駅ニ廻サレ右駅ニテ列車ヲ乗換ヘ本官等モ乗車。午后四時「セーヴェルヌイ」駅ヨリ莫斯科ヲ出発。（莫斯科迄ノ間ニ二名途中駅下車中列車ニ乗遅レ又莫斯科ニテハ病気、旅券ノ不備等ノ為九名出発スルヲ得ズ）。〉（馬瀬）

〈午前九時、モスコウ着。われわれの去就は容易に定まらず、車中よりホームに降りる以外は一歩も外に出ることを許されなかった。窓外には霙《みぞれ》が降りしきっていた。大使館の法眼晋作氏の姿がホームに見える。

午後になって本日全員シベリヤ経由満州へ送還されることに決定。一名千ルーブルづつ大使館より手渡される（借金である）。午後四時、全員四等車でシベリヤ行き列車に乗り換えて故国日本に向った（宮崎直一氏夫人は妊婦だったため、ソ連のはからいでモスコウで下車、しばらく滞在された）。〉（四本：八一頁）

〈午前9時霙のモスコー着。こゝからの行先不明のため何処かへ連れて行かれ、軟禁されるのではないかと一同不安のうちに時をすごす。同じ列車で来たスウェーデン人などスカンジナヴィアの一団はこゝで別れる。プラットホームには衛兵がたち、車中から一歩も出るを許されぬ。ただ数人の代表が事情を聞きに大使館へ。午後代表帰る。日ソ関係が緊迫しているので即刻当地を立去り、シベリア経由満州へ出発してくれとのこと。大使館から1名1、000ルーブル（借金）と白パンの差し入れ。久しく見なかった白パンの白さに皆目を輝かす。一同シベリア行の4等車に乗換え、3時頃一路シベリアに向けて発車。〉（坂：二三〇頁）

もっともホームより外へ出ることができなかった一般の日本人と異なり、吉野たち外交官はモスクワの日本大使館を訪れている。五月末にモスクワで霙が降ることは、かなり珍しい。異常気象だったのだと思う。坂は、〈日ソ関係が緊迫しているので即刻当地を立去り〉と記しているが、吉野は、「当時、モスクワの日本大使館に、ソ連が近未来に日本に攻撃を仕掛けてくると考えていた者はいなかった」と回想する。当時、東京で東郷茂徳外相が、ソ連を通じた和平工作に精力的に取り組んでいたことからも、日ソ戦争が近いと考える外交官は、ほとんどいなかったと考えて間違いない。「一人もいなかった」とせず、「ほとんどいなかった」と記すのは、わけがあってのことだが、その説明はもう少し後で行いたい。

その後の大島大使

その頃、バート・ガシュタインの大島大使一行は、米軍の捕虜となり、アストリアホテルに集結していた。大島と行動を共にしていた武官、小松光彦の回想を見てみたい。

〈5月7日独軍の無条件降伏が発表されるや、静かな温泉場も何となく物情騒然たるものがあり、オーストリア人の独行政機関への反抗、共産主義者の策動、独人の悲嘆など目に余るものがあった。私共も機秘密にわたる公私の書類は全部焼却し、独機関との決別を了し、印度志士の逃亡を援助し、翌8日英米将校が来着したことを聞いて、いよいよ観念の臍をきめたのである。9日私共日本人外交官は（戦争継続中のものは日本ばかりであったから）命令により外交団の宿舎を引き離され、アストリアホテルに集結することになり、12日よりはホテルの周囲に米歩哨が立ち、外出を禁止された。この間大島大使は独逸大臣と共に米軍司令部に引致されるの事件があったが、3日後無事釈放されて安堵の胸をなでたこともあった。また米国将兵による各部屋の秘密捜索、これに付随して貴重品の略奪、所持品の検査、食糧・煙草の配給の減少、ホテルの再転宿などの事件もあったが、一般に取扱いは冷酷でなかったことは幸であり、又無為に過すよりもと英語、露語の講習や、集団体操をして健康保持に努めたことも良い思いつきであった。

6月下旬に至り私共が米国に抑留されるやの噂を聞いていたが、6月29日夕刻正式に出発の命令を受けたのであった。

7月1日朝大島大使、内田・小野両書記官、山中官補、陸軍側私外27名、海軍側小島武官・豊田大佐、総計33名はダグラス機によりザルツブルグ飛行場を発し、ランスを経て午後2時半ルアーブルに到着、同地の俘虜収容所に独兵と共に収容されたが、強硬なる抗議の後―小ホテルに宿泊することとなり、はじめて米軍の給与を受け、真白きパンに目を見張り、肉の味に舌鼓をうち、コーヒーの香りに久し振り満足したのであった。〉（小松光彦「滞欧回想」『大戦中在独陸軍関係者の回想』伯林会、一九八一年、一七一〜一七二頁）

大島大使一行はその後、七月四日夕に米軍用船ウエストポイント号に乗船、七月十一日午後ニューヨーク港で下船。同日夜、ニューヨークの飛行場を飛び立ち、ワシントン着。ポトマック河畔のホテルに収容される。

バート・ガシュタインの避難組で、大島一行から一ヵ月遅れで、ほかの在欧邦人約百二十名とともに、アメリカに移送された同盟通信社記者の江尻進はこう回想する。

〈日本の敗戦後、われわれ一行は、米国のペンシルベニア州のベッドフォードのホテルに抑留されることになる。ところが、これに先立ち外交官や武官、技術将校の一部は、ワシントン郊外のポトマック河畔の、特別抑留所に送られ、一、二週にわたり聴き取りが行われた。その主な題目は二つあった。第一はまだ日本占領の前だったので、「天皇制をどうすべきか」について、日本の有識者の見解を聞き、対日政策決定の参考にしようとするものだった。第二はドイツのどこの工場に、どんな特殊な技術が存在していたか、また特殊な技術を開発したどんな技術者が、どこにいたか、についてである。これはドイツの高級な技術や技術者が、ソ連に流出する前に、米国に取り込むための調査である。

当時日本は日独同盟関係を利用して、ドイツの高級技術の導入に懸命になっていたので、在独中の日本の技術関係者が、ドイツの秘密技術や技術者の所在に一番よく通じていた。こうした関係を熟知しての聴き取りである。

もう一つ顕著な出来事がある。われわれの一行に、元モスクワの駐在武官をやったソ連通として聞こえた甲谷悦雄陸軍大佐がいた。まだ日本と戦争続行中に、米軍当局は、この大佐に熱心に働きかけて、このまま米国に残留し、米軍当局に協力してくれないかと懇請した。その言い分はこうである。「これまでソ連は米国より遠く離れた国なので、関心の薄いところだった。従って、十分な調査研究が行われていない。これに反し日本は、ソ連を最も近い仮想敵国として、多年にわたり行き届いた調査、研究を行ってきている。その経験を借りて、米国の対ソ専門家の養成の指導を願いたいので、このまま米国に残留してもらえないか」

米ソが連合国として、対日戦を展開している最中に、早くも冷戦の準備が始まっていたわけである。真の国際関係は、表面現象だけでは、簡単に判断できないことを教えられた。〉（江尻進『ベルリン特電』共同通信社、一九九五年、二七八～二八〇頁）

ベッドフォードのスプリングホテルで終戦を迎えた大島大使らは、十一月十六日、西海岸のシアトルへ移送され、別の収容所で抑留されていた在米邦人らも合わせて、軍用輸送船ジェネラル・ランダール号に乗船。二十五日、日本に向かって出帆する。ジェネラル・ランダール号での大島大使の様子を、バート・ガシュタイン組の外交官だった、藤山楢一《ならいち》（元駐英大使）は次のように記す。

〈航海中、船中には大きな事件は殆どなかったが、たまたまある日、いささか気分がよくなって船のサロンで大島大使と雑談した時のことは忘れられない。

大使は、ポツリと独り言のようにつぶやいた。「戦争に敗れ、軍も無くなった。日本へ帰ってからは政治家になるしかないかな」

あの元気いっぱいだった大島大使の淋しそうな表情に、私もついホロリとした。

その時すでに私は、同行していたアメリカの輸送指揮官ラスコー大尉から、「大島大使は戦争犯罪人に指名されている」と聞かされていた。多分日本へ上陸後はすぐに巣鴨プリズンへ収容されることになるのだろう。しかし私にはそれを口にする勇気はなかった。〉（藤山楢一『一青年外交官の太平洋戦争』新潮社、一九八九年、二〇六頁）

十二月六日、一行は東京湾に到着した。このときの大島大使の様子について、江尻進はこう述べている。

〈この時に思い出されるのは、降船の際の大島大使の言動である。われわれの降船許しの出る前に、米軍のMPが、タラップの下にジープを停め、待機しているのが見えた。そこで早々と甲板で待機していた大島大使に「ジープのお迎えが来ていますよ」と、半分冗談気味に声をかけてみた。その時の大島大使の反応はこうである。「迎えは僕ではないよ。大使は本省の訓令に従って動いているだけである。従って政策の遂行に対しては責任はない」。ヒットラーやリッベントロップを相手にして、白鳥敏夫駐伊大使などとともに枢軸派といわれる派閥の中核になって、日本外交の方向づけに活発な活動を見せていた大島大使である。大使には「政策の遂行に関係はない」といった弁解ではなく、せめて「枢軸提携外交が日本のためと信じ推進してきた

が、ドイツの敗戦で失敗に帰したのは残念だった」とぐらいは言い残してもらいたかった。〉（前掲書、二九六～二九七頁）

この〈大使は本省の訓令に従って動いているだけである。従って政策の遂行に対しては責任はない〉と大島大使が語ったというエピソードに対して、吉野の見解をたずねた。

吉野　戦争裁判にかかるか、かからないかというような話とは別として、大島大使が新聞記者の江尻さんに最後になってそんなことを言ったことは、本当に彼の品格を下げてしまったと思いますね。つまり、彼の心の中に恐れがあって……戦犯になることを恐れて、こういう言葉を残してしまったならば。また実際の戦争裁判ではそういう形で彼は逃れたんでしょうけれどね。

しかし、彼が実質的に外務省の政策を、三国同盟とか防共協定とか、そういう形でどんどんと持ってったということの責任はやはり重いですね。それに、もちろん外務省の一部の外交官が一緒にのったという責任は重いと思いますよ。もちろん、大島大使があういう働きをしなくても、日本はドイツと一緒になって戦ったかもしれないけれども。ベルリンの大使館では、大島大使が電報を通じて、あるいは外交官を通じて、日本政府の政策を動かそうとしていたのは事実ですから。

だから、大島大使の「責任はない」という言葉を聞いて、江尻さんもびっくりしたんでしょうね。江尻さんだって、記者としては、べつに戦争反対の立場ではなかった。もう一人の朝日の守山さんもそう。ドイツが勝っている間はみんな、ドイツはすごいとか、強いとか、素晴らしいとかいう記事を書いていたわけです。そうであったとしても、日本が敗北したときに、大島大使の、私に罪はないよ、政府の言うなりにやっていたんだという発言は、ちょっとおかしいと感じたでしょう。自分が政府を動かしていたんだから。これは確かにおかしいですよ。

——大島大使の言動を知っているわけですからね。

吉野　大使は重要な国内の政策をつくるためにいろいろ進言する務めですから、大使としていつも自分の信念を本国に伝えるということ自体は、私は決して悪いことではないと思うんですよ。しかし、それが結果的に間違っていた場合は、その間違いを自分で認めなかったら、では、どうしておまえは大使になって、いろいろ進言電報を書いたのかということになりますよね。自分は政府の命令に従って行動したというけれど、それは嘘ですよ。大島大使は認めるべきでした。「私は三国同盟の指導者で政府を動かした。しかしそれは間違っていた。戦争になってドイツは最後に敗れ、結果として政府を混乱に陥れた。その意味で、私は間違っていた」と認めるべきでした。誤りを認めることができなかったら、大使の品格はなくなってしまうと思いますよ。

――進言自体が悪いのではなく、誤りを認めないことのほうが悪いんですね。

吉野　大島大使の進言に動かされた政府がもっと悪かったんですがね。最終的には政府が決断するわけですから。だとしても、自分は政府の言いなりだったというのはおかしいです。

――藤山楢一さんの本の中にも、日本に向かう船上で「戦争に敗れ、軍も無くなった。日本へ帰ってからは政治家になるしかないかな」と大島大使が呟いたというエピソードが残っていました。

吉野　そうですか、彼は……。それはとてもダメですよ。そういう意味で政治家になろうというのは。

――だから、大島大使は、船を降りるまではまだ夢を見ていたのかもしれませんね。

吉野　そうですね。夢を見ていたかもしれません。そして、戦争裁判が始まるというのがわかった途端に現実に戻ったのかもしれない。ジープを見てびっくりしたというのは、当時の大島大使の認識はそのくらい甘かったのでしょうか。

大島浩は、極東国際軍事裁判においてA級戦犯として、一九四八年十一月十二日に終身刑の判決を言い渡され、七年後の一九五五年、減刑のうえ釈放された。

第八章　帰朝

ソ連に連れ去られた宮川船夫ハルビン総領事

佐藤尚武

マリクソ連大使

広田弘毅

山田乙三

ベルリンから帰国する吉野文六たち在留邦人一行が、モスクワのベラルーシ（白ロシア）駅に到着したのは、一九四五（昭和二十）年五月二十五日午前九時であった。一行は列車を乗り換え、同日午後四時にはヤロスラブリ駅から満州里に向けて出発した。

――モスクワで日本大使館に立ち寄られましたか。

吉野　そうです。当時は、佐藤尚武大使でした。それから、法眼晋作さん（後の外務事務次官）もいました。

――法眼さんは、書記官で、メトロポールホテルに住んでいたようです。クレムリンのすぐ横のホテルです。

吉野　その法眼さんがわれわれの世話をしてくれました。

――まだ日ソ開戦の前ですよね。

吉野　もちろん前です。二ヵ月以上ありました。

――モスクワの日本大使館員は、近くソ連との戦争に突入すると予測していましたか。

吉野　それはなかったと思う。当時、モスクワの日本大使館に、ソ連が近未来に日本に攻撃を仕掛けてくると考えていた人はいなかったと思います。もっとも、大使館員とゆっくり話をする余裕はありませんでした。モスクワには朝着いて、夕方出たと記憶しています。二百人以上の邦人がいるわけですから、この人たちの世話までもモスクワ大使館にかけるわけにいかないので、モスクワには泊まりませんでした。汽車に乗ってしまえば、あとはソ連の鉄道当局の世話になればよいだけですからね。

——当時のモスクワの大使館は、大使公邸がモスクワのクレムリンから五分くらいのところにある。本当に御殿みたいな、お城みたいな造りなんですよ。モロトフという帝政ロシア時代の大財閥の屋敷を接収したんですね。もう一つそれとは別に、ゲルツェン通りに大きな大使館事務棟がありました。ところが戦後、国交回復をしても、大使公邸も大使館事務棟も返してくれないんですよ。それで大きな大使公邸は、「民族友好会館」という団体の本部にして、ソ連の対外文化工作の拠点にしました。元大使館事務棟のほうはナイジェリア大使館になっています。そして日本大使館は、元大使公邸の裏手の横丁みたいなところにある十九世紀の砂糖商人の愛人の家を大使公邸にして（笑）。その横にくっついている使用人の小屋があるんですね。それが大使館事務棟で、そこで私は勤務しました（大使館事務棟は二〇〇七年に移転）。つまり敗戦国へのいやがらせなんですよ。

吉野　そうでしょうね。

――ロシア人は、そういうことをする連中なんでね。

対独戦争は終結したが、まだ戦争の混乱は続いていた。現在は、シベリア大陸横断鉄道は、軟席（戦前、戦中の二等車、戦後の一等車に相当）ならば二人部屋で、室内に小さな洗面台がついているので実に快適だ。硬席（戦前、戦中の三等車、戦後の二等車に相当）でも、二段ベッドが二つ並んだ四人部屋で、ゆっくり休むことができる。しかし、吉野たちは、四人部屋に九人という過剰収容でシベリアを横断した。

――シベリア鉄道は、途中、乗り換えなしですか。

吉野　乗り換えなしです。

――新京（現長春）までですか、それともソ連領オトポールとの国境駅満州里で乗り換えですか。

吉野　満州里で満鉄（南満州鉄道）に乗り換えました。

――シベリア横断のとき、列車の中はどうでした？　途中から臭くなってきませんでした?

吉野　臭さなんかはわからなかったですけれど。

――日本人だけの車両だったんですね。

吉野　ええ、日本人だけでしたね。

――ロシア人と一緒の車両ですと、大体三日目ぐらいに列車内に独特の臭いがするようになります。日本人と食べるものが違うせいだと思うのですが、列車の中でパワーを出すために、ロシア人はニンニクの酢漬けと生のネギを食べるんですよ。ニンニクよりも、ロシアの青ネギはすごい臭いがします。それと黒パンと豚の脂身と白チーズを山ほどで、一日五〇〇〇キロカロリーぐらいずつ食べて、紅茶を二十杯ぐらい飲みます。男連中は、それに加えて豚の脂身をつまみにウオトカを飲み始めるんですよ。そうすると、三日目ぐらいから異様な臭いがしてくる。

吉野　ハハハ。なるほど。それはそうでしょうねぇ。そういうことはなかったです。もっとも、部屋の中の空気はあんまりよくなかったはずなんですけれどね。列車には、衛生害虫もいたらしい。もっともそれは、ソ連当局が日本人に対し、特に粗雑な扱いをしたということではない。当時のソ連が、戦争で貧窮していたので、その状態がシベリア鉄道にも反映していたのである。四本忠俊の記録によると以下の通りだ。

■五月二十五日（金）

〈（中略）持参した食料もほとんど残り少なくなったが残りを全員に分配した。

黒パン一本づつをもらったが、シベリヤ通過一週間は空腹に苦しみ、南京虫に悩まされた。四等車の三段ベットでお互いに毎晩順序正しく上、中、下段と交代した。列車が駅に着くたびにソ連人が（多くは小供）が群がって来て、鳥肉、卵、パンなどをもって来て、烟草《たばこ》や靴下などとの交換を求めた。戦争のためかみんなボロをまとい、ほとんど素足であった。帝政時代は滅びても依然として農奴は存在するという声もあった。〉

■六月三日（日）

〈モスコウを発って十日、午前十一時、オットポールの駅につく。

「行こか戻ろかオーロラの下を

ロシヤは北国、果て知らず

西は夕焼け東は夜明け」

松井須磨子の唄で有名なカチューシャの歌（註＊「さすらいの唄」の誤記）にある東

と西に太陽を見るシベリヤの旅も終りを告げる。
午後三時、満州里行き列車に乗換える。ソ満国境の標式を越える時、みんなの目には涙が浮かんでいた。満州里に着いた時、同地婦人会その他の出迎えを受け、歓迎の宴を設けてもらい、ライスカレーのご馳走になって久しぶりに空腹を満たした。〉

六月三日、ベルリンからの帰国組一行が満州里で、カレーを食べている頃、箱根強羅ホテルでは、広田弘毅元首相が疎開中のマリク駐日ソ連大使を訪問していた。日本は、ソ連の仲介による米英との和平実現という最後の賭けに出ていた。

ナチス・ドイツが崩壊する一ヵ月前の一九四五年四月五日、小磯國昭内閣は総辞職し、七日、鈴木貫太郎海軍大将が総理に就任した。そして、東郷茂徳が外務大臣に就任した。東郷外相は、戦争のこれ以上の継続は困難と考え、和平を探求した。具体的には、ソ連に米英への和平を仲介させることを考えた。東郷外相の発案は、最高戦争指導会議の承認を得て、実行に移されることになる。そこで、駐ソ大使の経験がある広田弘毅が、偶然を装って、マリク駐日大使を訪れ、交渉の発端とするという工作が始められた。

六月三、四日、広田は箱根強羅ホテルのマリク大使を訪問し、ソ連との関係を抜本的に改善したいと水を向けたが、マリクは、「具体的提案がないならば、本国に取り次ぐことはできない」と答えた。そこで、同月二十四日、二十九日に、広田はマリクを再び訪問した。

特に二十九日の会談では、日本側は、満州国の中立化（戦争終結後の日本の撤兵）、漁業利権の放棄に関する提案を文書で取り次ぐように要請した。マリクは、日本側提案をモスクワに取り次ぐことは約束したが、その後、広田との面会に応じなくなった。

日本はその後、天皇陛下の特使として近衛文麿元総理の訪ソを打診するが、ソ連は明確な返答をしなかった。

モロトフ・ソ連外相は、八月八日午後五時に佐藤尚武駐ソ大使と会見すると答えてきた。それは、近衛特使受け入れに関する返答ではなく、一九四五年八月九日午前零時（日本時間午前六時）を期して、ソ連が日本と戦争関係に入るという宣戦布告であった。こうして、ソ連は、当時有効であった日ソ中立条約を侵犯して、対日宣戦布告を行ったのである。

〈なお、モロトフとの最後の会見の際、佐藤大使が、ソ連政府の通告を本国政府に伝達しなければならないが、ソ連政府は電報の送達を認めるかと尋ねたのに対し、モロトフは「平文でも暗号でも電報の発送を認める。宣戦布告はマリク大使からも日本政府に伝達させる」と言明した。日本大使館では直ちにロシア語の宣戦布告文を翻訳し、政府に電報したが、この電報は結局日本に届かなかった。また、マリクが東郷外相に宣戦布告文を手交したのは九日午前十一時十五分のことであり、ソ満国境でソ連軍が攻撃を開始してから五時間以上経ったときであった。その意味において、ソ連の対日戦争は、日本側からみれば一種の奇襲攻撃であったと言わざるをえない。〉（新関回想録、一九四頁）

ここで新関はマリク大使が東郷外相に宣戦布告文を手交したのが一九四五年八月九日の午前十一時十五分と書いているが、実際は翌十日の午前十一時十分だった。この経緯を考えれば、ソ連は、公的な宣戦布告を行う二十九時間前に、日本を闇討ちしたのである。

一九四五年六月三日、広田がマリクを訪れ、ソ連を仲介者とする対米英和平工作に着手した時点で、スターリン・ソ連首相は対日参戦の肚を決めていた。そして、参戦の意思は、ルーズベルト・アメリカ大統領、チャーチル・イギリス首相にも伝えられたのである。東郷の外交戦略は、初めから間違えていたのである。実現しない目標について、取り引きしてはいけない相手と交渉をしてしまったのだ。和平交渉をソ連に仲介したことによって、ソ連は、日本にはもはや戦争を継続する能力がなくなり、徹底抗戦しうるという意思も日本政府指導部に稀薄になりつつあると判断したのであろう。

東郷に好意的な論者は、この対ソ交渉が、陸軍を和平に傾けさせるための、国内向け工作であったとの見方を示す。東郷茂徳の伝記を書いた萩原延壽はこう記す。

〈ソ連に和平の仲介を依頼するという東郷の構想は、基本的には国内対策、つまり、これによって軍部の強硬派を押さえこみ、これを終戦の方向に誘導する方策であったと思うが、そこに一脈、駐ソ大使時代の記憶、とくに離任にあたってモロトフからうけた賛辞の記憶が流れていなかったかどうか――これが終戦時の東郷の対ソ政策に関する筆者の感慨である。〉(萩原延壽「東郷茂徳　伝記と解説」『外相東郷茂徳』東郷茂徳記念会編、原書房、一九八五年、二九六頁)

確かに、軍部、特に陸軍強硬派の押さえ込みという要素は東郷の中にあったと思う。しかし、ソ連を通じた仲介が全く実現しないと東郷が腹の中で思っていたならば、天皇の関与を求める近衛特使の派遣は考えなかったはずだ。また、一九四五年七月二十六日にポツダム宣言が発表された後に、佐藤大使がソ連側に近衛特使の受け入れに関する回答を督促している。これは、当時の日本外務省が、ソ連を通じた仲介について、「万が一」の可能性を見ていたと解するのが自然だと思う。

この点に関し、東郷の様子を内側から見ていた、一人娘いせの証言が重要だ。いせの次男である東郷和彦（元駐オランダ大使、元京都産業大学教授）はこう記す。

〈「こんちくしょうだったよ」――。

外務省でロシアとかかわることになってすぐのことだったかと思うが、母、いせに、私の祖父、東郷茂徳にとって、また終戦の頃の日本人にとって、ソ連という国はどんなものだったかについて尋ねたことがあった。その時、母は語気を荒げてそう答えた。〉（東郷和彦『北方領土交渉秘録　失われた五度の機会』新潮社、二〇〇七年、七七頁）

東郷いせは、茂徳とドイツ人の妻エディの間に生まれた一人娘だ。両親について赴任先の欧米各国を回っていたために、日本での正規の教育はほとんど受けたことはなく、英語とドイツ語は、現地人並みに操ったが、日本語に関しては、「母国語」のレベルに達しなかったと東郷和彦は言う。男たちに囲まれた中で日本語を覚えたため、ときどき「こんちくしょう」というような男言葉が飛び出すのである。

〈開戦から終戦まで、母は、私邸にあってその多くの時間を祖父茂徳とともに過ごした。当時の日本の指導者が、命をかけて終戦を実現しようとしていたのをその横で感じていただけに、ソ連の背信行為に母は、おもわず「こんちくしょう」と述べたのだと思う。それは、遺著『時代の一面』の中に、「『ソ』聯の態度は後日歴史の批判を受くべきものだ」とその無念さを述べた茂徳の心情でもあったに違いない。〉（前掲書、八〇頁）

東郷茂徳は、真剣にソ連の仲介により、和平を追求していたと見るのが、素直な解釈と思う。

吉野の記憶では、外務省関係者のほとんどが、ソ連が中立条約を侵犯して対日戦争に踏み込む可能性があるとは考えていなかった。

――米英がソ連に対して、対日参戦の働きかけをしていることの気配は、当然、日本の外交官もその時点で気づいていましたよね。

吉野　それはみんな気づいているはずなんですがね。ポツダム宣言（七月二十六日）の前にも、テヘランやヤルタで、英米ソの首脳が会談していたことは向こうも宣伝していたので、そこから推察できます。だから、いずれ、ソ連は日本と戦うことになるだろうということはわかってはいたんでしょう。しかし、まだ時間はあると思っていた。それだから、その機会の窓が開いている間に、日本側は一生懸命、今度はソ連を通じて和平交渉をしていたんですからね。日本側は希望的にはソ連はまだ一年ぐらい待ってくれるだろうと思っていたんでしょう。

——日ソ中立条約をソ連が遵守すると信頼していた。

吉野　日ソ中立条約の期限が切れる一九四六年四月までの一年間は、余裕があると考えていたのでしょう。それからもう一つは、ソ連が日本の和平仲介要求に対して「そんなことは話にならんよ」という明確な形で拒絶しなかったわけです。それで、日本をともかく安心させて、もう少し時間を稼ぎたいと思っていた。「よしよし、受けるかどうかは知らんけれども英米側に話すよ」という含みをもたせた。そのため日本はソ連の意図を読み違えた。それを受けた佐藤大使は、もう少し待ってやってくれというような電報を外務大臣に打っていたわけです。それで東京の連中は、ソ連が仲介してくれるかなと思ってしまった。

また、一方で米国も、日本に原子爆弾の実験をしようと考えていたわけですから、今、日本がすぐ降参して、「まいった」と言われたらこれはちょっと困ると。ポツダム宣言から、もう一週間ぐらい延ばして、ともかく原子爆弾を広島と長崎へ落として、その結果を見てから、日本との終戦について考えたいと、こういう非人道的な決定をしているわけですからね。だから、日本が全面降伏する前に、ソ連もアメリカも少し時間を稼ぎたかった。いずれにせよ、冷静に考えれば、ポツダム宣言というのは、日本に全面降伏をさせるということをソ連と英米が宣言したものです。その宣言の最中に日本が一生懸命に和平を望んでいると言って、ソ連に頼っていた。日本はいい面の皮です。

吉野たち一行、すなわちベルリンに残留した日本人をシベリア鉄道経由で帰国させる便宜を図ったのも、ソ連が、近未来に対日戦争に踏み込むことはないという印象を日本政府にもたせるという工作目的があったと私は考える。

一九四五年六月「議会秘密会ニ於ケル大臣説明資料」（政務局「外史」『大東亜戦争関係一件　戦争終結に関する日蘇交渉』）のなかの在独邦人の状況に関する以下の記述から判断するとソ連側の工作は成功したと評価していいと思う。

〈同日「ソ」間ノ日常ノ外交接衝ニ於ケル「ソ」側態度ハ最近ニ於テモ別段変ツタコトナク我出先キニ×テモ佐藤大使ハ常時「ソ」政府首脳部ト腹蔵ナキ談合ヲ為シ得ル地位ニ在リ、「ソ」聯外務×官憲ノ態度モ戦局ヲ傘ニ着テ我方ニ対シ強×的ニ出ツルカ如キコトナク最近ニ於テハ在独邦人多数ノ迅速ナル「ソ」聯経由帰国ニ際シ好意的

取計ヲ為シツツアル状況テアリマス。〉（×は判読不明箇所、以下同）

見えていた男

吉野は、日本外務省関係者でたった一人だけ、近くソ連が中立条約を侵犯し、対日戦争に踏み込むと断言した外交官がいたことを覚えている。それは、宮川船夫《ふなお》ハルビン総領事だ。吉野は、新京に行く途中、ハルビンで、宮川から食事に招待された。松花江沿いの総領事公邸でのやりとりと記憶している。

吉野　その席で、宮川さんは「近く『大地震』が起きる。ソ連が入ってくるよ。間違いなく入ってくる」と断言した。ところが、その後、新京に着いて満州の大使館の連中と会ったら、そんな可能性については全く考えておらず、緊張感のない状態でした。

――宮川総領事と新京の大使館員たちの意見を較べてどのような印象をもちましたか。

吉野　私は宮川さんのほうが正しいと思いました。ヤルタ会談でも、要するにソ連に対して米国と英国が早く戦争に入れ入れと尻を叩いたのに対して、スターリンが、「ちょっと待ってくれ。ドイツを攻めるだけでも容易じゃないんだから。

しかし、いずれは、日本とは戦争をするから待ってくれ」と言っていたときですからね。その雰囲気は、私も感じていました。ソ連はちょうど「対独戦」という長いマラソンの後でひと息ついて休んだところで、今度は「対日戦」という第二のマラソンに入るわけですから、その余裕を与えてくれ、と。その気配を察知した宮川さんは、当然、ソ連は日本を攻めると思っていたんです。しかし、それがいつになるかということは、まだわからなかった。少なくとも、私がシベリアを渡ってきたときには、ソ連が日本へ向けて兵隊を送っているような様子は見えなかった。しかし、我々がシベリアから満州里に入って、一週間くらい経った頃から、ソ連はどんどん兵隊を送っていったんだろうと思います。

宮川が、ソ連の対日参戦を確信するのは、一九四五年四月五日、モロトフ外相が佐藤大使に対して示した翌一九四六年四月二十四日まで効力をもつ日ソ中立条約をソ連が延長しない意向を伝えた通告文を見てのことである。宮川は、四月七日に組閣中の鈴木貫太郎総理兼外相に公電を送る。宮川は、

〈廃棄通告全文を検討するに「事態は根本的な変化なり」と為し「日本はソ連を攻撃せるその同盟国独逸を対ソ戦において援助す」とし又「日本はソ連の同盟国たる英米

と戦う」と述べ果ては「斯《か》かる状態にありては中立条約は其の意義を喪失せり」と迄極言し之が「延期の不可能」と断じたるものにして之を逆に言えば条約延長を可能とする状態は日本側による独逸との絶縁及び対米英戦の中止を意味しその措辞峻厳威圧的にして殊に日本の中立違反を言外に含め居る点は今後ソ連が欲する具体的行動の自由を留保せんとする伏線と考えられソ連今後の対日動向は非友好線に沿って推移するものと認められ厳戒を要す〉(宮川浹《とおる》『勉強がなによりです　宮川船夫《ママ》の生涯』二〇〇五年のモスクワ慰霊祭に際して編まれた私家版冊子、一九頁)

との見立てを示した。外交用語で、〈今後ソ連が欲する具体的行動の自由を留保(する)〉ということは、戦争に訴えるという意味だ。

しかし、モロトフから直接、通告を受けた佐藤をはじめ、他の外交官も同じテキストに接している。それにもかかわらず、宮川以外、ソ連の行動を正確に予測した者はいなかった。新潟国際情報大学の小澤治子教授が、モロトフの通告に対する佐藤と宮川の反応を比較して、以下の評価をしている。

〈ソ連政府の通告を日本側はどのように受けとめたのであろうか。まず佐藤大使は中立条約廃棄の理由として日本の対独援助があげられていることに留意し、ソ連の対日断交、あるいは対日参戦の可能性もあると指摘する。しかし一方、ヤルタ会談後モロトフとの会見の席上受ける印象からは、問題はそこまで深刻ではなく、条約廃棄のねらいはソ連が米英に対して安い代償で恩を売ることにあったのではないかと推測する。以上のことから佐藤大使は、ソ連としては対日断交あるいは参戦の意志はまだなく、また必要に迫られてもいないこと、日本としては今回の廃棄通告をもって事態を絶望視すべきではなく、少くとも今後一年間、ソ連に従来通りの関係を維持させるよう努力すべきである、と述べたのであった。このように佐藤大使は、ソ連の対日参戦の可能性を示唆しながらも、なお一年間の中立関係の維持についてはむしろ楽観的な見通しを示していることが注目される。

これに対してハルビン駐在の宮川総領事はソ連側の措置をより厳しく受けとめた。宮川は次のように述べる。ソ連政府の廃棄通告文は峻厳威圧的で、条約の延長は不可能と断定するものであり、日本の中立違反を示唆することによって今後の行動の自由を確保しようとするものと考えられる。よってソ連の対日動向は以後非友好線に沿って推移するものと認められ、厳戒を要する。そこで日本としては、米英とソ連は別であるという従来の観念を捨て、対日関係についても三国は同一陣営にあるとの現実に立脚して、世界政策を立て直すべきである。このように在ハルビン宮川総領事は、佐藤駐ソ大使に比べてより厳しく、結果的には事態の推移を正しく読み込んだ対ソ認識を示したのであった。〉（小澤治子「太平洋戦争末期における日本外務省の対ソ認識」『外交時報』一九八九年十一・十二月合併号、二〇～二一頁）

小澤教授の分析は、吉野の認識と符合する。しかし、外務本省は、佐藤の見方に基づいて政策を構築した。それには、二つの理由があると思う。

第一の理由は、モスクワの日本大使館は、ソ連全体を観察する司令塔なので、ここで集められる情報、分析、評価が、もっとも信頼できるという常識が外務省にあった。確かに、満州国のハルビン総領事館も、日本の対ソ情報収集の重要な拠点であったが、モスクワに比肩する存在ではないと見られていたからである。

第二の理由は、佐藤の評価は、モロトフと直接、面会した結果であるのに対し、宮川の評価は、テキストを分析したものだからである。佐藤の情報が一次情報で、それに基づく評価のほうが信頼に足ると外務本省は考えたのである。

しかし、外交官は、自らがまとめ上げようと思う交渉があると、そこから「認識を導く関心」が生まれ、都合の悪い情報が耳に入ってこなくなる。だからこそ文書課報能力が重要になってくるのだ。

宮川も外交官である。しかも、松岡洋右とスターリンの通訳を行った外務省一のロシア語使いでもある。さらに、宮川は通常の外交活動とともに、ソ連側にエージェント（情報提供者）を確保し、非合法手段を含めて情報を入手するインテリジェンス活動にも従事していた。その痕跡が、外交史料館に保管されている宮川が外務本省に送った公電の内容を分析すれば明らかになる。

例えば、一九四四年八月十二日に、宮川ハルビン総領事から重光葵《まもる》外相に宛てた「館長符号」扱いの特殊な極秘公電一通が、東京の外務本省に届いた。館長符号とは、大使もしくは総領事だけが使用する、特別に強度が高い暗号で送られる電報のことだ。この電報は、佐藤ソ連大使にも転電された。ハルビン総領事館が抱えるエージェントがつかんだ重要情報である。

〈極秘　電信写

昭和19　六三四一〇　暗　哈爾賓（註＊ハルピン）　八月十二日〇九、〇〇発

本省　十二日一二、二〇着

宮川総領事

重光外務大臣

第六九号（館長符号扱）

（日本ノ破局ト日米和平説ニ関スル諜報ノ件）

当地蘇聯総領事館ハ在京蘇大使館ヨリ左ノ如キ情報ニ接シタリト伝ヘラル旨当館諜

報者ノ連絡者ヨリ聞込ミアリタリ。

現情勢下ニ於テ大東亜戦争ヲ継続スルコトハ不可能ニシテ畢竟日本ハ破局ニ直面スヘシトノ見解ノ下ニ小磯内閣ハ熟議ノ結果米英ト停戦及和平交渉ヲ開始スルニ決セリ。然《しか》レ共、今直ニ之ヲ実行スル時ハ国内ニ動乱勃発ノ惧レアルヲ以テ今後米国ノ日本爆撃強化ニ依リ日本国民ノ戦意喪失シ厭戦気分醞醸セラレタル暁実行スルコトトナレル趣ナリ云々。

大東亜大臣、在満大使ヘ転電セリ。

在蘇大使ヘ転電アリタシ（転電済）。〉

日本政府は、すでに戦争継続が不可能で、和平に向けて動き出そうとしていることをソ連がつかんでいるという重要情報だ。私は、吉野にこの公電の写しを示して、感想を聞いた。

吉野　この宮川さんの電報は実に面白い。私がソ連を通過する一年前の話ですね。

——小磯内閣は、和平交渉をしたいのであるが、〈今直ニ之ヲ実行スル時ハ国内ニ動乱勃発ノ惧レアル〉というのは、軍の強硬派が暴発するということです。さらに〈今後米国ノ日本爆撃強化ニ依リ日本国民ノ戦意喪失シ厭戦気分醞醸セラレタル暁（和平交渉を）実行スルコトトナレル趣ナリ〉ということからは、米軍の空爆をもっとやってもらって、日本人の戦意を喪失させることが、和平派を力づけるという帰結がもたらされる。この情報提供者は、ソ連を通じて、アメリカにこのようなメッセージを流そうとしているという深読みもできる。いずれにせよ、情報源を〈当館諜報者ノ連絡者〉と記しているということで、ハルビン総領事館が、このような秘密情報にアクセスできる情報提供者を擁していることに加え、この情報提供者を保護するために、日本の外交官が直接、接触することは避け、連絡員を用いていることが明らかになります。宮川さんが、かなり本格的なヒュミント（人間による情報収集）活動をしていたことは、間違いない。

吉野　あなたの解釈は面白い。これは和平交渉との絡みでは、早い段階の公電ですね。小磯内閣のときにすでにそういう話が日本の国内にもあったというわけですから。恐らくは、小磯内閣の内部からこの情報が出ていたのでしょう。

ただし、宮川の情報を外務省が真剣に受け止め、国策のために有効に活用されたという評価はできない。これだけの情報通をなぜ外務省は有効に活用できなかったのであろうか。

吉野　ハルビンで、宮川さんは、危機感をもって情報を集めているんだけれども、当時の在満州の外交官の認識は、民間の商社や業界も含めて、「ともかく満州のほうが、内地よりも静かでいいわい」という程度で、この夏を無事に過ごせればいいなと思っていたんでしょう。実際、緊張感がまったく漂っていなかった。ですから、ソ連の参戦は、いい夢を見ている最中に大地震が起きたようなものです。その瀬戸際のときに、ただ一人、夢を見ずに現実の中で走っていたのが、宮川さんだった。

――宮川さんは、高等文官試験に合格したキャリアでなく、外務省留学生試験に合格し、書記生（書記官や外交官補の下の官職。現在は存在しない）からスタートしたので、外務省幹部は宮川さんの意見を重用しながらも、最終的判断では軽視するところがあったのでしょうか。さらに、諜報（インテリジェンス）を、表舞台の外交よりレベルの低い、下品なものだという意識が外務省幹部にあったのではないでしょうか。

吉野　宮川さんの情報は、基本的に情報提供者からの諜報情報です。これに対して、モスクワにいる佐藤大使のほうが、パワーバランスでは外交官として有力です。だから佐藤さんの情報が重視された。それから、例えば閣議で重光外相が

「宮川というハルビン総領事からこういう情報があったよ」というようなことを披露すれば、状況が変わったのだろうけど、そういうこともなかったのでしょう。もしくは、ハルビン総領事館に、国策に関与するだけの重みがなかったのかもしれない。外務省にとってのハルビンというのは、ともかくロシアに直接送るには及ばない外交官を、まず白系（非ソ連系）ロシア人からロシア語を勉強しろと送る場所で、彼らの面倒をみるのが総領事館の役割だったんです。

――研修生の指導センターみたいなところで、政治的、外交的な要所ではないという認識だったのでしょうか。

吉野　率直に言えば、そう思う。ことに宮川さんに対して、例えば重光さんとか東郷さんみたいな人が「ハルビンの宮川君の電報をもっと重視しろよ」と後押しするような雰囲気にはなかったですからね。それで、東京の連中は、重要なのはハルビン発の情報じゃなくて、モスクワ、あるいはワシントン、ロンドンからの情報だと考えていましたから。

現在の日本外務省における専門職員（ノンキャリア）の能力が国益のために十分に活用されていない状況は、戦前、戦中も同様だったのだ。また、ワシントン、北京、モスクワ、ロンドン、ソウル、パリ、ベルリンなど、大国もしくは日本との関係が緊密な国家の首都に所在する大使館で勤務することだけがエリートとして生き残る道だという外務省文化も昔から変わっていないのである。

そのような状況でも、宮川は腐らずに、ロシア語力においても、情報収集と分析能力においても、キャリア、ノンキャリアをあわせたロシア・スクール（ロシア語を研修した外交官）のトップを走り続けるように努力してきたのである。宮川を〈外務省きってのロシヤ通〉と称したのは、終戦直前、昭和天皇の弟宮、高松宮宣仁《のぶひと》親王の命を受けて国内外の情報収集につとめた細川護貞である。

宮川舩夫は、一八九〇（明治二十三）年、現在の山形県北村山郡大石田町横山に生まれた。宮川家は修験者の流れを汲み、代々、大石田対岸にある旧横山村の威徳山法音寺法善院住職兼熊野神社別当として「船道安全祈願」に努めていたが、明治維新で神仏分離令が出され、修験道も禁じられたため、宮川直人と名を改めたのが、舩夫の父である。舩夫は成績優秀で新庄中学へ進学したが、相次いで両親と死別。母方の親戚を頼って上京し、京華中学に転校した。その後、海軍兵学校を志し、二年続けて受験するも身長が足りず不合格になり、一九〇九年、東京外国語大学の前身である東京外国語学校露語科に進む。大学三年で外務省留学生試験に合格したため、中退し、ペテルブルグ大学に籍を置き、ロシア語の練磨に加え、フランス語を習得する。ロシア人学生たちとも積極的に交流を深め、旅行団の一員としてヨーロッパや北欧を訪れた。イタリアでは、亡命中のゴーリキーに日本人ということで食事に招待されたという。宮川は語学の才に恵まれ、ポーランド語やスウェーデン語も短期間で習得した。

第一次世界大戦中に帝政末期のロシアで書記生となった宮川は、ノンキャリアの身分の不自由さを痛感する。そこで、外務省を退職して東京帝大に入り直し、高等文官試験外交科（外交官試験）を受けようと決意し、一時帰国するが、一九一七年三月、ロシアで二月（露暦）革命が勃発し、幣原喜重郎外務事務次官直々の説得に応じて、再び、ロシアに渡り、調査活動に従事する。

〈臨時政府の大物に面会したり、革命の弾雨の下をくぐったり、泥だらけで列車の屋根にしがみついたり、コーカサスからアルメニア方面まで歩いた。結果は、「政党はすべて共和制支持、今後過激派政権を把握、単独講和またはそれと同等の結果に及ぶと見られ、北満・バイカル湖岸まで進出あるいは利権確保などの施政方針を確定する必要あり」との外交調査会への報告となった。

帰国するかしないかに、船夫《ママ》は今度は内田康哉大使の強い要請でロシア在勤の発令を受け、遂に受験は断念、10月革命で動揺、帰還兵・脱走兵などの跋扈するシベリアを通過し、ペテルブルグへ赴任する。これについてはのちに、「幣原次官の意気に感じたこと、革命というまたとない機会に現地で社会の変革を見ることが重要と感じた

ため」と回想している。〉(『宮川船夫《ママ》の生涯』、六頁)

その後、ノンキャリアとしては、異例の昇進を重ねながら、頻繁に日本とソ連の間を往来することになる。一九二五年、日ソ基本条約の正式交渉に参加、同年、モスクワ大使館の三等書記官として赴任(その後、二等書記官に昇進)、途中、短期間の米国研修を経て、一九三四年には調査部第三課長に就任する。ノンキャリアで外務本省の課長に登用されることも、きわめて異例だ。一九三七年、モスクワ大使館の一等書記官、一九三九年、ウラジオ総領事に任命される。一九四〇年十月、モスクワ大使館参事官として、ウラジオ総領事兼務のまま赴任する。一九四一年四月、日ソ中立条約の交渉・調印の場に、通訳として立ち会った。その後、健康を崩し、一九四二年九月に帰朝、翌一九四三年十二月、ソ連在勤を免ぜられ、外務省審議会でソ連問題顧問として勤務した。そして、戦局が悪化し、ソ連の動静が日本の命運にとって死活的に重要な状況になり、一九四四年五月、ハルビン総領事を任じられる。

一九四五年六月、吉野らを出迎えた宮川総領事は、その後に続く引き揚げ邦人らへの聴き取りをまとめ、本省に打電する。

〈昭和二〇　九四一七(暗)　哈爾賓　七月十六日一一、〇〇発　八八九四

本省　二十日二二、一〇着　八八八四

東郷外務大臣　　宮川総領事

第一九六号

（欧州帰還者ノ得タル対蘇印象ニ関スル件）

赤軍占領下ノ北欧地区ヨリ送還セラレタル我官民ノ当地通過ハ六月二十一日ノ団体ヲ以テ一段落トナリタルカ之等官民カ蘇軍舞台進入当初ノ接触並ニ蘇聯通過中蘇聯人トノ接触ニ依リ捕捉シタル蘇聯官民ノ言動ハ今後我方ニ対スル蘇側ノ態度ヲ判断スル上ニ於テ看過スヘカラサル資料ト思考セラルル所外務省関係ノ分ニ付テハ諸官帰朝後既ニ報告済ミノコトト存スルニ付民間側送還者ヨリ聴取セル分ヲ取纒メ左ニ電報ス

一、秩序立チテヨリ輸送ノ世話ヲ為セル赤軍当局ハ飽迄懇切ノ態度ヲ示シタル由ナルモ将兵中ニハ「日本ハ「ファッシヨ」国ナリ今ニ我等モ日本討伐ニ赴クヘシ」トカ「東京テ又会ハン」トカノ言辞ヲ弄シ或ハ「日本軍ハ装備ニ於テ到底蘇軍ニ敵ハサルヘシ」ト公言スルモノ鮮カラサリシ趣ナリ右ハ勝利ニ気ヲ良クシ居ル蘇聯軍人カツイ口ヲ滑ラシタルモノナルヘキモ彼カ今ヤ嘗テナキ自信ヲ得タル点ハ蘇聯今後ノ動向上重視スヘキモノト存セラレ殊ニ途中迄乗合セタル一将校（赤軍陸大ヲ卒業セリト言ヒ独語ニテ話シタル由）ノ如キハ送還中ノ一婦人ニ懸想シ別レニ際シ其ノ首ニ隠レアリシ親譲リノ金銀ヲ与ヘタル上「数ケ月後貴女ヲ東京テ探シ当ツヘシ」ト言ヒタル如キ例ハ軽視スヘカラサルヤニ認メラル

二、将兵及市民ハ一般ニ「今次戦争ハ対独勝利ニ依リテ完了スルモノニアラス今後未タ辛キコトアルヲ覚悟セサルヘカラス」ト言フモノ少ラサル由ニテ右ハ蘇聯当局カ今後ノ対日政策乃至対米関係ヲ考慮ニ入レテ民心指導ニ当リ居レル事実ヲ証スルモノト見ルヲ得ヘク蘇聯ニ関スル限リ戦争ハ終リタル筈ニ拘ラス「スターリン」ハ（脱語アリト認メラルルニ付照会中）

三、引揚一行中ニハ死地ヲ脱出セル喜ヒニ加ヘ莫斯科迄ノ輸送ニ対シ其ノ場ニテ料金請求ヲ受ケス又食事等モ潤沢且ツ贅沢ニ振舞ヒタル為蘇側カ無料ニテ取扱ヒ呉レタルモノト思ヒ込ミ蘇聯官憲ノ好意的態度ヲ買被リタル向モアリタルカ其ノ後伝ヘ聞ケル所ニ依レハ之等便宜供与ニ対シテハ既ニ莫斯科ニ於テ多額ノ請求アリタリトノコトニモアリ右ハ引揚者ノ大部分カ蘇軍下級兵士ノ掠奪其ノ他ヲ受ケ且ツ独逸人殊ニ婦人ニ対スル暴行ノ目撃者タリシヲ以テ事情ヲ知レル蘇軍上局ハ日本人ノ悪印象払拭ノ意味ニテ政策的ニ派手ニ遇セル点多キヤニ存セラレ之等ノ所謂好遇説ヲ以テ蘇聯カ対米関係等ヨリ対日関係改善ノコト等ヲ狙ヒタル結果ト考フルカ如キハ寧ロ行キ過キタル解釈ト思考セラル

莫斯科、新京へ転電セリ
大東亜大臣へ転報アリタシ〉

名誉回復書

宮川は、ソ連の満州侵攻後、一九四五年八月十九日、ジャリコーボで秦彦三郎関東軍総参謀長、瀬島龍三関東軍参謀中佐とワシリエフスキー・ソ連極東軍総司令官らとの通訳を務めた。瀬島は、〈ソ連側にも通訳の軍人がいたが、流暢ではなく、ほとんど宮川総領事が行き届いた通訳をした〉（瀬島龍三『瀬島龍三回想録　幾山河』産経新聞ニュースサービス、一九九五年、二一八頁）と記録している。翌八月二十日、ソ連軍がジャリコーボ空港で、宮川たちをハルビンに送り届けるとして、瀬島たちと引き離した。その後、ハルビンに戻るが、九月二十四日、ソ連軍の特務機関「スメルシュ（СМЕРШ）」によって、外交特権（不可侵権）を無視して逮捕され、一九五〇年三月二十九日、モスクワにあるレフォルトボ刑務所にて拘禁状態のまま死去したとされている。「スメルシュ」とは、ロシア語の「スパイに死を！（Смерть шпионам!）」の略語である。

ソ連崩壊後の一九九一年八月、ソ連共産党中央委員会守旧派のクーデターが失敗し、社会主義体制が崩壊しつつある同年十一月二十五日、ソ連軍検事総局は、「宮川船夫に関する関係書類についての結論」という文書を作成する。A四判一枚のこの公文書に、宮川の悲劇が要約されている。

〈「承認」

最高軍事検察庁名誉回復局長　司法陸軍少将　A.E.Boriskin

１９９１年11月25日

ミヤカワ　フナオに関する資料に対する決定

１９９１年11月25日　モスクワ市

最高軍事検察庁名誉回復部軍事検察、司法少佐レーベジェフ・ゴルスキーは、ミヤカワ　フナオに関する資料を検討し、以下の通り立証した：

１９４５年9月24日、ハルピン（満州）市日本総領事

ミヤカワ　フナオ、１８９０年　東京生まれ（註＊実際は現山形県大石田町生まれ）

日本人、日本国民

は、第25陸軍組織スメルシュ（スパイ取り締まり機関）により、外交特権を侵害し

て逮捕され、同年3月28日から、プリモルスク地方ノボーニコルスク村抑留所に収容された。

1946年2月27日、〝ZK〟（註＊囚人護送用）車両で、ソ連邦人民委員部防諜総局「スメルシュ」配下モスクワ市に護送され、同年3月28日から、ソ連邦国家保安省レフォルトボ刑務所に投獄され、1950年まで勾留された。

収容所および刑務所抑留期間中、ミヤカワは、その外交活動について取り調べを受けたが、ミヤカワに対する刑事事件は提訴されず、告発されなかった。逮捕に関する決定はなされず、事実上の勾留は検事に承認されず、勾留期間は、所定の手続きを踏まえた法的に延長されたものではなかった。

1950年3月29日、刑務所に勾留されたままミヤカワは、動脈硬化症、動脈硬化性心筋硬化症および高血圧症によって引き起こされた心不全による心臓麻痺のため死去。

以上のとおり、ミヤカワ　フナオは、ソ連邦軍事防諜機関および国家保安組織によって、長期にわたり不法に抑留者収容所および刑務所に拘禁され、権利と自由を侵害された。

上記に基づき、1991年10月18日付「政府弾圧犠牲者の名誉回復に関する」ロシア共和国第3条「C」項により、ミヤカワ　フナオは、（死後）名誉回復されたと見なされるものである。

最高軍事検察庁　名誉回復部　軍事検察　司法陸軍少佐　Lebedev-Gorskij〉（ソ連最高軍事検察庁長官補佐官　法務大佐　ボブレニョフ・ウラジーミル・アレクサンドロビチ『シベリア抑留秘史　KGBの魔手に捕われて』終戦史料館出版部、一九九二年、一二〇～一二二頁）

ソ連が発行したこの公文書からも、宮川の外交特権は無視され、不当に逮捕され、劣悪な囚人護送用列車でモスクワに移送されたことがわかる。レフォルトボ刑務所は、一八八一年に下級官吏の短期刑用刑務所として設立された。一九一七年のロシア革命後、非常事態委員会（KGB［国家保安委員会］の前身）に移管され、政治犯専用の刑務所兼拘置所として拷問で悪名高い施設になった。二〇〇六年以降、レフォルトボ刑務所の管轄は、FSB（連邦保安庁［KGBの後身］）から法務省に移ったが、現在も、FSBの取り調べにこの施設が用いられている。

宮川は、レフォルトボで取り調べを受けたが、起訴もされず、法的根拠もないままに長期勾留され、死亡したのである。勾留期間中、宮川は外部と連絡をとることが一切できなかった。ソ連当局が、直接手は下さなかったものの、事実上、宮川を処刑したのである。ソ連の防諜機関では、このような形でインテリジェンスに従事した外交官を処理してしまうことは、決して珍しくなかった。

宮川の墓は、モスクワ中心部のドンスコエ修道院の付属墓地にある。ソ連崩壊前、墓地は整備されていたものの、ドンスコエ修道院は閉鎖されたままで、修道院の建物は荒れ果てていた。私は、毎年、お盆の時期に、宮川の墓参りを欠かさずに行った。他にモスクワ郊外のウラジミールの日本人墓地には、陸軍中野学校の創設者である秋草俊少将が眠っている。私は、ここへの墓参りも欠かさなかった。情報業務に従事していた私にとって、宮川や秋草の運命は他人事《ひとごと》のように思えなかったからである。

話を一九四五年五月末、吉野文六がベルリンからソ連を経て、満州に入国したときに戻す。

吉野は、河原畯一郎参事官、新関欽哉三等書記官らとともに新京の駐満州国日本大使館に挨拶に行った。日本外務省の文化では、外交官がどこかの国を通過するときは、余程の緊急事態でも起きない限りその国の大使館に挨拶に出向く。もっともこの場合は、仮想敵国であるソ連の状況について、意見交換することも重要な目的であるが、どうも新京の日本大使館は弛緩しきっていて、ソ連の脅威を現実のものと認識していないとの印象を吉野は受けた。

宮川さん以外の満州国にいる日本の大使以下の外交官は井の中の蛙みたいにボーッとしていたんですよ。私は満州国に入ってから、ハルビンを通って新京まで行ったのですが、そのときには大きな駅のプラットホームの横に大豆の山がずーっと並んでいるんです。向こうは大豆を育てたのを野積みするんですがね。雨は降らないし天気はいいし、みんなカラカラに乾いていました。私からみると、この土地は、大豆がたくさんあって、食糧も肉も豊富で、食べものに困らない。まだ平和そのものだったんです。ただ、関東軍の兵隊はもはや武器を持っていませんでした。というのは、日本軍にもう武器がなかったわけです。それで、金槌のようなものを腰に下げている。要するに昔の日本のいちばん強い、ノモンハンのときなんかに戦った関東軍じゃないんですよね。関東軍という名前はついているけれども、兵隊たちは、最近、日本で徴兵した、みんなオヤジさんみたいな年齢の人たちで。ともかく人数を揃えて満州に送っておけと連れてこられた人たちですから、どこかのほほんとしているわけですよ。

新京から、いよいよ日本に帰るわけであるが、ここで難問が持ち上がった。すでに制空権、制海権の双方を失っているため、満州から安全に日本に渡る手段がないのである。

在独邦人一行は六月二十二日新京を発ち、北朝鮮の羅津に翌二十三日に到着した。そこで二十五日に帝立丸に乗船した。途中、米軍機が来襲したが、爆弾は命中せず、四日後の六月二十九日に福井県の敦賀に到着した。ただし、河原参事官と新関書記官は海路をとらなかった。

〈戦前の在外公館には天皇、皇后両陛下の御写真があり、私たちはベルリンの大使館にあった御真影を大切に満州まで運んできたのであるが、これをどうしたら無事に内地まで持ち帰ることができるか、ということが問題となったのである。というのは、そのころ、日本の近海には米海軍によって大量の機雷が敷設されており、潜水艦も出没していたので、関釜連絡船で帰ることは必ずしも安全とはいえない状況にあった。そこで、河原参事官に私（註＊新関）が同行して御真影とともに軍用機で羽田まで飛ぶこととなったのである。

私は着ていたスプリング・コートをリュックサックと交換して、これに内地で不足しているという米、塩などをつめ、陸軍の司令部偵察機に乗りこんだ。六月二十七日新京を出発、途中米子の航空基地に着陸、皆生温泉で一泊のうえ、翌二十八日羽田へと向かった。〉（新関回想録、一八五～一八六頁）

すでに日本は制空権を失っているので、飛行中に敵の戦闘機と遭遇すれば、撃墜される危険がある。それでも、司令部偵察機は速度が速いので、パイロットの腕がよければ戦闘機の攻撃から逃れることもできる。海路よりは安全という判断をしたのであろう。それとともに、同盟国ナチス・ドイツが崩壊した様子、さらにソ連の動静について、政府、外務省としても、河原たちの情報を一刻も早く手に入れたかったのであろう。河原たちは運が良かった。敵機に遭遇することもなく、途中、温泉で一風呂浴びて、東京に戻ることができた。

吉野は、河原たちとは行動を別にし、新京にとどまることになった。肝臓を悪くしていることが発覚したからである。

吉野　満州里に入ったとたんにね、私を出迎えに来た満州里領事館の人か、誰か別の人から「君、黄疸じゃないか」と言われたんです。両方の目が黄色くなっているんですよ。私はその頃は、黄疸という症状すら知らなかった。その晩そこで風呂へ入ったんですよ。

――久しぶりのお風呂ですね。

吉野　そうそう。久しぶりのお風呂だ。そしたら風呂へ入ったらね、肝臓が石みたいに硬くなっていることがわかったんですよ。

――シベリア鉄道の中での回想で、すでに体調を崩されていたのでしょう。新関さんは、シベリア鉄道の中での回想で、〈退屈はしたが、戦争以来の疲労もすっかりとれて、長途の旅の疲れから黄疸気味になった仲間をこれこそ本当のシベリア横断などと言ってからかうぐらい私たちの気持ちもほぐれてきた〉（新関回想録、一八三頁）と記しています。

吉野　その「黄疸気味になった仲間」とは、私のことだと思います。

新京の日本大使は、関東軍総司令官の山田乙三《おとぞう》大将が兼任していた。山田大使の儀典担当官を吉野の一期下の都倉栄二（後のスウェーデン大使、作曲家の都倉俊一氏の父）が務めていた。また、この時点では、吉野は知らなかったことであるが、山田大使は後に吉野の妻となる森節子の遠縁にあたり（吉野夫人の従姉妹が山田の長男と結婚した）、在独邦人引き揚げの報を知った節子の母が内々に山田大使に吉野の安否を尋ねていたという。

――都倉さんも、山田大使とともにソ連に連行されましたね。

吉野　そうです。彼はシベリアに連れていかれたんですよ。しかし、そんなにシベリアでの扱いはひどくなかったらしいね。なぜかというと、都倉君は外交官として連れていかれたからね。だから、ソ連も外交官の身分を尊重し、シベリアで重労働はさせなかったのでしょう。

——宮川さんと較べ、同じ満州国駐在の外交官だったのに、ソ連側の対応はまったく異なっていたのですね。

吉野　ソ連当局はロシア語を勉強した外交官は、みんなスパイであると見なしていた。実は、都倉君もロシア語を勉強していました。ただ、彼は、運が良くて助かったのだと思います。

確かに、日本と比較して、ロシアでは、個人の人生に与える運の比率が高いと思う。努力がそのまま報われるような社会ではない。私も、ソ連の秘密警察と思われる者にリトアニアでしびれ薬入りのウオトカを飲まされたり、交通警官を装った秘密警察の職員に殴られたりしたことはあるが、同時に、多くのロシア人に仕事を助けてもらった。ソ連崩壊に立ち会い、モスクワではクレムリン高官から、反体制活動家まで、幅広く交際し、ロシア政治エリートの内在的論理をつかむことができたので、客観的に見れば、私も運が良かったのだと思う。

新京で、吉野は、新居次郎電信官宅に寄宿し、一ヵ月くらい、病院に通うことになる。満鉄（南満州鉄道）付属病院で治療を受けた。そこで満州国に在住する主要民族の満州人、モンゴル人、日本人、漢人、朝鮮人による「五族協和」の理念が生きていることを吉野は実感した。

吉野　新居さんが、私の世話をしてくれたんですよ。それで私は毎日、満鉄病院に通いました。どんな薬をもらったかは覚えていないですね。ただ、私が満鉄病院に行ったときに初めて気がついたのは、これはいいことを日本人はしているなぁと思ったんですよ。というのは、満州国では、満人も朝鮮人も中国人も五族協和といっていたんだけれども、そういう人たちを全部平等で扱うという姿勢が満鉄病院では徹底していた。

――五族協和の精神が生きていたわけですね。

吉野　そうです。患者にとって、満鉄病院は非常にありがたい存在だった。診察も先着順だったし、薬も平等に出していたしね。

ソ連軍は新居を連行していった。電信官は、暗号の組み立てや解読の専門家で、秘密情報を扱う。ソ連としては、日本の暗号システムを知るとともに、秘密情報を新居から入手しようとしたのであろう。自国の安全保障にとって必要と思えば、国際法で定められた外交特権など平気で無視するというのがロシア流である。もっとも、これはロシアだけでなく、アメリカやイギリスでも本質は同じだ。「必要は法律を知らない」のである。吉野は、

新居さんの家は横浜にあるんです。厚木のほうに。私は帰国後、家を訪ねたんです。戦争が終わったあとと記憶しています。新居さんの帰国を家族が待っていた頃です。奥さんと娘さんがおられました。私は、新京で新居さんに非常にお世話になりましたと、満州で一ヵ月以上も家に泊めてもらって。そういう話をしたんです。後に、新居さんはソ連に捕まって、スパイ容疑で殺されたということを聞きました。

と回想する。

八月一日の東京上空

通院を一ヵ月以上続けたところで、吉野は健康をかなり回復した。新京の大使館幹部から、「このまま満大（新京の日本大使館）にとどまって、働かないか」と勧められた。満州は平和で、食糧不足にも悩まされない。このまま新京にとどまってもいいと

吉野は考えた。吉野が満大で勤務するためには、東京の外務本省が、吉野をベルリンから新京に配置換えしなくてはならない。満大から、外務本省に、吉野の異動を求める公電を打ったが、翌日、「吉野官補においては可及的速やかに帰朝ありたい」という返電が接到《せっとう》（外務省用語で文書や電話が到着すること）した。外務本省が吉野を東京に戻すという意思がきわめて強いことが明らかになった。大連もしくは朝鮮の釜山まで鉄道で移動して、その後は船で帰国するしかないが、制海権をアメリカに握られているので、無事帰国できるかどうかわからない。そのとき偶然、空路で帰国する機会が吉野に到来した。

吉野　私が八月一日に乗った飛行機の座席は、満州に用事で来ていた山田乙三大将の息子さんのものでした。その人は軍人ではなく、東急電鉄に勤めていたと記憶しています。彼の席が空いたから私がそこへ乗り込んだのです。そうでなかったらそう簡単に飛行機の切符は得られませんでした。ベルリンから一緒に帰ってきた民間人は、鉄道と船で帰国することになりましたが、私は病気をしたおかげで、飛行機で楽をして帰ることができたのです。

——当時の状況で、飛行機を利用することは危険です。

吉野　それはそうです。日本はすでに制空権を失っていましたから。もっとも危険ということならば海路でも空路でも一緒でした。それよりも、航空機の場合、切符をとることが難しかった。当時の民間航空会社は、大日本航空と呼ばれていました。十二人ぐらい乗れる旅客機だったと記憶しています。アメリカのDC3旅客機よりは、細長かったような気がする。

——それだと、恐らく、陸軍の97式重爆撃機を改造した三菱MC20型旅客機だと思います。定員は、乗員四名、旅客十一名です。

吉野　多分、その飛行機だと思います。飛行機に乗ったのは生まれて初めてのことでした。それでね、例えばトイレなんかに行くと、いまのタンク式でなくて、みんな空中に飛散しちゃうわけです。右側か左側かは記憶していませんが、最前列の席に案内されました。その飛行機は、普通は新京から、朝鮮の平壌、その次に釜山、それから羽田まで行くんです。その日は、飛行機が飛び立ちますと、パイロットが「この飛行機は直接東京まで飛ぶことにしました」とアナウンスしたんです。私はありがたいと思ったんですね。ともかく何もほかに用事もないし、降りるわけにいかないから。それで東京の近くまで来たとき、その日は快晴で富士山がくっきりと見えたことを覚えています。その頃、日本は制空権を失い、日本の上空にはアメリカのP51戦闘機が頻繁に出没していました。

——P51は非常に性能がいいですから。非武装の民間航空機ならば、一撃で撃ち落とされてしまいます。

吉野　ところが偶然に、八月一日正午のそのときに米軍の飛行機が一機も飛んでいないわけです。それで羽田に無事に着いたということですね。

――運が良かったですね。

吉野　運が良かったんですよ。しかもありがたいことに、私は病気のあとで、もし満大に勤務することになっていたならば……。

――侵攻してきたソ連軍によって、シベリアに連行されていたに違いありません。

羽田空港に着陸して、改めて周囲の景色を見て、吉野は驚愕した。東京は一面焼け野原になって、平らになっているのである。ベルリンやワルシャワの瓦礫の山とは異なる平坦な姿だ。

新宿から川崎あたりまで見渡す限りずーっと平らな黒い焼け跡です。そこには何もない。ベルリンでは空襲のあとは瓦礫がたくさん出るんですよ。瓦礫を徐々に片づけていくんですね。大きな通りでも道の両側に石や瓦礫を積んであり、その谷のような底を電車が通り、人が歩く細い道ができる。ベルリンの焼け跡では建物の柱とかが残っている。ところが東京の焼け跡は、全部黒くなってはいるけど、まっ平らなんですよ。びっくりしました。

と吉野は回想する。

当時の羽田空港は現在よりも内陸にあった。当時、国策によって私鉄は合弁し、東京急行電鉄という会社になっていた。羽田空港にはこの鉄道の穴守駅が隣接している。そこから蒲田まで行って、京浜東北線で新橋駅で降りれば、空襲の被害を受けたため文部省に間借りしている外務省臨時庁舎までは徒歩十五分だ。外務省で人事課長に帰朝報告をしなくてはならない。

それこそ地平線にまで続くような東京の黒い焼け野原を見た瞬間に、三つのことが整理されないまま、吉野の頭に浮かんだ。

第一は、故郷松本で父母がどうしているかということである。速やかに松本に行かなくてはならないと思った。

第二は、今晩、どこに泊まればよいかということである。

第三は、許嫁の森節子は生きているかということである。一刻も早く顔を見たいと思った。

穴守駅から、電車に乗りこんだ。乗換駅の蒲田に着いた。吉野は、穴守線から京浜東北線のホームに移動した。そして、東京方面とは逆方向の、横浜に向かう電車に乗り込んだ。気持ちが整理できていたわけではない。外務省への帰朝報告といっても、実質的な報告は河原や新関が済ませているであろう。吉野のような官補の帰朝報告は、人事課長に「ただいま帰朝いたしました」と言うだけの形式的なものだ。とにかく日が暮れる前に宿を見つけなくてはならない。節子は両親とともに横浜に住んでいた。吉野の足は自然と横浜のほうに向いた。

東神奈川で京浜東北線の電車を降りた。節子の実家はここからそう遠くない。東神奈川駅周辺は五月の横浜大空襲で一面焼け野原である。十五分くらい歩いたところで辿り着いた。実家があった周辺も全部黒い灰で覆われていた。一軒、奇跡的に残っていた平屋に、焼け出された人たちが身を寄せていた。訪ねてみると、それが偶然、節子の父、森延一の家族も入居している家であった。節子は生きていた。森家の人々は、吉野の帰りを予知していたかの如く、総出で歓迎してくれ、その晩は、節子の父とも歓迎の酒を酌み交わした。吉野が延一に節子との結婚の話を口に出す前に、延一から「早く結婚したほうがいい」と切り出された。そして、延一は、「明日、節子を連れて、急ぎ松本の父母のところに行くように」と勧めた。節子もそれに同意したので、翌朝二人で新宿から中央線に乗り込んだ。

松本の実家に戻ると、父が六月に他界したことを知った。四月に吉野がベルリンから国際無線電話をかけ、父と話をしたのも虫の知らせがあったからかもしれない。父を失った後、妹と一緒に淋しく暮らしていた母が、吉野の帰国を今か今かと待ってい
た。母の喜びはいうまでもない。相談の結果、結婚式は食糧事情が比較的良い麻績村
字野口の亡父勝六の生家で挙げようと皆で出掛けることにした。そのとき、ラジオニ
ュースが広島に新型爆弾が落ちた旨報じていたことを吉野は記憶している。
野口では親類の人たちが多数集まってくれ、形ばかりの式を挙げることができた。
吉野は麻績の村役場に行き、「帰国したから、兵役猶予を取り消してくれ」と申し
入れした。いよいよ本土決戦がやってくる。日本人としての責任を果したいと思っ
た。八月十五日午前のことだった。
私には、当時の吉野の心境がよく理解できる。吉野はここで、新しい決断をしたの
だ。四年間の外国生活で、吉野は多くのことを経験した。アメリカの工業力を目の当
たりにした。戦争の悲惨さも体験した。何度も死と隣り合わせた。日本人、ドイツ
人、ポーランド人、ロシア人にかかわらず、さまざまな人間模様を見た。大島大使の
ような大言壮語する人物のソ連軍が近づいてきたときのうろたえよう。リッベントロ
ップ外相の自己保身。ヒトラーのように自らが愛し、守る具体的人間がいない指導者
の自暴自棄。ダビデの星をつけさせられ、いつのまにかドイツの街から消えてしまっ
たユダヤ人たち。ナチスに迎合しないことで、沈黙によって存在感を示した哲学者ヤ

スパース。ソ連兵に対して毅然たる態度を示したので、レイプを免れたポーランド人家政婦。廃墟となった瓦礫の山の中から新しい生活を始めたベルリン市民たち。シベリア鉄道の駅にたむろしているロシアの貧しい子どもたち。

国家が滅びても、人間の生活は残る。廃墟になっても国土は残る。ここで、吉野に松本高校、東京帝国大学で体得した英米流経験主義哲学の発想がよみがえってきた。抽象的観念から生まれる愛国心は、国家と国民に多大な災いをもたらす。ヒトラーにせよ、ゲッベルスにせよ、大島大使にせよ、この人たちが説く愛国には具体的人間が存在しなかった。愛国心とは、自分の愛する人、具体的に触れ、抱きしめることができるパートナー、子ども、親たちに対する具体的愛情の延長線上にしか生まれない。吉野には節子という愛する人がいる。彼女と共同体を築くことで、これまで抽象的だった吉野の愛国心が具体的形をとることになる。ドイツで何度も死にかけた。命は惜しくない。その命を抽象的な観念のためではなく、具体的に目に見える人間と、その延長線上にある国家のために捧げるのだ。

村役場から戻ると、ラジオでポツダム宣言受諾の玉音放送があった。

吉野は、急ぎ外務省に出勤しなくてはならないと思った。そして、節子を連れて、松本駅から超満員の中央線に乗り込んだ。

吉野文六

ドイツ語日記

一九四一年

四月十七日～五月三十日

ドイツ語日記解題

吉野文六は、ビュルツブルク大学留学中に、ドイツ語講師から「日本を出発してから米国を経てドイツに着くまでの日記をドイツ語で書け」という課題を与えられた。吉野の記憶では、一九四三年夏休みの宿題だったということだ。吉野がドイツでドイツ語研修を始めたのは、一九四一年六月からなので、わずか二年でこれだけ見事なドイツ語を書くことができるようになった吉野の語学センスがいかに優れているかがわかる。

この日記は、語学訓練にとどまらず、歴史の証言としても重要だ。第二次世界大戦は始まったが、ドイツとソ連、米国の間では外交関係が維持されており、日本もまだこの戦争の局外にいる状況での、日本人外交官による米国事情報告として興味深い。特に一九四一年五月五日（月）、ニューヨークのメイシー百貨店で買い物をしたときの、〈日本で教わった知識を活かし、子ども用の洋服売り場へ行った。ここなら日本人でもサイズの合う下着を見つけることができるからである。（中略）私がドイツへ旅するのだと知った店員は、それに感激した。「素晴らしい！」と言い、その響きには、古き良きヨーロッパに対するアメリカ人の憧れの気持ちがこもっていた。軍が実施している反ドイツのプロパガンダが、一般人の考え方に与えている影響がいかに小さいかに驚かされた。私がドイツへ行くことを聞いて、それに対して動揺する人はいなかった。逆に、温かい励ましの言葉をもらった。日本に対して激しく行われている扇動も、国民の心の奥深くにまでは達していなかったようだ。〉という記述だ。日本による真珠湾攻撃前の米国の孤立主義的気運が伝わってくる。

吉野自身はこの日記を書いたことを忘れていた。外務省を退官し、国際経済研究所（トヨタ自動車系のシンクタンク、吉野は、一九八三年十月〜八五年二月副理事長、その後、二〇〇一年六月まで理事長）に勤務していた、吉野の記憶によれば、「一九八〇年代末に、突然、研究所に宛てて、ビュルツブルク大学図書館から私の日記のコピーが送られてきた。コピーには添え状もなかったので、どのような経緯で大学側が私へのコピー送付を決めたかについてはわからない」とのことだ。

一九四一年四月十七日（木曜日）

ハワイからの最初の使者は日本の豪華客船、八幡丸だった。横浜を出発して一週間、私たちを乗せた船は静かな太平洋上の、果てしなく続く海を航行している。目の前には油を含んだダークブルーの海、かすかに光る海原が広がり、その他には何も見えない。広大な光り輝く鏡のような海上には、明るい雲ひとつない春の快晴が毎日続いている。日中はまぶしく輝く太陽が海原の端から反対側まで緩やかな弧を描く。波は毎秒毎秒、船に寄せている。大波も寄せる。波は重々しい船体に対して、勢いよく荒々しく打ちつける。そのたびに一万トンもの巨大な鋼鉄製の豪華客船は揺れ、船体全体が波によって振動する。船はまるで苦しみに唸り、呻いているかのようだ。また波が滑るように打ち寄せる。今度は船首に対して穏やかに打ち寄せ、船は軽く上下に揺れ、船首あたりですするりと砕ける。このように波が寄せては返し、また砕けていく。この豪華客船にとって、波とは、船の鼓動を活気づける良き来客のようなものだ。人が普段自分の鼓動を意識しないかのように、短期間ではこの波の戯れに誰も気がつかない。船がこの不毛の水砂漠で唯一の生き物のようであり、ノックするようなエンジン音と勢いづく波により産まれる船の鼓動を聞くことは、乗客にとって大事なことなのだ。太陽の下で横になったり本を読んだりすることに退屈し、時おりエンジン音と波打つ音に耳を澄ませ、後甲板のデッキチェアに座ってのんびりすれば、急に胸を締め付けられるような思いや、またこの果てしない海上でこっそり忍び込んでくるような孤独感から解放される。だから船の鼓動は高鳴る。船はこの果てしない海原を通って陸地へと次第に近づいていく。乗客にとって船は親しい友のようだ、と人はつぶやく。そう、船はただ単に喘《あえ》いだり呻いたりする鋼鉄製の機械ではないのだ。

乗客と船の友好関係はまもなく乗客の間にも広まり、われわれが心の中で深く結びついているという感情が強くなった。この深く果てしない海上で、快適な時間を過ごす関係だけでなく、危機感のある暗い時を暗示する運命共同体のようにもなったことは誰の目にも明らかであった。口には出さないこの感情は乗客をお互いに近づけていく。肌の色や風習などの垣根は取り払われ、人間同士の関係になる。

最初の日、朝の散歩をしていると、優雅なご婦人たちが私たちに微笑んだ。次の朝には挨拶を交わし、夕方には天気のことなどの短い会話をするまでになった。

船上では短期間の乗客に過ぎないという意識、輝きを放つ船旅でありながら、実はほんのつかの間に過ぎないという意識、この感情が乗客各々に心の壁を作ってしまい、お互いを近寄りがたくしている。天気のことやスポーツ、映画、ちょっとした体験談などの会話が日常のうわべだけを行きかう。だからそれぞれが物思いに沈む。デッキで高笑いをしながら行うスポーツを除いて、皆は孤独で殻に閉じこもっている。これが海上における船上のメランコリーというもので、親交とか人懐っこさを隅に押しやってしまう。八幡丸との出会いを知らされたとき、乗客の間に晴れやかな気分が広まった。そのニュースは通りすがりの乗務員から誰かが耳にし、それは船中に知れ渡った。そしてデッキや廊下、バーなどあちこちで話題となっていた。全てを包む、船上の小さな世界。しかし太平洋上での何か他の世界との出会いが少しでもあるのならば、それを渇望することだろう。日本人の友人は、毎日午後には船の時速の知らせを心待ちにして熱中し、賭けをしている。今日はそれどころではない。話題は豪華客船に集中した。

お茶の時間の後、乗客全員は期待に胸膨らませ、手すりにもたれながら遠くを見つめていた。珍しく、水平線上に小さくて暗い影が姿を現す。空と油が浮いて暗い光を放つ不気味な海を、雲が覆い隠している。徐々に大きくなっていくその「点」を忍耐強くじっと見つめることは、私にはとても無邪気に感じられた。単なる点だったものがそんなに速く船に姿を変えるとは思わなかった。まず私は船室に駆け込んだ。このとき、私はひどく思い違いをしていた。現代的な船というものは急行列車と速度は変わらない。しかし船からの眺望は単調なために、その速さに気がつかないのだ。しかもそのとき、二艘の船はお互いに近づいていたのでなおさらだった。

キャビンで船のサイレンが聞こえたので、私は急いでデッキに出て行った。すると私たちの船から三〇〇メートルほど離れたところで、誇らしげな日本人がひとり、ちょうどこちらに向かって歩いているところだった。海原の間を力強い波が打ち寄せ、荒々しく泡を立てている。両船の乗客はハンカチや帽子で、あるいは手を振り、さまざまな言葉を使って大声で声がかれるまで挨拶を交わした。両船は恭《うやうや》しく旗を掲げ、お互いに急速に遠ざかり、喜びに沸いた興奮はすぐさま静まり返った。そのとき私の心に熱いものが突然こみ上げてきた。それは、今この船が向かっている陽光溢れる国への憧れである。

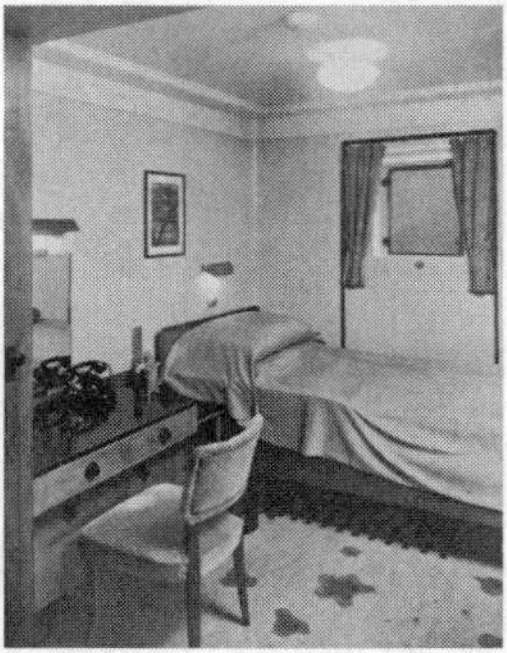

「八幡丸」は世界の一流ホテル並みの設備を誇った。右上から時計回りに、一等船室のダイニング、ベッドルーム、二等船客のラウンジ、デッキ、ジム、船首。1940年当時、日本郵船会社が発行した同船のパンフレットより。解説はすべて英文

長い間私はその場に立ち尽くし、消えていく船影を目で追いかけ、マストへ熱い思いを注いでいた。船が水平線に消えてしまっても、そこを凝視していた。

明日はやっとハワイに上陸できるという思いが私を慰めていた。

四月十八日（金曜日）

少し冷たい微風で目が覚めた。部屋を共有している友人の兼松武を不思議な思いで見つめた。まだパジャマを着たままで、彼のベッドの上にある小さい丸窓を指差し、「ハワイが見えるかい？」とベッドにうずくまりながら尋ねた。質問は彼の背中に向けられ、彼は愛想良くこちらを振り返った。窓が開けられ、冷ややかな海風が入り込んできた。好奇心いっぱいで起き上がり、窓に近づくためにベッドの脇に歩み寄った。二〜三分息を凝らした。遥かな水平線には朝日が昇り、アメリカの太平洋艦隊が誇らしげにずらりと並んでいる。まるで、地球上の白鳥が列を成しているかのごとくであった。上空には二〜三の大きな飛行艇が光を放ちながら飛んでいた。背景にはハワイ諸島がうっすらとその輪郭を見せている。私の心臓は興奮して高鳴り、ざわめいた。

私たちがデッキに出たときは、太陽が燦々《さんさん》と降り注ぎ、波はきらきら光り、目が痛くなるほど眩しかった。デッキから熱帯雨林や白く輝く砂浜を見ている間に船は接岸した。木の桟橋は、あたかも南太平洋に着いたのかと思わせるような印象を私たちに与えた。さまざまな騒音が鳴り響いている。多様な雰囲気が私たちを取り巻いた。奇妙なメロディーがざわめきの向こうから聞こえてきた。港のオーケストラが私たちを出迎える。ハワイの人々が哀愁を帯びた感動的な地元の歌を披露し、私たちを元気づけた。

通例の検査の後、私たちは上陸した。長い闘病から最初の一歩を歩き出す人のように頼りなく、太陽の光に幻惑されながら、私たちは広く白い道路のある夢の国に降りた。まもなく車で領事館に向かい、友好的な歓迎を受けた。この島の耐えられないような暑さの中で、ありがたくも清涼飲料水を受け取った。領事は、私たちが島を観光するための車を提供してくれた。

緑の茂る丘を越え、風通しの良いバンガローの前を抜け、学生たちが太陽の光を浴びながら草の上で昼休みをとっている小さな学校を通り過ぎた。道路に駐車している車の多さにびっくりした。深い熱帯雨林を過ぎ、車は山腹の斜面で止まった。その斜面は海に向かって三〇〇メートルも切り立ち、眼下では波が砕けていた。私たちはその水しぶきに、また水の素晴らしい色彩に、言葉もなく感動した。波はトルコブルーや紺碧、銀白色に輝いている。そのとき突然、アメリカ人の警官がオートバイで通りかかり、私たちは現実に引き戻された。

まもなく暑さが増し、耐えられないほどになった。町をいく人々は、ジャケットなしでシャツの袖をまくり、明るい色のズボンをはいていた。私が着ていた厚ぼったいジャケットは、汗でびっしょりになった。

昼食は中華料理にした。食後、ハワイの友人のところに一人で向かった。チャーリー木村は東京の学生時代に知り合った友人で、大きな保険会社に勤めていた。事務所は綺麗で、交通量の多い道路沿いにあった。どっしりとした白い建物の前に涼しげな日陰を作り出す並木が続く。それは山の麓にまで続き、その先にそびえるのは、火山だ。残念ながら彼は事務所にはいなかった。がっかりしてその場を立ち去ろうとしたとき、入り口で彼とばったり会った。しばらくぶりであったにもかかわらず、友人はすぐに私に気づいた。彼の褐色の顔から再会を喜んでいるのがうかがえた。友人は私に同行者を紹介したが、その男性は日本語で自己紹介をした。トムキンソンはミステリアスな雰囲気を持っていた。すらっとした体型からアメリカ人と思われたが、黒い情熱的な目と黒々としてふさふさした髪の毛からは日本の血を感じた。特に丁寧で親切な態度が日本人であることを感じさせた。チャーリー木村は、私たちを優雅で大きな車へと案内した。車に給油している間、トムキンソンと一緒にすばやくコカコーラを持ってきて勧めてくれた。私はその好意に感激した。

オアフ島一周のドライブがスタートした。ワイキキビーチを猛スピードで突っ走る。ワイキキの変化に富む海の色は世界一だった。幅広いビーチと椰子の並木を通り越し、褐色に日焼けした少年少女たちがサーフィンに興じているのを目にした。細長い板の上で彼らは波に向かって行くかと思えば深く沈んでいるようにも見えた。それから私たちは勾配のある山の円頂、ダイヤモンドヘッドにたどり着いた。そこから眺める湾は素晴らしかった。私たちが立っている足元には防空壕が作られているということだった。友人は私に茂みに隠されているオイルタンクに気をつけるように促した。

街や森を通り過ぎると、突然視界に海が広がった。島を一周し、湾を囲む道路をドライブした。その全ての風景は、人がいない単調なものであった。ただいつまでも押し寄せる波と光だけが精彩を放っていた。道路の反対側は熱帯雨林の緑が生い茂ったなだらかな山々が連なっていた。焼け付くような太陽は、全てを影のない明るい世界に変えていた。

やっとのことで、カフェにたどり着き、美味しいアイスクリームで生き返り、ほっとした。私たちは木のところに停めた車の中でちびちびと舐めた。

視線を向ける先はいつも紺碧の海だ。終わりのないくねくねと続く道路は平坦な海岸線や切り立った岩礁を通っている。海から昇り海へと沈む太陽が輝いていた。この島は光の洪水であった。ここには暗い冬はない。花が咲き乱れる春と夏があるだけだ。現地の人々は明るい季節しか知らないが、自分たちが恵まれていることに気がついていないようだ。島には熱帯地方特有のフルーツであるココナッツやバナナ、パイナップルなどが豊富にある。観光事業は豊かな収益をもたらしている。住民の生活環境はよさそうに見え、心配もなく、苦しみや困窮も知らない様子だ。彼らは芝生があり涼しげな日陰のある家に住んでいる。何千もの種類の花々が太陽の下で咲き、誰もそれをとろうとはしない。花々は見飽きることのない美しい風景に囲まれていた。しかし私の友人が本当にここで完全に満ち足りた生活をしているのか不思議に思った。私ならこの島で三日ともたない。影のない明るい海と果てしない海岸、豊かすぎる緑など三日と我慢できないかもしれない。全てが飽食や退屈さ、単調で辛い孤独感で満ち溢れている。全てが飽食の中にある。素晴らしい色彩の海や明るい真っ白な雲が紺碧の空に広がっているが、ここに長期滞在しなくてはならないとすると途方にくれ、孤独を感じるだろう。同行してくれた彼をじっと観察すればするほど、その考えは強くなった。

チャーリー木村とは東京で行われた日米学生会議で知り合った。会議は郊外の新しい近代的な校舎の大学で行われた。最初の催しの日の夜、私は街で買い物をした後、学校へと戻った。建物の前の坂道を登っていると、夕闇の中で会話が聞こえた。その声の主がチャーリーと彼の弟だった。弟はハワイからやって来た兄に会うために、わざわざ東北の郷里からやって来ていた。チャーリーは日本語がほとんどできなかったので、二人は英語で話をしていた。しかし弟は子どものころ過ごしたハワイで英語を覚えたものの、日本へ戻ってきてからは使っていなかった。ある運命から彼ら兄弟は太平洋を挟んで別れ別れになっていたのである。私たち三人が大学に着いたときは、土砂降りの雨だった。雨が降りしきるなか、私たちは言葉を交わした。そして、初めての出会いから良い関係の友人になった。当時のチャーリーは静かで無口な印象だった。彼の表情には孤独な影があり、私は彼のことがあまりよくわからなかった。それだからこそ、彼に関心を持った。彼の自然な振る舞いと友好的な態度が私に好意を抱かせた。両親の母国をこの目で見た彼は、自分がハワイ系アメリカ人なのか、あるいは日本人なのか、自分でもわからなくなっていたのだろう。そういう悩みを持っていたと思われる。

今、彼は私の隣の運転席に座っている。少し変わったが、当時のように静かな悲しみの中にいた。しかし彼の冗談は笑わずにはいられないほど明るく面白かった。

トムキンソンは私にとって不可解な人物だった。彼は子どもの頃、日本にいたために日本語が流暢《りゅうちょう》だった。彼は私の故郷あたりの山々を登山したときのことを語った。さらに彼は日本人しか体験したり味わったりすることができない日本のことを楽しく興味深く語った。彼は温泉が好きで、米を使った料理を食べたくなると、夜の屋台を訪れるのが好きだった。

三ヵ月前まで滞在していた横浜の街を隅々まで語るなど、トムキンソンは完璧な日本人だった。しかし彼は、チャーリーと子どもの頃からそうしているように英語で会話をしていた。トムキンソンの内面は日本人であるが、その名前から故郷の日本では外国人としか認められない悲劇的な混血であると推測した。彼は故郷を恋焦がれるが、故郷の門は閉ざされたままである。彼の表情や存在には、孤独な流離人《さすらいびと》の憧憬が漂っていた。彼は二つの民族の血が太平洋上で融合するハワイにやってきた。しかし、彼の心は今でも海の向こうの国に対して高鳴っていた。

私たちは郊外に住む木村氏の女性の友人、飯田さんのお宅を訪れた。家は堂々とした椰子の木々に囲まれ、アメリカというよりもスマトラやジャワで育った人のためのような構えであった。飯田さんは快く私たちを出迎えてくれ、私の食べたかったココナッツを勧めてくれた。この果実の香りには魅惑的な新鮮さがあり、さわやかなりんごジュースの香りに似ている。しかし、私が想像していたパイナップルのような甘さとすっぱさにはかなわなかった。

飯田さんは椰子の木からさらにココナッツを二〜三個振り落とした。それは高く伸びた細い幹をつかんでゆっくりと揺さぶって落とすという面白い光景だ。頭ぐらいの大きさのココナッツが落ちてきた。飯田さんは日本人だったが、日本語はほとんど話せなかった。

私たちは一緒に花の展覧会に行った。たくさんの花がその美しさを競っていた。蘭や紫陽花《あじさい》、その他熱帯の花々など千種類もの花が展示されていた。私はこれほど魅惑的な色や形の花に、これまでお目にかかったことはなかった。名前は知らない、自然が作りだす素晴らしい花で満ち溢れていた。熱帯の繁茂はこの素晴らしい花の世界を見ればわかるというものだ。私たちは言葉もなく魅了された。普通の色合いにはないような情熱的な色彩で、混ざり合うことのない原色の花が咲いていた。赤、青、黄など、派手で人工的な感じさえした。

多くの日本人がこの展覧会に出品しているのは喜ばしいことだった。熱帯の花々を使い、日本に昔からある花の文化を存分に発揮したもので、そこにはアメリカ風のニュアンスも盛り込まれていた。

船で一緒だった旅仲間をトムキンソンが車で迎えに行った。オート氏はボヘミアか東部ドイツから来た男性で、小柄で片腕だった。彼はアメリカにいる親戚を訪ねることになっていた。アメリカ海軍の港パールハーバーへの道中、ホノルルの街に向かう二～三台の巨大なバスに遭遇したが、車内には海軍兵が大勢乗っていた。彼ら海軍兵は週末に飲みに行くところだとチャーリーは説明した。全くアメリカ的だ！

私たちの車は港の水際に止まった。目の前には誇り高い白鳥のような軍艦が百隻ほど並んで停泊していた。船同士は一〇〇メートルも離れていなかった。その光景に息を呑んだが、私はあえて窓から身を乗り出すことはしたくなかった。アメリカの警官が私に密着して尾行しているかもしれないし、スパイのように私を監視しているかのようにも感じたからだ。私はこの全ての状況を非常に重要だと感じていた。普通の日本人にとってそういう機会がないように、今まで一度も日本の戦艦が停泊中の港を見たことがなかった。警官がもっと厳重に見張っているからだ。眼前にはアメリカ人の誇り高き太平洋艦隊の全てが集結している。軍艦は列を成し、ずらりと並んでいる。素人には駆逐艦と巡洋艦の区別さえもできない。車と人だかりの混乱の中で誰も私たちを監視してはいないように思われた。カメラを持ってくればよかった！　写真を撮りさえすれば、アメリカの軍事力の全機密を永遠に記録することができたのに。しかしわが国民はすでにこの情景の写真を撮っているだろうと思い、私は安堵した。それにしてもこんなに近くで彼らが艦隊をオープンにするということはアメリカ人の軽率さであろうか？　あるいはこの背後に大きな権力を隠しているという策略だろうか？　あるいは他民族を怯《おび》えさせるために、威圧による安全とプライドを見せつけているのだろうか？　警告色を発する昆虫みたいなものか？　私にとってなにはともあれ、この真っ白な太平洋艦隊を見たことは大きな体験だった。

私たちが街へと向かったときには、夕闇が迫っていた。海兵隊員があちらこちらのバーで酒を飲んでいた。島全体に藤色の影のようなものが忍び込むのを見ると、切実な気分に襲われた。太陽がいつまでも輝くハワイの長い一日が終わろうとしていた。異国情緒溢れる夜が私を日中の世界から解放してくれた。

たくさんの星が輝き、まるで夜空のような丸天井があるカフェに立ち寄った。すでに外は暗くなっていた。私たちはグリルチキンを食べた。まもなく礼拝堂ではハワイアンダンスが披露されることになっていた。丸い広間では男女がゆっくりとお互いが体を預けあうようにタンゴを踊り始めた。それは夢のようでもあった。そのダンスにはロシアのダンスにあるような情熱のリズムもなければ、ウイーンを髣髴《ほうふつ》とさせるようなワルツの優雅さもなかった。無気力と憂鬱さが漂っていた。この島が五十年来かかえている沈んだ気だるさを感じた。それはこの島が東側と西側の海の防波堤となっていたからである。アメリカと日本がこの童話の国に居座って、双方が支配者であるがごとく思い上がってしまい、島本来の特徴が排除され、いつしかこの島の文化は混ざり合い、その歴史は衰退してしまった。伝統のフラダンスは現地の人によって特別な場所で外国人のために行われていた。

友人ふたりは、私の誘いにもかかわらずダンスには興じなかった。おそらく私に対する配慮だったのだろう。彼らはシャイな日本人であり、この状況においても日本人であり続けた。彼らは買いたかった水着の店まで、そこが閉まる前に連れて行ってくれた。

十時ごろ港に着いた。ちょうど出航時刻である。夜は暗く、道は雨で涼しくなっていた。白い衣装を着た少女たちが白いレイを腕に抱えていた。飯田さんの計らいで私と三人の同行者にそれぞれレイを別れの記念として贈ってくれた。彼女たちは香りの良い白いレイを首にかけてくれた。華奢《きゃしゃ》なリボンが膝まで垂れ下がった。涙が出そうになるほど感激した。この島を去る人を花で飾ることはハワイの風習だった。彼らの心のこもったもてなしに感謝した。またこの日を思い出として心に焼き付けて決して忘れないことを約束した。トムキンソンは私がチャーリーへ手紙を書くときはトムキンソンにもよろしくと書いてくれと頼んだ。彼はチャーリーと私のほうが強い友好関係にあることを感じていた。彼らとの別れは私にとってとても辛いものであった。

船のサイレンが鳴り、一人で暗いデッキに出た。海も夜も真っ暗だった。船はまた広い海へと滑るように出港した。私は船尾にもたれ、街を見つめた。海岸地帯や丘あたりの何千もの明かりが私たちに別れを告げていた。人影がデッキに現れ、レイを海に投げ始めた。次から次へと、花は雪片のように海面を漂い、やがて闇に飲み込まれていく。出港した後に花を海に投げるという風習を聞いて私はびっくりした。そうすればまた再びハワイを訪れることができるというのだ。私は美しい花を暗い海に投げるという習慣を受け入れられずに部屋の引き出しに入れてしまった。この花を友人にもそれを見せたくなかった。

私は一人で眺めたかったのだ。香りを楽しみ、触ってみた。花は私一人のものだった。幸運なことに友人はまだ戻ってこなかった。ゆっくりとレイを取り出し、ナイトテーブルのランプの下にかざしてみた。花は熱帯特有の異国情緒に溢れ、雪よりも白く、手の上で簡単にしおれることはなかった。花の中心には小さな緑の斑点があった。鼻に近づけると優雅でやさしい香りがした。

デッキに人影がなくなるのを待ち、ホノルルの明かりが暗闇に沈んで見えなくなってきた頃に、私はレイをどよめいている波間に投げ入れた。白い蝶のように夜の闇に浮かんでいたが、やがて波間に遠ざかっていった。ハワイへの祝辞と挨拶、そして太平洋に浮かぶ童話の島にアロハオエ！　さよならハワイ！

さよならハワイ！

四月二十四日（木曜日）

サンフランシスコ、その名前に私はとても親しんでいたが、この目でその街を見ることになるとは思ってもみなかった。私はミステリアスな国の入り口に立った。これは運命の気まぐれ？　それとも全ては夢なのか？　私は丘や湾にゆっくりと近づいていく様子を船のデッキで見つめていた。街にはスペインや南国の建築様式の家々や、光沢がある白い摩天楼などが並び、多彩で陽気な雰囲気が広がっている。背後には、屈託なく高らかに笑う「アメリカンボーイ」のようなあけっぴろげな顔をした明るい雲のない四月の青空が広がっていた。さらにその向こうには、まだ私が目にしたことのないアメリカがある。遥かな大陸の広さに謎を隠したミステリアスな国が私を待っていた。丘は急勾配で海にのめり込んでいた。湾の上にはサンフランシスコとバークレーを結ぶ二つの高い鉄橋が建っていた。全てがありそうもない子どものおもちゃのようだった。しかし、アメリカの現代技術によって大地に華麗な西の玄関を架けたということは素晴らしいことである。私たちの頭上には旧式の水上飛行機がおそらく飛行練習として、ひっきりなしに飛んでいた。遠くには太平洋を横断するチャイナクリッパー機（マーチンＭ１３０）が出発するところが見えた。そのような大型旅客機が西へ西へと、大洋上を極東まで飛ぶことは高度資本主義のシンボルに思われた。

税関が私たちの荷物を大目に見てくれればと考えたが、私はココナッツを三片持っていたことをひそかに後悔していた。昨日の夕方、心が痛んだがそれを暗い海へと投げてしまった。領事の車が私たちを迎えに来た。

領事は日に焼けた年配の紳士だった。彼の招待のもとに私たちは中華料理の昼食をとった。レストランの窓越しに外を見ると二つの大きな建物の間の四角い芝生の上で、若い男女が大勢昼休みをとっていた。隣の百貨店の従業員のようであった。グループかあるいはカップルになって彼らは芝生の上に座り、摩天楼の間を潜り抜けたわずかな陽光のもとで休んでいた。突然同情とか無力といった言葉では言い表せない感情がこみ上げてきた。ここはアメリカなのか？　おそらくこんな陽光しかない国アメリカだから、若者がこんなに貪欲《どんよく》にこんなわずかな陽光に群がるのか？現代技術を駆使した素晴らしい建物が立ち並ぶ中、アメリカの若者はそんなちっぽけな空間しか持っていないのか？　この若者たちの身なりは決して悪くはなかった。彼らがいつも昼休みのひと時をそんなふうに過ごしていることを不思議に思った。彼らの生きる喜びをどう表現したらいいのか、私は戸惑った。このような貧相な休息の過ごし方や映画鑑賞、ドライブ、正装、つかの間の恋などで彼らはその内面において果たして本当に充足して幸せなのだろうか？

食事が終わると、観光用にと、三菱の方が私たちに車を提供してくれた。われわれは特に、アメリカ一、つまり世界一長い橋が見えるところまで行きたかった。まずベイブリッジに行った。橋はトレジャーアイランドという小さな島で分かれている。この島では以前万博が開催されたことがあり、その面影がまだ残っていた。二階建ての橋の上部には乗用車が、下部にはトラックが走行していた。その両方で湾に架かる橋全体に鋼鉄ロープが張られ、そこに数え切れないほどの鋼鉄線が巻きつけられていた。彼方には、車が渋滞しているあたりにこの橋と姉妹ともいえる誇らしげなゴールデンゲートブリッジが見える。その湾が広がる左側に二〜三のチャイナクリッパー機が係留され、照明が当てられていたが、そのうち一機が旋回して、着水しようとした。私たちがいた橋の袂《たもと》には豪華汽船が往来していた。

まもなく私たちは街の観光に出かけた。いくつもの丘の上に作られた街である。道路はその急斜面に作られ、路面電車はそこを登っていく。車はスイスイと登っていく。旧式のトラム（路面電車）が、この急な坂道をスピードを出して走ってくる光景には不安を掻きたてられた。ガタガタ揺れ、めりめりと音を立て、神経を逆なでする。しまいには車輪がはずれて通行人を傷つけるのではないかと怖くなる。電車の構造はもっと粗末だ。壁もなければドアもない。そもそもこの電車は板切れでできている。その上にベンチがねじで止められている。だから簡単に道路から飛び乗ることができる。むろん夏は快適だが、冬は寒い。乗客の落ち着きが不思議なくらいだ。トラムが坂道をガタガタいいながら急降下しても彼らは平然としている。ギアを変えることなく、この急斜面をいとも簡単に走行するアメリカ車の品質には感嘆する。そんな事実があるからこの路面電車が無慈悲に取り扱われているのである。トラムは安価で生産される素晴らしいアメリカ産業の製品とは競争はできない。

街角をぶらついていると、息苦しさを感じた。日本で想像していたのとは違い、この街を散歩することは快適ではなかった。摩天楼の表情は重苦しく、どんよりとしている。魅力のないショーウインドーをあれこれ見ていると、どうしようもない失望を感じた。これがアメリカの全てだろうか？ これが賞賛されたアメリカ文明なのか？ まさに大都市というイメージを思い出させた。私はこの大陸に何を期待していたのか？ この街の人ごみの中でどんなものに新鮮さを感じるのだろうか？ 私はこの街からすぐさまに出たくなった。もう十分だ。ロサンゼルスか他の街でもっと素晴らしい体験がしたかった。ロサンゼルスに移動するために、今夜は一刻も無駄にはできなかった。

この地域の摩天楼の中ではおそらく一番高い、堂々としていて美しい高層ビルが私の目の前にそびえていた。スタンダード石油の建物だ。この大企業の社長のひとりであるブラック氏は、船で知り合った人物だった。友好的で柔和な性格の彼のことを、私の記憶がすぐさま思い起こさせた。彼は、別れる際に、親切にも車で街を案内しようと申し出てくれていた。この友好的な招待を受け入れるべきか、断るべきか？ 兼松と私は思い迷っていた。しかしカリフォルニアの南部の町は是が非でも見ておきたいという気持ちで一致した。ロサンゼルスという街の名前は、サンフランシスコよりも私たちの耳には素晴らしいものに響いたのである。

私たちは坂に立つ、宿泊先のホテル「ヤマト」に急いで帰った。名前からして所有者か借地人は日本人と思われた。日本人客のほとんどがここに部屋をとる。ホテルに入ったとき、宿主はアメリカの新聞を読んでいた。彼は私に不意に政治の話を切り出した。興奮しているようだった。彼はルーズベルトに対して怒りをぶつけ、リンドバーグに対して好意を持っていた。リンドバーグは現大統領とは対照的に他国の政治へのアメリカの干渉主義に反対しており、彼が次期のアメリカ政治を統率することを望んでいた。私はただこの興奮している日本人から一刻も早く逃げ出すために、彼の意見に同意し、頷かなければならなかった。それにもかかわらず、彼はアメリカに住む日本人としての印象を私に残した。日本人としての彼は途方に暮れ、落ち着かないままに遠い故郷と第二の故郷との関係悪化をただ傍観するしかなかったのだ。

兼松と私は二人の仲間と別れ、中島氏と共に夕食後ロサンゼルスへと向かった。

四月二十五日（金曜日）

私たちは鉄道会社の誇りであるアルミニウムに似た軽金属製の現代的な寝台車に乗った。ベッドが二つあるコンパートメント二室の間にある鋼鉄製の壁を折りたたみ、私たち三人用の寝室を作った。水道の蛇口とクローゼットも備えていた。非常に疲れていたので、すぐに眠りについた。汽車は長い間暗い夜を走り、突然私は「スタンフォード」という声で目覚めた。その名前は西海岸の大学としてよく知られていた。

早朝、私たちはロサンゼルスに降り立った。青空に太陽が燦々と輝いている。素晴らしい日の幕開けだった。しかし心配事が起きてしまった。サンフランシスコから打った電報が届いていなかった。祝日だったために領事館が閉まっていたのだ。幸いなことに中島氏が副領事の自宅の電話番号を知っていた。やがて彼は私たちを迎えに来て家に連れて行った。しばらくしてから副領事と、ある青年と共に、私たちは街中へと向かった。運転手は子どものころにアメリカにやって来た日本人で、たどたどしい日本語をしゃべっていた。風貌はアメリカ人のようであったが、理屈抜きで彼に好感を持った。道中では、この半分アメリカ人である彼が、私の興味の対象だった。街はサンフランシスコのように統一感はなく、強い感銘を与えるようなイメージではなかった。急場しのぎで建てられたような低層建築は、突き刺さるような摩天楼を引き立てているわけではない。ニューヨークやシカゴなどの東側の大都市がその役目を終えると、世界経済の成金のような大都市がまず生まれ、発展の第一段階を乗り越え、輝かしい繁栄期を迎える。そして将来性を模索する。ロサンゼルスにはそういうふうに発展したという印象が拭いきれない。よりよく理解するためには、この街の新興住宅地を見ると良い。一世帯用独立住宅が長い列を作ってどこまでも続いている。その単調さは美学とは程遠く退屈なものである。この住宅はカリフォルニアの平地が続く限り広がっている。ここは油田であるために中心街への移動にかかせない石油が豊富にある。巨大なロックヘッド飛行機工場の近くを通るときは、アメリカの東側では衰退した産業でもここではまだ新しく、栄えてきているようだった。

私たちは博物館に立ち寄った。その庭園には太陽の下でさまざまな花が咲き乱れていた。自然史博物館には、この国の動物の標本と油田の地層が展示されていた。赤く塗られた真新しいバスが敷地まで入ってきて、子どもたちが降りてきた。私は内心、この物質的にも精神的にも恵まれている子どもたちをうらやましく思い、日本にもこういう博物館があればいいのにと思った。

大きな天文台がある有名な丘にやって来た。四月の空の下で道路は明るく太陽に輝いていた。道は広く、丘まで曲がりくねっている。この豊かな緑を私は大いに楽しんだ。天文台は祝日のため閉まっていた。遠方には街の家々が輝いているのが見えた。深い青色の空には非常に暑い太陽が照っていた。私たちは飛行場までサンフランシスコから飛行機でやって来る知り合いを迎えに行った。私たちは総領事に昼食を招待されていた。彼は古い家具を設《しつら》えた美しい家に住んでおり、庭には素晴らしい花がふんだんにあった。私たちはフルーツとアイスクリームで一息ついた。このような暑い地域では私たちを元気づけてくれる。その後アメリカ国立公園をドライブした。枝が道路上にアーチ型に架かっていた。ぴょんぴょん飛び跳ねていたリスが車にびっくりしていた。広大な大地を所有するアメリカだからこのような公園が作れる。その公園はまだ手つかずの自然の一部である。自然地帯に自動車道路をいくつか作り、勝手にそこ全体を自然公園と名乗ってしまったと言えるのである。

私たちが油田に到着したとき、その印象は強くなった。未開拓の森や沼は、公園や野外博物館と名乗っていた。重く汚れたままの石油がはるか昔からそのままの状態で存在していた。石で動物をかたどったものが作られ、その残骸がここで発掘された。その全てが今のアメリカを作り出し、三百年来の素晴らしいイメージをもたらしている。私たちは有名なワニ園を訪れた。大小のワニ百頭ほどがイースター時期の暖かい日光を受けながら気持ちよさそうにしていた。飼育係の小柄な中年男性がこの動物たちのさまざまなショーを見せていた。私たちはあるアメリカ人の若い女性を複雑な気持ちで注目していた。彼女は飼育係のまねをして巨大なワニに馬乗りになり、誇らしげに騎士のようなポーズをとった。アメリカの女性だけがそのようなことができる。私は鰐皮の財布とベルトをお土産に買った。
いろいろな体験をした長い一日が終わろうとしていた。今日はずっと異国情緒を体験したのだった。今日は小さな日本料理店に行った。ここでは少しだけ故郷を感じることができた。日本人と日本料理のにおいで満たされた快適な空間は、私たちの疲れた心をオアシスのように癒してくれた。

日本人の靴屋で私たちは靴を買った。私は手袋とワイン色の外出用シューズを購入した。私の友人はその趣味の良い色をとてもうらやましがった。

ロサンゼルスから南へ行く汽車はサンフランシスコからの汽車に比べて、一流とは言えなかった。煤けていて田舎っぽかった。どんなことが起きるか予想はしていたが、暗いホームには黒人がいて、私たちを汽車へと誘導した。

四月二十六日（土曜日）

ロサンゼルスからエルパソまで一昼夜ひたすら走った。目が覚めたとき、汽車は砂漠の真っ只中を走っていた。左右どこを見ても陽光に揺れ、砂が広がっていた。サボテンはグロテスクな形をしていて不毛の地における幽霊や骸骨の岩礁のようだった。透き通った空から太陽が燦々と照りつけ、私たちはコンパートメントで耐えられないほどだった。太陽が砂漠の砂で照り返し、旅疲れの私たちの目が痛いほどだった。この死んだような単調さから逃れるためにときどき列車の通路に出てあちこち動き回った。しかし、しばらくして疲れ果て、コンパートメントの寝椅子に横たわり砂漠の暑さでぐったりしていた。

唯一の気晴らしは最後尾の展望車に行き、その展望台から線路が視界から消えていくのをぼうっと見ることだった。夕方になり鐘の音がして、私たちは食堂車に移動した。食事は元気を出させるようなものではなかったし、ものすごい暑さで食欲は消えていた。船旅で美味に慣らされた私たちの舌にはアメリカのジャガイモは砂の味がした。私たちの一番の楽しみは、黒人が大きな手でチップをさっとしまい込むのを見ることだった。汽車の中では彼ら全員がサービスの仕事をしていた。汽車が長距離走行の後に停車するとき、私たちが安全に下車できるようにタラップからスツールを取り出して置いてくれた。砂漠ではプラットホームがないからだ。空気を吸うために私たちは降り立ったが、遠くに行くことは許されていなかった。汽車は信号もなく停車時間もなかったからだ。黒人は聞き取りにくい呼び声で乗客に戻るように手を振った。汽車の内装は古風そのものだった。いくつかのコンパートメントには赤いビロードの段差があり、そこへ登って自分の席に着くようになっていた。この光景は開拓時代のアメリカにおける明暗ある歴史を髣髴とさせた。旅行をしている人々は田舎から来た素朴な人々のようだった。しかし兼松はコミュニストをひとり見つけ、激論を戦わしていた。彼はアメリカの自由を自慢して私たちが古風な天皇崇拝主義や資本主義によって搾取されていることをからかった。食堂車で食事をしていると、突然に空が黒い雲に覆われ、不気味な暗闇に稲妻が突然光った。まさに砂漠の雷雨だった。スピードを出している汽車に雷鳴が轟く。強烈な雨が降り始め窓にたたきつけられ、水分を渇望していた窓に勢いよく流れた。雨に対する私たちの喜びは大きかった。

食事の後、私は人がいない展望車に行き、テーブル席に腰を下ろした。外の暗闇ではまだ荒々しい雨が降っていた。暗闇が窓ガラスに迫ってきたが、暖かい汽車の明かりが快適で打ち解けた雰囲気をかもし出していた。机の上にはレターペーパーが置かれていた。紙と封筒それぞれに角飾りとして赤くて魅力的なオレンジが描かれていた。そこには金字でサウス・ゴールデンラインと書かれていた。この言葉とデザインは故郷の金色に輝く太陽への、言葉では言い表せない懐かしさを呼び起こした。震える手で私は手紙を書いた。

親愛なる両親へ

外は雨が荒々しく降っています。今日僕たちは一日中灼熱の砂漠を汽車で旅行していました。僕は雨が好きだから特にこの喜びを分かってもらえますよね。今日までの旅行中に雨はほとんど降りませんでした。船上のデッキをひそかにうろついたとき、夜二～三回霧雨が降ったのを見たことがあるけれど、こんな激しい雨は旅行中には今日が初めてです。僕たちは雨を本当に切望していたから、ドクドク、ピチャピチャピチャと音をたてて流れる滴のさまは僕たちの心を癒してくれます。滴と共に旅の全ての義務から解放されたかのように、家にいる子どものような気分を感じています。毎日毎日、公務上の訪問は重荷です。僕を待ち構えていたり、あるいは僕の意に反したりするような世界へと視線を向けています。でもこの雨音を聞いていると、不安や心配が晴れてまた元気になります。砂漠の砂が雨を吸い込んだように、僕の心もこの心地よい水分を飲み干し、元気を回復しています。まもなく僕たちはメキシコの国境の町エルパソに到着します。そして夜と雨の中をその先へと向かいます。

四月二十七日（日曜日）

目が覚めたとき、汽車はまだ果てしない単調な草原の只中にいた。確かに昨日までの活気のない砂漠とは違い、ここには緑があるけれど、遠くに点在する住宅以外は人の気配を見出すことはできなかった。時おり鉄道と平行に走っている道路に車が現れた。すると私たちは突然快活になり、窓辺に身を乗り出した。ほとんど同じスピードで汽車と車は競い合った。しかし私たちの楽しみは長く続かなかった。まもなく車は曲がり、住宅街へと入っていった。それ以外風景に変化はなかった。大地はずっと見えなくなるほど遠く、重い雲が垂れ下がっているところまで、昨日の雨で濡れていた。空は暗かったので、まだ完全に雨はあがっていないように思えた。食堂車とコンパートメントを往復している間、乗り込んできた人々の顔が輝いていることを不思議に思った。食堂車の隣の娯楽室で新聞を読んでいるときに彼らの喜びの理由がわかった。長期にわたる待望の雨が昨日降ったことを新聞の見出しが報じていた。雨を十分に降らせるためにあらゆることを試みており、村全体で祈りの時間も設けていたのだ。しかし、雨は降らずに大地は乾いていた。畑では穀物が干からびていて、干魃《かんばつ》は目前だった。ところが突然の土砂降りで中央アメリカは水浸しになった。つまり、今やその水分は予想を遥かに超えてしまい、ミシシッピにある堤防は決壊した。新聞が伝えているように、この国の広い地域で洪水になった。想定していなかったほどの恵みに対する喜びは、洪水災害に対する苦情より優勢だった。つまり雨はそれだけ人々から望まれていたのだ。私自身も昨日のエルパソの出来事を振り返り、このニュースをうれしく受け止めた。

鉄道築堤は部分的に水没しており、汽車は水をはじきながらエルパソに向かった。車輪が水の中を走るところを、外から見ることができればすごかっただろう。暗くなり、ヘッドライトが音を立てて飛んでいる飛行機を追いかけていた。まもなく雨で滲《にじ》んでいるエルパソの街の明かりが遠くに見えた。それは泣き腫らした少女の目のようだった。メキシコとの国境の町であるこのアメリカ最南端の街は、暖かさで満たされているように思えた。さらに向こうには暗闇の中にメキシコの高原が広がっていた。この国は血と欲望に溢れ、古代の文明が眠っている。

昨日の雨は私たちにとって喜ばしい出来事であり、この国にとっても大きな祝福であった。この考えは私を限りなく幸せな気分にした。

新聞をぱらぱらとめくっていると、また新しいニュースが私の目に飛び込んできた。アメリカ人にとっては日常のことなので、信じられないほど小さく扱われていた。それはアメリカ・エクスポート・ラインの乗組員のストライキというものであった。私の心はしばらく止まったままになった。私たちがニューヨークからリスボンに航海する船の乗組員はアメリカ・エクスポート・ラインに雇われていた。しばらくはニューヨークで滞在しなくてはいけない、あるいは滞在できる。はっきりしない不安と説明できないような喜びが心の中で渦巻いた。友人に対して、このニュースの発見者として威厳を示すことができるという気持ちで胸は一杯になった。兼松と私はすぐさま案を練った。私たちの無気力な旅行意欲が活発になり、期待と希望がわきあがった。私たちはまずドイツへの旅行をできるだけ早くしなくてはいけないという制限の下にいた。しかし、大西洋横断への予期せぬ妨害が現れたので、私たちはその束縛から逃れたのだ。ともかく私たちは落ち着いて旅行を続けることができる。数日間どこかで留まらなくてはならないが、船には戻る。ストライキにより船は、五日以内には計画通りに出航することはなくなった。

夕食後、私たちはカンザスシティに着いた。お馴染みのこの街の名前からテンガロンハットを被って馬に乗った、格好の良いカウボーイの映像が浮かんだ。また夢と冒険に満ちた中央アメリカの草原にいる遊牧民の姿も呼び起こされた。

汽車はここに一時間以上も停車することになり、下車の許可が出たので私たちは大喜びした。二日間狭いコンパートメントから出なかったので、私たちの手足は運動と自由な空気を欲していた。草原の辺鄙《へんぴ》な街はもう夜になっていたが、暖かい街の光の海が私たちを迎えてくれた。短い時間をどう活用しようかと思い、私たちはタクシーに乗った。車の椅子が硬く、みすぼらしく古風なのを不思議に思った。アメリカでは工場や道路、あらゆる場所で一番素晴らしく現代的なタイプの車が数珠繋ぎになって並んでいるのを見た。どんな勤め人でも、どんな労働者でも、日雇い労務者でもいい車を持っている。それなのになぜ、この車はみすぼらしいのか？　これがアメリカ人の気質である。タクシーとして一番いい車を使う日本人とは対照的である。

運転手は一番大きなビルを私たちに見せ、さらに街で一番広い道路を走った。訛《なま》りのある話し方だった。私は高層ビルの明るく照らされたショーウインドーを見た。人気のある通りを、もっぱら夢見心地で見た。そこはコーヒーハウスが立ち並び、ネオンで溢れていた。夜の歩行者の中にいる無言の外国人から表情をうかがおうとした。突然、車は人がいない暗い場所で止まった。胸が締め付けられる思いだった。この逞《たくま》しくて荒削りの運転手はもしかしたらギャングだろうか？　車を飛ばしてこんな人気のない暗い場所に私たちを連れ込むとは。私はポケットの中でこぶしを作り、防御態勢に入った。しかし再び車は走り出し、暖かい光のある商店街にやってきた。私たちの前に駅がそびえ立っていた。私たちは最後に近くの百貨店に行き、絵葉書と懐中電灯、ペン軸を買った。

四月二十八日（月曜日）

シカゴの駅を出ると、車とトラムの混雑に巻き込まれた。運転手はその渋滞をうまく切り抜けた。私たちは国際都市に突然に放り込まれたような気がした。深い霞が立ち込め、どんよりとした淡い陽光が冷たい灰色の敷石の上に降り注いでいた。この街は北に位置するほとんど不毛の地だった。兼松と私はサンフランシスコで別れた私たちの友人、木本と井川に会うことになっていた。この他に大陸横断ルートで旅した天野夫人と子どもたちもいた。また一緒にいられるということはとても幸せなことだった。

当地の領事代理として訪問客を迎え、観光に同行する役割の一人の日本人が街へと私たちを案内した。シカゴはなんという古くて気だるい街だろうか。この街の顔はカリフォルニアの新しい街とは対照的に陰気さが漂っていた。建物は重く灰色の印象を与え、通りは不恰好で単調な石造りのアパートが並び息苦しさを感じさせている。同様の建物のほとんどに黒人や考えうる全ての出稼ぎ外国人が住

んでいた。ここ東部の通りにはたくさんの黒人が溢れていた。（中略）

領事が日本に召還されることになったので、彼の代役となる若い専門担当官の大森が私たちを昼食に招待してくれた。

午後になり、アメリカでも有数の大きな水族館に行った。大きな水槽に海や淡水に棲む魚が、まさに自然の中で生きているかのように泳いでいた。

最後に私たちはミシガン湖の近くまで小ドライブをした。紺碧の水は果てしなく広がり、水平線は視界を二分した。曇っているにもかかわらず、湖の広々とした見晴らしを楽しんだ。岸辺には素晴らしい建物や公園が並んでいた。汽船が一隻、とうとうとした流れの中に浮かんでいた。食肉処理場で感じた衝撃は美しい自然を見ることによって緩和され、晴れ晴れと深呼吸をした。この果てしなく続く湖にはこの他に四つの湖があり、これもこの国の象徴となっている。その富と可能性は限界を知らない。

私たちはマーシャルという百貨店に行った。兼松は旅行鞄と彼の母上のためにハンドバッグを買った。

夜更け前に私たちはこの街を去った。次の目的地はワシントンだ。この国の首都である。

四月二十九日（火曜日）

中島と兼松、私は早朝にワシントンに到着した。大使館の二等書記官が駅で朝食をとっていた私たちを出迎えた。それから街へと車で出かけた。

このアメリカの首都は他の街と比べて控えめであることに旅行者はびっくりする。今まで心に焼き付いてしまった摩天楼の存在を消し去り、堅牢で品があるこの街の建物を見れば、それに対する失望感を捨てることができる。ワシントンは商業都市ではなく、政治の中心である。アメリカの最近の国際的関心は政治には向けられていなかったが、ビジネスの流れはこの地には来なかった。だからこそこの街は、政治に適している。ルーズベルト統治下では、ワシントンは変貌しつつある。中央集権政治や独裁者的な傾向が民主国家の中で色濃くなり、それと同時に自由経済が政治の領域にも流れ込んできた。新しい官庁が雨後の筍のごとくたくさん生まれた。たくさんの新しい政治委員会が大統領府に作られた。

毎日のように新しい公務員や勤労者がこの首都に越して来て、アメリカの中心地を築き上げていた。

目下のところ、この街の全てのホテルは満室だった。

大使館は街のはずれにあり、静かで日当りがよく、小さな川が流れていた。天長節だったので、素晴らしい和食が並べられた。私たちはそれに飛びついた。

野村大使は体格が良く単眼、年配の提督だった。彼は私たちがなぜアメリカ経由でドイツに行くのか尋ね、またできるだけ早く旅行を続けるようにと言った。私たちの旅行への状況は悪くなっていると伝えた。

大使館では官補の山本良雄に会った。彼は大学時代の古い友人である私をアメリカで歓迎できることに驚き、非常に喜んだ。すぐに彼は私をドライブに連れて行った。

私たちはホワイトハウスを通り過ぎたが、木々の後ろ側に立つ簡素な家は摩天楼や巨大ビルが建つこの国の大統領の住まいとしては信じられないほど控えめだった。ホワイトハウスの反対側には森のある公園と草原があった。木々の上にはアメリカ合衆国国会議事堂の白いドームとワシントンの記念碑がそびえていた。

私たちは芝生の上で陽光を受けながら、人気のコーヒーショップのアイスクリームを食べた。やがて車は丘の上に登った。眼下にはポトマック川の青い水が見えた。そして、ワシントンの住居にたどり着いた。それは簡素な屋敷で庭と木々に囲まれていた。派手でも華やかでもない普通の市民の家で、アメリカの初代大統領の理想が具現化されていた。中庭の芝生の上から木々の向こうにポトマックの美しい眺めを楽しめる。遠方には首都の高層建築が照らし出されていた。

ワシントンの墓として似つかわしくないが、中庭に小屋があった。石棺にはたった一つ萎《しお》れてしまった花束がたむけられていた。墓碑に背を向けて写真を撮っていた畏敬の念のないアメリカ人に対して私は不快な感情を持った。彼らは笑いながら非常に楽しそうだった。このように歴史の浅い国アメリカでは唯一の記念碑さえも軽んじられる。

私は勾配のある茂みの多い山の斜面を一人で登り、そこからポトマックを望んだ。岸壁から透き通るような深い青色の川の景色を広々と見渡した。荒々しい波が四月の太陽の下でキラキラ輝いていた。私を呼ぶ友人の大きな声が私を現実に引き戻すまで、私はこの素晴らしい眺望を夢心地で見ていた。

四月三十日（水曜日）

二等書記官と官補数人と共に中華料理店で昼食をとった。その後私たち二人のビザを受け取るためにスイスとイタリアの大使館を探しに出かけた。邸宅が立ち並ぶ白くきれいな道路が日光を反射し、初夏の暑さは体力を消耗させる。タクシーの運転手は私たちをイタリア大使館ではなくギリシャ大使館へと連れて行ったが、この暑さの中では大目にみた。

ホテルの周りをあちこち歩いた後、セルフサービスで食べられるところで夕食をとった。私たちは人の少ない場所でゆっくりしたかった。幸運なことに私たち以外にはお客は一人だけだった。冷たいポテトサラダまで美味しかった。この現代的なセルフサービスの食堂の発明は、注文をするための会話も必要なかったので、この夜は非常に好都合に感じられた。

五月一日（木曜日）

三時に電話の音で深い眠りから起こされた。ホテルマンは私たちを忘れていなかった。まもなく、私たちは夜の闇に埋もれている街を駅に向かった。しかし汽車はワシントンが始発だったにもかかわらず、出発が遅れた。特に私を苛立《いらだ》たせたのは、プラットホームの鉄格子の前で人々が羊のように忍耐強く、何事もないかのごとく立ったまま待っていたということだ。汽車の中ではすぐに眠りについた。黒人の「デルフィア、デルフィア」という大きな声で一度だけ目覚めた。私たちはちょうどフィラデルフィアを通過するところだった。

ニューヨークでは車で総領事館へと急いだ。総領事（森島守人）から館員まで、全員での出迎えには好感が持てた。その中の一人が七番街50 thにあるホテル「タフト」まで、ちょっとした距離を歩いて案内してくれた。ニューヨークにある一番高いビルの一つロックフェラー・センターがそびえる通りを歩いた。突然に私は息苦しさを感じ、呼吸ができなくなった。蟹やロブスターが這い、盲目の深海魚が棲む太陽光線が届かない海底で、訓練を積んでいないダイバーのように窒息するのではないかと怖くなったのである。空気が薄い摩天楼のてっぺんでは人間本来の営みができないのではないかという気分になり、上の様子をうかがった。

建物の高さになど少しも動揺を見せないホテルマンに、二十階の部屋に案内された。エレベーターは私たちを二十階で吐き出したあと、そこからさらに三十階へと昇っていった。後で知ったことだが、最上階の部屋は値段が最も高く、地上の交通の騒音に悩まされることなく眠れるため快適だということだ。部屋の窓から見た景色にはまず失望した。もっと地上を離れていると期待していたためだ。眩暈《めまい》すらしなかった。周りの建物がそれ以上に高かったのが原因であろう。私たちが今でも谷底にいるという印象を拭うことはできなかった。このビルの最上階に上がり、さらに屋上へ出て周りを見渡しても、期待がかなう保証はないかもしれない。なぜなら、一つの高層ビルの後ろには、さらに天にも届きそうな高いビルが潜んでいるからだ。私は命がけで素晴らしい見晴らしを求めたエンパイヤ・ステート・ビルディングの建築家の心境がわかるような気がした。

昼には領事の近藤（晋一）と共に、女の子たちがローラースケートで遊んでいる四角い広場のところにある中華レストランへ行くことにした。ところが、何秒か立ち止まっている間、私は連れたちを視界から失ってしまった。辺りを見渡してみたが、人混みの中へ消えてしまったようだった。私は動揺した。昼食を逃してしまうからではなく、この人混みに自分が飲み込まれてしまうのではないかと恐れたからだった。その分、心配して私を探しにきた友人が後ろから私の肩に手をかけてくれたときの喜びも大きかった。

私は、この街の一番高いところに昇りたいという願望をもっていた。その願いはすぐに叶えられた。船で知り合った二人の商社の人たちに、世界一高い建物であるエンパイヤ・ステート・ビルディングへ連れて行ってもらった。最速のエレベーターに乗り、耳鳴りがするほどのスピードで上昇していく。エレベーターを三度乗り換え、十分後には百二階にある屋上に到着した。建物の中心からは、高さおよそ三〇メートルもある円形の塔が突き出ている。その基部にはガラス張りの周歩廊付きのカフェがあり、バルコニーからは、他の建物に視界を妨げられずに街と島を見渡すことができた。ぼんやりとした午後の陽光が、ガラス張りの屋根を照らしていた。高い場所にいるにもかかわらず、太陽光は鈍い。私たちはガラスに額をくっつけ、真下を見た。最寄りのフィフス・アベニューでは車やバス、人間が、まるで蟻のように入り乱れて動き回っているのが見えた。人間は数えられないほど小さい。不思議なことに、予想していた眩暈はここでも感じなかった。ひょっとすると、ここは眩暈を感じるには高すぎるのかもしれない。私は今、小さな雲の上に座り、自分とは無関係の人生を送っている下界の人間たちを、神のように観察しているのかもしれない。時おり自分が立っている足下が揺れるのが感じられる。ガラスに守られ直《じか》には感じることができない風が、この建物全体を揺り動かし、その振動に不安な気持ちを覚えた。しかし自然の力も、人間の技術の結晶でもあるこの巨大な建物にはかなわぬようだった。街にはかすかな蒸気が立っており、その霞の中で誇らしげなビル群はシルエットのように見えた。

　この地点からは一つ一つの高層ビルがよく見え、神のような的確さでその高さを比較し、定めることができた。地上にいる人間には、そのような推測を立てることも困難であろう。南の方角を見渡すと、海の波が砕けるマンハッタン島の尖った先端に、天を指す自由の女神が遠くにかすんで見える。対岸の港には、ハドソン川の霧がかかっている。遠くの西の空はすでに夕暮れの淡い赤に染まっている。

　降りようとした際に、この世界一高い屋上からさらにそびえたつ、一般客には立ち入りが禁止されている塔がふと目に入った。そして、この塔のてっぺんに登りたいという欲望がこみ上げてきた。しかし、それを登ったところで、今度は空に浮遊する雲をうらやましく思ってしまいそうである。無言の塔は大胆に、青みが残っている空へと突き抜け、その数々のガラス窓は夕日の中で、遠くのほうに向かってきらきらと輝いていた。

　夕食に招待された総領事のところでは、世界と政治について熱く語り合い、大いに飲んだ。ホテルへ帰ったのは遅かったが兼松はまだ寝たくないと言い、再度外へ出ることにした。本来ニューヨークの日中はおとなしく、夜中に活発になることに私たちは驚かされた。真夜中になってから人々は外出し始める。私たちはタイムズ・スクエアへと向かった。夜中の人混みに混じって歩いていると、き、一人の通行人が私たちに向かって〝バンザイ〟と叫び、また人間の渦の中へと消えていくまで手を振り続けていた。この夜の街を不気味に思った。私は何度もコートの深いポケットに入っている財布に手を伸ばした。

五月二日（金曜日）

昼に天野（豪一）副領事の招待で日本食店へ行った。彼の妻と娘が私たちと長い旅を共にし、そのお礼としての招待でもあった。

午後には領事の車に乗って街中を走った。混雑した道路を走っていくと、世界の資本主義の拠点でもある、世界的に有名なウォールストリートに出た。細長い通りには古くて黒ずんだ高層ビルが立ち並び、私はここの暗い印象を払いのけることができなかった。頭を垂れ下げ、暗い表情でせわしく、そしてなにやら打算的に人々は動いている。しかし、この高層ビルのすぐ裏にはスラム街が広がっており、何千もの人間が高層ビルの陰で厳しい生活を強いられていることに人々はまったく無関心のようだった。ニューヨークとブルックリンをつなぐ橋の上にはたくさんの車が並んでいた。マンハッタン島北部の大学付近にはカーネギーの住宅があり、億万長者らしからぬ非常に質素で控えめな二階建ての家だった。

夕方には三菱の社長に招待されていた。彼の住宅はセントラル・パーク付近にあり、そこからは夜の街がきれいに見渡せた。高層ビル群の前面は何千もの明かりで内側から照らされ、光のカスケードのようで、屋上から放たれるサーチライトは夜の空を鮮やかに彩っていた。

十一時になってもやはり寝る気がしなかったため、私たちはブロードウェイを歩き回り、アメリカの週間ニュース映画を観た。まずはリンドバーグがスクリーンに現れ、孤立主義について喋った。観客の熱烈な拍手喝采はやむことを知らなかった。その次にルーズベルトが現れ、独自の干渉政治について長々と語った。観客の拍手喝采は同じく強烈で熱狂的だった。私はアメリカの大衆の精神の理解に苦しんだ。彼らはリンドバーグを支持しているのか、それともルーズベルトを支持しているのか、もしくは両者？　あるいは内容を完全に理解できず、隣の人が拍手するならそれに負けないくらい拍手してやろうという思いからなのか。

外では、大西洋で深刻化している潜水艦の脅威を訴えて昇給を求める海軍軍人たちのデモが行われていた。その中には、私たちが乗る予定だった〝アメリカ・エクスポート・ライン〟の船員たちもおそらく参加しているはずだった。私のニューヨークの滞在期間を延ばしてくれていることに、私は内心感謝した。一人もしくは二人で、プラカードを掲げ、そこには海運会社の不正や、群衆の理解を得るための言葉が書かれていた。女性も行進に参加していた。

街角には一流の洋服に身を包んだ物乞いが座り込んでいて、通行人は彼の隣に逆さに置かれた新品の帽子にコインを投げ入れていった。この男は帽子にコインが自動的に溜まっていく間は眠っており、収入を上げるために何かしらの芸を披露することは少しも考えてもいない様子だった。しかしどう見ても、彼はまだ普通に仕事をして稼ぐことができる体格だった。物乞いをするほうがより儲かるのか、それとも仕事が見つからないのか？　アメリカではたくさん稼ぐことができる。これはまず間違いない。いかにして稼ぐかはあまり重要ではないようである。

五月三日（土曜日）

私は兼松と五番街を散歩した。朝靄《あさもや》の中で乏しい日光が通りを照らし、細長い公園の芝生と木々の樹冠を飛び交っている。私たちの足は骨の折れる長旅で疲れきっていた。ゆっくりと通りを歩いた。建物やビルの白いファサードを目で追っているうちに、急に高層ビル群に切れ目ができ、そこに目が止まった。そこには、高いビルに挟まれた、控えめで目立たない教会が建っていた。巨大ビルに囲まれたこの小さな教会は、その周りとはあまりにも対照的であったため、見逃すことができなかった。そのゴシック様式の造りは少々グロテスクに見えた。尖塔は他の教会と同じく、人類が何世紀も前から目指し続けている天へと向けられている。しかし、高層ビルの陰に隠れていては、誰もその威厳を感じることができない。ヨーロッパで何百万人もの信仰者を何世代にもわたって天へと導いている魔法の力は、ここでは感じられない。天空にそびえる塔は何となく可笑《おか》しくみえた。

市立図書館を通り過ぎようとしたとき、私たちはちょっと見物してみたいと思った。一歩足を踏み入れた瞬間、建物内の深い静けさが私たちを襲った。比較的小さな部屋では数多くの男女が読書にふけっており、空いている席はなかった。皆が読書に熱中しているらしく、私たちのようなまれな来客者に興味深く眼を向ける様子はなかった。私はその数々の読者たちの熱意と真剣さに驚かされた。この騒音に溢れた都会に、このような場所があることは予想外だった。そう、読書好きはこの広い世界のどこでもやはり同じだった。もう一方では、このような豊かな世界都市に、読書の設備としてもっと整った部屋がないのが不思議に思えた。

活気溢れる交差点に来たとき、混雑している人混みへ一台の車が物凄い勢いで突進していき、歩行者たちは死に物狂いで通りを渡った。そこへ、いきなり一人の男性が両手を広げてその車の前に立ち、行く手をふさいだ。運転者は怒り余って怒鳴ろうとしたが、その男の同行者である二人の婦人を見て黙り込んだ。その婦人のために車はその場で停止した。伊達男は婦人たちを連れてわざとゆっくりと、他の皆が忙しく渡っていった反対側へと歩いていった。その動きには、彼の優越感がひそかに、しかし確実に表れていた。アメリカの女性崇拝主義は限度を知らないようである。女性に対して交通事故を起こしたり、女性に轢《ひ》かれてしまったりしては終わりだ。法廷ではすべての状況において、女性が優位なのである。誰もが女性が運転する車を恐れ、誰もが運転中に女性に目の前を遮られるのを恐れるのである。その上交通警官でさえ、一時停止標識を無視する無謀な女性に対して無力だ。アメリカ人女性は単に甘やかされすぎである。その事実を婦人たちを連れ歩いていた紳士が利用したのだ。

　世界的大規模の百貨店メイシーで私は良くできている旅行鞄と万年筆を購入した。

　昼食には高層ビルの一階にあるセルフサービスの食堂へ行き、夜はイタリアレストランで食事をした。

　夜中に、タイムズ・スクエア付近にある本屋でトーマス・ウルフ（註＊小説家）のさまざまな作品を購入。店主はそれを不思議そうに見ていた。私はこの作品集を日本にいるときから楽しみにしていたのだ。

　夜中の二時過ぎにやっと寝床に着いた。

五月四日（日曜日）

日の照っている通りへ散歩に出掛けたが、街はまるで眠っているようだった。日曜日の休息を強調しているかのように、店のシャッターは下ろされていた。私たち日本人の目から見るとなんとも不思議な光景である。営業中の店で何足か靴下を買った。スポーツ用品店で兼松は革のジャケットを買った。店主は私にも一着売りつけようとしたが、このようなジャケットは日本では職業運転手やギャングしか着ないと思ったので断った。その代わりに青色の毛糸のセーターを快く買い求めた。

夕方はホテルの北側にあるセントラル・パークへ行ったが、足はしだいに重くなってきた。池の白鳥が夜の暗闇の中で鈍く光っていた。あちこちの木々の下で抱き合っている男女を見たが、私たちの常識と美徳とはかけ離れたものである。

しだいに疲れもたまり、地下鉄に乗ることにした。粗末な格好をした、顔が赤ワイン色にほてった年配の男性が車両によろめくように乗車し、恐れていたことに私の隣に座った。さらに不愉快なことに、その男はハーモニカを吹き出した。精一杯吹いてはいるものの、メロディーにもならない音を出すのがやっとのようだった。そしていきなり席から立ち上がり、へこんだ帽子を手に取り、チップを要求してきた。私たちのところへ来たときに、深い帽子の底にいくつかの銅貨があるのが見えた。

五月五日（月曜日）

私はメイシー百貨店へ買い物に出掛けた。日本で教わった知識を活かし、子ども用の洋服売り場へ行った。ここなら日本人でもサイズの合う下着を見つけることができるからである。女性店員はすぐさま私を上顧客と察知し、すべての売り場へと案内し、さまざまな商品を見せてくれた。ナイトガウンとシャツ数枚、下着を購入した。私がドイツへ旅するのだと知った店員は、それに感激した。「素晴らしい!」と言い、その響きには、古き良きヨーロッパに対するアメリカ人の憧れの気持ちがこもっていた。軍が実施している反ドイツのプロパガンダが、一般人の考え方に与えている影響がいかに小さいかに驚かされた。私がドイツへ行くことを聞いて、それに対して動揺する人はいなかった。逆に、温かい励ましの言葉をもらった。日本に対して激しく行われている扇動も、国民の心の奥深くにまでは達していなかったようだ。どの店に入っても私たちは歓迎され、程よい接待を受けた。

販売熱心な店員は、私が求めていた帽子がこの売り場では見つかりそうにないと判り、すぐさま五番街にある、自分の夫が経営している帽子専門店の住所を書いてくれた。その上電話で彼に私を紹介してくれた。このような既婚の女性が外で仕事を持っていることに私は驚いた。その仕事に彼女は楽しみを感じているのか、それとも負担に思うのか？　私の頭には、未婚の女性しか働かない自分の故郷がふと心に浮かんだ。

腹が減り、街角で開いている食堂に入った。街角には必ずといっていいほど、簡単で早く食べられる軽食店がある。立ち食いか、あるいは脚の長い腰掛に座ってホットドッグ、つまり焼きソーセージにパンとレモネードなどといったもので元気を取り戻すことができた。高級な毛皮を着た貴婦人でさえ、こういった軽食店で食べたりする。私はよくにわか雨を逃れるために入った。

ホテルでは兼松と彼の友人（註＊鶴見さん）が私の帰りを待っていた。その友人は、ニューヨークから近いアルバーニの大学に通い、自分の車で私たちに会いに来ていた。私たちは一緒にドライブに出掛けた。マンハッタン島の端に沿って走り、前方の海では波が激しく海岸の岩に当たっているのが見えた。その岩塊を突き抜けるいくつかの短いトンネルを通過し、ハドソン川を越える長い橋を経て大陸へ向かった。橋を越えるのに五〇セントの料金を払わされ、少し驚いた。いくつかの村を通過していき、その村々は大都会の周辺に位置しているにもかかわらず、とてものどかで、人々の表情にも田舎っぽさがうかがえる。鶴見さんは私たちの希望に応え、日本ではあり得ないほど速く車を走らせた。途中でガタガタいいながらのろのろ走る四角い馬車風の、非常に古い車を何台か追い越した。私たちは、その何世代も昔の、少々時代遅れの車種が古いという価値を持ち、非常に高い評価を得ていることを教えられ、見くびってはいけないことを知った。人々はまるで狩りのようにそのヴィンテージ車種を手に入れようとしているのだ。所有者もこの乗り物を誇りに思っているようだった。車を運転する人は常に、一番古いモデルか、もしくは一番新しいモデルを手に入れようとするらしい。

また街に戻ってきたときにはすでに夜だった。私たちは小さくて居心地の良い日本食店で故郷の味を堪能した。

五月六日（火曜日）

ついに、大西洋への旅立ちの日が来た。夜中の三時まで山本さんや故郷への手紙を書いていたにもかかわらず、電話の音を聞いて私はすぐさま起きた。各山さんと合流して共に食事をするまで少し時間があったので、いくつかの用事を済ませるために外出した。朝の街はいつものように靄に包まれていた。私は、昨日、メイシーの店員に教えられた帽子専門店〝TARDY HAT〟を探しに行ったが、見つけることはできなかった。ふと五番街で〝KNOX HAT〟の店を発見し、そこで一〇ドルの帽子を買った。帰りの道中に後悔の念が少なからず私を襲った。一〇ドルも払って買った帽子で私の価値が上がるわけでもなし。私は愚かだ！

朝のニューヨークはまだ眠そうな印象を与えた。微《かす》かな日光が私の頬をなでた。理髪店へ行く時間はもうなかった。ホテルでは兼松と各山さんが私を待ち受け、忙しく朝食を共にした。五泊も過ごしたこのタフトホテルとのお別れの時がついに来た。鶴見さんもお別れの挨拶にきた。領事館の専用車に乗り、リンカーン・トンネルよりもさらに海に近いところでハドソン川を突き抜けるトンネルを高速度で走り、やがてニュージャージーの港にたどり着いた。船に乗る前に、いろいろとお世話になった星出さんにお礼を言った。

私たちの荷物がすべて船に載っているのを確認し、少しデッキを歩き回った。九〇〇〇トンしかないこの小型船が意外にも広いことに驚いた。完全に乗客用を基本に作られているという理由があった。しかし豪華船とは違い、この船の古臭さと安っぽさに対する失望感を抑えることができなかった。ドライブの際に見たハドソン川に係留していたあの何隻もの素晴らしい巨大船を愛おしく思った。クイーン・メリー号やノルマンディー号などといった船は、船腹に貝殻や海藻をくっつけて、岸壁で無言に揺れていた。

船がなかなか出発せず、私は入り口辺りで旅行鞄の上に座り、頭を空っぽにして日光浴をした。横浜、ホノルル、ニューヨーク、どの港も同じだ。しかし出発時に軋《きし》むクレーンやカラカラと音立てる錨を聞いたときの私の心境は毎回違う。さらばアメリカ、さらばチャーリー、トムキンソン、イーダさん、ブラックさん、お達者で！　すべての方々に感謝とご健闘をとの気持ちを静かに唱える。

汽笛が鳴った。足元が揺れ始める。また新たな海への出航だ。またたく間に船は港を離れていく。強い海風が正面から直接顔に吹いてくる。その中には海岸、潮、海、大洋、果てしない広さとさまざまな風の匂いが混じりあっている。たとえようのない幸福感が私を捉えた。私は急に、今までの旅をとおしてこの上ないほど元気になった。二度とニューヨークの高層ビルを通る細い路地を這うように歩かなくて良いのだ。私の行く道は海の上に、大洋の上にあり、波、風と嵐を越えていかねばならないのである。海の化け物よ、出て来い、戦う準備はできている！

私は手すりの上に身を乗り出し、水面を見た。「なんと素晴らしい海の香りだ！　やっぱり海は最高だ」隣で同じく海に見惚れている私の友人木本（三郎）に向かって叫んだ。彼は無言でうなずいた。

船が進むにつれ、ハドソン川の幅は徐々に広がり、前方の水平線もだんだん丸みを帯びてきた。マンハッタン島が一つの島であることが認識できるようになった。高層ビル群の中から、私が知っているビルを目で探した──エンパイヤ・ステート・ビルディング、ロックフェラー・センターなど。正午になったにもかかわらず、巨大ビル群は青みを帯びた靄に包まれ、まだ眠っているようだった。船の進行に伴い、その静かで大きな影たちはゆっくりと動いているように見えた。

さらばニューヨーク！　海岸の西側には、この大陸を守り続けている自由の女神が、天に向けて立っている。エンパイヤ・ステート・ビルディングの屋上から初めて遠くに見えたあなたの美しい姿、私はあなたをどれだけ愛おしく思ったであろうか。そして今、あなたは私の前でこれほど近く、そして気高くそびえ、風にも波にも耐えている。右手では自由の松明《たいまつ》を高く突き上げ、左手では永遠の自由を約束する書をたずさえている。自由よ、永遠に不滅であれ！

私は右手を上げ、女神に挨拶した。

一隻の貨物船がこちらに向かってきた。上半身裸の船員たちが私の挨拶に応えてくれた。私たちの汽船は速度を上げていった。船から見る波も次第に速く私たちを通過していった。煙突からは黒くて濃厚な煙が押し出される。煤が舞った。汽笛が鳴り、私は渋々と手すりから離れた。私たちに同行していたかもめの群れは徐々にまばらになっていったが、それでもなお灰色の海鳥たちは船尾や帆柱の周りを忠実に飛び回っていた。私はもう一度深く、海風を肺に吸い込んだ。この古い船で安全に海の旅を乗り切れるかという心配はとっくに吹き飛ばされていた。汽笛に従って手すりを離れるのが残念で仕方なかった。

五月八日（木曜日）バミューダ島

今日は朝から日本人旅客の間で息苦しい、少し不気味な沈黙が続いていた。突然予期できない恐ろしいことが起こり、ゴールの手前で私たちの長旅を脅《おびや》かす何かを皆が嫌々感じ取っていた。私たちは大西洋上におけるイギリス軍事前線でもある曰《いわ》くつきのバミューダ島へ近づいていた。最初の突発事件が起きてから、私たち日本人にとってここは非常に危険な場所であった。以前に何人かの記者が同じ経路でドイツへ向かう際ここで引き止められ、厳しい取締りで捕まったのである。そしてイギリスの海賊たちに、彼らの敵でもあるドイツに重要な情報が渡ってしまうからという口実で持ち金と書類をすべて盗まれてしまったのだ。この事件を知っていた私たちは恐怖感にとらわれた。起こり得るすべての状況を想定した上で、心の準備をした。前日から私たちは、さまざまな書類や貴重品を鞄の隅などに隠した。あるいは重要な書類を小さく束ね、最悪の場合に船から放り投げられるように準備もした。私はいくつかの個人的に大切な記念品以外に隠すものは特になかった。したがって私は、差し迫ってきたイギリスの警官たちとの衝突を冷静沈着に、少々冒険的な気分をまじえながら待ち受けていた。

いつものグレープフルーツとオートミールの朝食を済ませた後、私は接近してくる島を見にデッキへ出た。

雲ひとつない晴天から降ってくる眩しいほどの太陽光線は、何万もの小波をきらめかせ、この世界をひとつの輝かしい鏡へと変えている。サングラスをかけてやっと目を少し開けることができた。誘導され、船はゆっくりと岩塊とブイの間を港へ進んだ。船は歩く速度で徐行している。私はゴボゴボ音をたてている澄んだ水に飛び込み、その誘惑的な、緑色の冷たい波を掻き分けながらゆっくりと船に添って泳ぎたいという欲望を我慢強く抑えた。この辺りでは、水中を泳ぎまわる魚や、海底に潜む苔や貝に覆われた岩塊まで見えた。岩礁の間の細い航路を、大きめの私たちの船を安全に運んでいる船長には感服する。岩の尖った先が至るところで水面から突き出ていた。奇妙な形の松がそれらにしがみつくように生え、嵐に耐えているようだった。船が枝の近くを通過して行き、それを簡単にへし折ることもできた。昼頃にやっと船はセメントで固められた埠頭に着いた。待ち構えていた厳重な検問が行われなかったことに対し、私たちはいささか失望した。英国の検査官は私たちを無視していた。日本人記者相手に起こした事件に対する日本側の精力的な抗議がもたらした結果なのか？　だから彼らは私たちをほっておいているのか？

しかし、この先の見通しがない状況の中で、蒸し暑い船の上で一日中待機していた私たちは、形式上の検査だけ受けて入国が許可された英国人とアメリカ人の乗客らをうらやましく思った。このひどい対応に怒りを感じはじめ、私は英国の検査官と直接話そうとした。しかし例の事件を熟慮する仲間たちに止められ、その上検査員たちの厳しい表情を見た瞬間、自ら一歩退いた。

このように唯一残っている乗客として、私たちは暑苦しい船の食堂で昼食をとった。たくさんの蝿が飛び回り、もともと少なくなっていた食欲がさらに減退した。経験豊かな商社の社員でもある藤瀬（清）さんに、生のアサツキを食べると口臭がひどくなると忠告されたにもかかわらず、私は食欲を出すためにそれを大量に食べた。船が港に着いてから、キャビン内は蒸し暑くなり、室内はまったく風が通らなかったために、私はデッキの上を歩き回り、船と陸の状況を観察した。

この島には小さな街もあり、療養地でもあるようだった。色彩豊かな低い家々が立ち並んでいる。その間を抜けるように、白く細いアスファルト道が通っていた。着いたときから気になっていたのが、車の国アメリカに近いのにもかかわらず、この島では辻馬車と自転車が唯一の交通手段であることだった。二頭の馬が、がたがた音を立てて引く軽量の荷車に乗って人々は移動する。たくさんの馬車が船の近くに並び、まだ見たことのない街へと乗客を運んでいった。船から無事に降り、愉快そうに洒落た馬車に乗っていく乗客たちが、大西洋に浮かぶこのロマンチックな島の奥へと消えていく様を、私は不愉快な気持ちで門の外から眺めていた。色鮮やかな木造の家々はマッチ箱と積み木のように見えた。海に沈む街アトランティスにも負けないくらいロマンチックだった。

この島の古風な移動手段は戦争やガソリン不足が原因ではない。これが本来の姿なのである。もしかするとこの原始的な様式には、裕福なアメリカに対するイギリス人のいやみが少々混じっているのかもしれない。週末に訪れるアメリカ人観光客もこの島の独自性と魅力に心を奪われるであろう。彼らは乾いたアスファルトの上で子守唄のように鳴り響く心地良い蹄《ひづめ》の音に耳を傾け、木の車輪の音と馬車の揺れを体感することによって、ゴムタイヤと厚いクッションで地面のでこぼこさえ感じられなくなった自国の文明から解放されるのである。

その愛嬌のある馬車の他にはたくさんの軽自転車が町の全体像を作り出している。先端に取り付けられている籠のほかには特に付属品がない、いたって簡素な乗り物である。辻馬車特有の鞭の音と馬車の間を素早くすり抜けていく。

軽快な自転車とロマンチックな馬車はここでは見事に溶け合っていた。

突然クレーンの鎖がきしむ音を立て、私の思考を遮った。

夕食時に私たちはまた海の上を航行していた。ヨーロッパ行きの最初の難関を、予想していた困難を回避することができたことで、全員の表情には安堵と歓喜の気持ちがひそかに表れていた。

五月十六日（金曜日）リスボン

五月十六日、私はついにヨーロッパに到着した。昨夜、暗い海上にヨーロッパの最初の明かりを発見したとき、その幸福感を味わった。人里はなれた岩礁の上に立つ灯台の明かりが暗闇の中に浮かんでいた。まもなく真っ暗な水平線に朝日が昇ることだろう。疑いもなくリスボンの明かりだ。私たちのこの幸福感を誰が表現できるだろうか。道中には、バミューダ沖で潜水艦を待ち構えているイギリス海軍の厳しい検問や、自然災害による恐怖など、たくさんの危険が潜んでいることも考えられた。しかしダモクレスの剣のような脅迫的な政治的変革など私たちの身には何も降りかかってこなかった。全てが順調に進んできた。

船は埠頭に近づき静かに接岸した。街の明かりは丘の上まで続いており、街の輪郭を形成していた。摩天楼に慣れてしまった私たちの好奇心いっぱいの目に、この色彩豊かな情景が飛び込んできた。緑の丘を心地よく登り、童話の本をぺらぺらとめくっているような気分になった。私たちは西洋文明発祥の地のヨーロッパにいる。その文明を作り上げた力が世界の歴史を実現させ、形成したのだ。

船が錨を下ろす前に、西側の片隅にあるこの孤独で静かな埠頭を見つめた。ここでは政治的異常事態などにおいてのみ、大きな国際的な交易の場としてまたもや関与させられることになる。体格のよい女性が船員と談笑していた。驚いたことに彼女の鼻の下には立派なひげが生えていた。これはこの港におけるロマンティシズムだろうか？

M会社の男性が私たちを出迎えてくれた。敷石が敷き詰められた狭い道路を車でホテル・アヴェニダパラストに向かった。石造りの建物を始め広場ごとに記念碑があり、私たちは現代から中世に迷い込んだような錯覚を覚えた。私たちはこの南の国の街明かりを楽しんだ。明かりは街を生き生きとさせ、私たちの目に痛いぐらいに輝いていた。髪の毛が多くてひげがあり、大きな魚の籠を持ったがっちりした女性たちが通りを歩いていた。ここに赴任している公使の千葉（蓁一《しんいち》）から、ポルトガルでは太って毛深い女性が理想的であることを聞かされた。

ホテルのエレベーターは最も時代がかったもので、私たちの目には博物館行きではないかと思われたぐらいだ。エレベーターボーイとの会話は私たちのヨーロッパでの最初の難関となった。その少年は英語を話せなかった。いくつかの単語で通じるようなブロークンなフランス語で何とか急場しのぎをした。

食事前に私は不安を感じた。船上やアメリカで、まるで本格的な食糧難が押し寄せているかのように、ヨーロッパ大陸での食糧事情を話題にしていたからだ。しかしリスボンのホテルの魚は旅行中で一番美味しかった。しかし水代わりにポートワインを飲まなくてはならず、私にとってそれは非常に新しい経験で慣れなかった。水はここではあまり衛生的とは言えず、ミネラルウォーターはワインよりも高い。

夕暮れになり、旧市街を散歩した。長時間に渡る黄昏《たそがれ》は日本人にとって初めてのことであり、これも新しい体験で快適なことだった。

五月十七日（土曜日）

　私は兼松と街をぶらついた。最初に城塞を観光する予定だったが、その城塞は古い時代のものでリスボンを一望できるところにあった。私たちはそこへ行く代わりに小さくて目立たない靴屋に行った。辞書とジェスチャー、表情を駆使して革靴を一足と底革を買った。

　ホテルのホールで一人の年配の日本人と知り合った。彼が話しかけてきた。さもなければ私は彼のことを中国人だと思っていただろう。長旅で私たちの目は鈍感になっていた。

　彼は南アメリカ経由で日本へ戻ろうとしていた。多年の苦労で顔には深いしわが刻まれていた。彼は郷愁に駆られていた。母国への最後の道を閉ざされるのではないかという不安から、イライラしてビザを待っていた。夕方には他の日本人とも知り合いになった。斎藤（正躬《まさみ》）は同盟通信社の特派員として危険な状況を体験したいということで、イギリスへと旅立つことを考えていた。彼は私たちに中国で戦争報道官として従事した体験談を語った。

五月十八日（日曜日）

　朝のにわか雨が街中に降りそそいでいた。城塞に行くべく腰を上げた。太陽があちこちの小さな水溜りに映っていた。どの通りからも堂々とした城塞が顔を覗かせていたのに、私たちはそこへの道をたびたび尋ねなければならなかった。やっとのことで塔にたどり着いた。そこには子どもたちが大勢集まっていて、私たちに通行税を要求し、物乞いをするために大声をあげながらついて回った。ほとんどが裸足で、でこぼこの敷石の上を走っていた。そのうちの一人が丘の頂上まで案内してくれた。そこは緑の草原が広がり、ムーア人により十四世紀に建てられた城塞が南国の空へとそびえ立っていた。私たちは踏みならされた石の階段を登り、滑りやすい地下道を無理して通り、深くて暗い湿った地下牢を身震いしながら見学した。それは私たちが今まで小説や絵画などですでに知っているものであった。冷たい穴倉から再び太陽の暖かい光の下に出て来たときはほっとした。街は目の前に明るく広がり、遠くには海が青々としていた。白いアメリカの戦艦が数隻、まるでここが住処《すみか》のように居座っていた。軍旗が湾上にはためいていた。突然、案内人である十歳位の少年が斜面を転がるように降りていく。そこには真っ赤なけしの花が咲いていた。彼は花を無邪気に一本摘み、優雅な身のこなしで「ポンポヤ、ポンポヤ」と快活に叫びながら私に差し出した。草原は溢れるような光のもとに広がり、赤い器のように太陽の光を浴びていた。そよ風がそっとそれを揺らしていた。ムーア人の歴史ある廃墟は明るい光の中でじっと佇んでいた。そこで日本の昔の俳句を思い浮かべた。

夏草や兵どもが夢のあと

私たちはゆっくりと丘を下って港へと歩いていき、途中アイスクリーム屋に立ち寄った。そこには腕にカラフルなネクタイを束にして抱えた男が身振り手振りで売りに来ていた。風は海上を流れ、間断なく岸辺に波打たせていた。私たちは海を見ながら深呼吸をした。二日間感じなかった海の香りを吸い込みとてもうれしかった。

ポルトガルの五月の長い一日が終わろうと

している頃、私たちは闘牛場に車で出かけた。ドン・キホーテのような勇敢な闘牛士が甲冑をつけ目隠しされた馬に乗って登場した。そこに年老いて痩せた雄牛が角で馬の腹に向かって、虚しく突進した。この光景を私たちは失望と憤激をもって見ていた。闘争心のない牛を闘牛士は落ち着いて用心深く木の棒でかわし、その間大騒ぎの観客は気力を失った牛をはやし立てていた。その牛が調教された牛によって穏やかに闘牛場から連れ去られると、闘牛は終わる。倒れた牛が迎えに来る牛とその次に登場する牛を待ち、速やかにこの闘牛場から去るというこの様子を見ていて、私は牛がこの闘牛場で長年雇われており、怒りを表したり唸ったりするように調教されているのではないかと疑った。牛が参加しない二人の正闘牛士による乗馬ショーではその技術に感激した。

商店街を抜けてホテルへと帰った。夜には特派員である斎藤の興味深い話に耳を傾けた。

五月十九日（月曜日）

日本公使の千葉夫妻に別れを告げた。滞在中はよく彼らのお客として招かれた。公使館の部屋で友人の荷造りを手伝っていたら突然ぱらぱらと雨が降ってきた。ここではよくある雨だった。雨はピチャピチャ音を立てながら降っていて、私はドアの前でその心地よさを体験した。まもなく街はまた太陽光の洪水に見舞われるだろう。公使館前のバラ花壇の周りを歩いてみた。この華やかな色や素晴らしい香りに私は心を奪われた。葉が青々としている並木や、緑やカラフルな色の滴を振り落とす葉など、その全てを満喫した。私はもう一度数えきれないほどの丘や、そこに広がる街、私の目に焼き付くきらめく太陽、その全てを憧れのまなざしで見つめた。

やっとの思いでとれた汽車で、お昼ごろスペインに到着した。

私たちは汽車の中に船旅で一緒だった人を何人か見つけた。その中には娘さんと一緒にスイスに行こうとしている家族や、私にいつも微笑みかけていた赤ら顔のアメリカ人の急使もいた。

窓から見る景色は特別なものではなかった。単調で山の多い景色の中を汽車は走った。まもなく眠ったが、駅に着いたときには汽車を降り、線路伝いに散歩をした。トンネルに差し掛かったときに、アメリカ製の懐中電灯でトンネル内の煤けた壁を照らしてみたが、その並外れた光の強さにびっくりした。

五月二十日（火曜日）

スペインの首都マドリッドは一見しただけで強い感銘を受けるところではないことがわかった。まるで田舎のような街だった。黙って駅の壁に寄りかかり、私たちは薄暗い陽の光の中で検査が終わるのを待っていた。建物の前の手入れをしていない草の上で、雌鳥が数羽鳴きながらミミズを探していた。私は風でどうやって茎が曲がってしまうのか、ぼんやりと眺めていた。ざわめきが聞こえた。何とも言えない気持ちが突然込み上げてきた。この街の中心にある砂漠の乾いた風に、故郷の雰囲気を感じた。私の頰をなでる新鮮なそよ風は、故郷でよくヒューヒューと吹いていた風と同じである。その風によって私は体中に血が巡るのを感じ、食欲が刺激された。私は全身で目覚めて元気になった。おそらく砂漠の乾いた気候が、私の故郷のそれに似ていたからである。故郷の風は湿気を山の外側の斜面に落としていた。

まもなく官補の田村（幸久）が、優雅な建築のパラストホテルまで私たちを連れてきた。私は洗濯を頼みたかった。一人のメイドが私の呼び出しでやって来たので、洗濯を急いでやってもらいたいと、分かりやすくはっきりと英語で伝えた。しかし彼女は洗濯物の袋を受け取らずに、ただ「マリアーナ」（明日）とだけ言うと、ニコニコしながら立ち去った。マドリッド公使の須磨（彌吉郎）氏はこの国の外交を「マリアーナ政治」と呼んでいた。この国の決心がつかない、ためらうような外交態度を言いたかったのだ。決定を下さなくてはいけない重要な問題全てに対してマリアーナ、つまり物事を遠くに押しやってしまうことを言う。明日という日が約束どおりに来るとは限らない。マリアーナとは時間を守る仕立屋や職人と違い時間にルーズなことである。

その日のうちに須磨公使のところに行った。彼は有名な画家の作品を個人的に収集し、私たちにそれを誇らしげに見せた。夕方になり、田村官補が私たちをダンス会場に連れて行った。私はそこで初めて男性と女性が大きな公共ダンス会場で音楽と共にくるくると踊るのを見た。

五月二十一日（水曜日）

早朝、兼松と私は旅行で疲れた足を引き摺りながら、世界的に有名なプラド美術館を訪ねた。前世紀の巨匠の完璧な芸術に完全に魅了され、立つこともできないほど疲れきっていたにもかかわらず、次から次へと展示されている部屋を通って絵画を鑑賞した。何千もの古典作品や価値の高い作品など、どれ一つとっても高価な作品が並んでいた。素晴らしい色使いで描かれた華麗な婦人たち、その隣には愛情のこもった聖母マリア像が、また太陽が黄金色に輝く柔らかな風景画の隣で展開する大きな戦場の絵などの作品が、またムリーリョやラファエロ、ホルバインなどの作品……特にゴヤの作品の収集には目を見張った。色に喜びが溢れていた若い頃の作品から、彼が暗い死の影に歪んだ表情の薄気味悪い人影を見たという晩年の作品まであった。さまざまな変貌を遂げた人生がありありと見えてくるような絵のシリーズの前に立った。この絵の強い印象が私の心に悪夢のように焼き付いてしまった。

美術館を出た頃は、疲れがどっと出ていた。そのとき白い聖体拝領の衣をまとった少女たちを見かけた。彼女らはおそらく教会から出てきて白い蝶のように道路を渡っていた。私は彼女たちを見て子どもの頃に見た夢を思い出した。

五月二十二日（木曜日）

私たちはサンフランシスコ大聖堂を訪ねた。そこは歴史ある古い建物の狭間の暗いところに押し込められたような大聖堂だった。

午後になりまだ太陽が燦々と輝いている頃、私たちは闘牛場に行った。ポルトガルの闘牛とは大きく違い、ここでは最後の血の一滴まで戦わせていた。ここに両国の国民性の違いが現れていた。観客の荒れ狂ったような拍手のもとで闘牛士は派手な民族衣装でお供を引き連れ、闘牛場に登場した。オーケストラがカルメンを演奏すると、背中に一撃を受けて苛立った雄牛が闘牛場に唸りを上げて突進してきた。すでに赤い布が右へ左へとはためいていた。それに向かって雄牛はなりふり構わず盲目的に突進するが、闘牛士は赤い布を素早く脇に振り、後方の木製の壁に避難するので、むなしく的が外れる。牛は他の闘牛士が振る赤い布の方向におびき寄せられる。騎馬闘牛士は野性的に走り回る雄牛を馬で追いかけ、背中に槍を刺して牛を怒らせる。牛は馬との絶望的な競走で明らかにへたばり、闘牛場のやわらかい砂の上で息も絶え絶えになった。闘牛士は牛に気づかれないようにこっそりと近寄り、剣を喉に突き刺した。牛はがくっと膝を折って倒れた。観客の熱狂的な拍手に対して闘牛士はあらゆる方向に向かって、船の形をした帽子を手にして地面に付くまで深々とお辞儀をして応えた。軽やかな音がするベルの首飾りを下げた六頭の馬が闘牛場の砂の上で悲惨な死を遂げた牛を引っ張って行った。血の跡は全て砂によってかき消された。

こういう血なまぐさいショーに興奮する男や女の心情に対して、私は長いこと頭を痛めた。人間と動物のこのような戦いに紛れもなく公平さはない。動物には最初から不利にできている。技と芸を使い尽くしたら、人間はいつでも壁の後ろに逃げることができる。さらに助けに駆けつける人もいる。ひらひらはためく赤い布で牛をおびき寄せ、その結果牛は混乱し、やわらかい砂の上をあちこち走り回るので疲れ果ててしまう。やがて抵抗することもできなくなる。闘牛士は機関銃の代わりに剣を手にして闘牛をしているが、その根本には変わりはない。甲冑をつけた馬で、また最終的には人間と牛とが和解するリスボンの闘牛には、見せかけの英雄主義よりもずっと現実味がある。

闘牛の最中、私たちは恐ろしいものを目の

当たりにした。闘牛士が観客に対してちょうどお辞儀をしたときに、その闘牛士に向かって牛が突進してきた。彼はそれをうまくかわし、喝采を受けた。が、荒れ狂った牛は彼を転倒させ、その上を駆け抜けた。その男はすぐに担ぎ出された。観客は叫び、口笛を鳴らし、荒れ狂いののしった。野蛮な騒ぎは闘牛場全てを巻き込んでいた。

五月二十三日（金曜日）

エスコリアル大聖堂を見るために出かけた。車から市民戦争で荒れ果ててしまったマドリッド大学の怪奇な廃墟を見た。当時行われた残忍さがはっきりと読み取れる。それがこの国に残した深い傷跡であり、スペインはそこからまだ完全に立ち直ってはいない。確かにこの国では古い秩序が復活しているが、いフランコ現政権はまだ十分に安定せずに、いまだに革命的な要素はこの国を脅かしていると言われている。

一流ホテルでは古き良き時代のように飲食が可能だった。しかし現実は数千の人々が飢え死にし、栄養失調で死亡している。ペソは闇市でも安値で売買されていた。私たちが車で通った砂漠には枯草があり、穀物畑はほとんどなく、それはこの国の貧困化の証であった。

車は狭い道路を通り、果てしない草原を走った。遠方にまるで蜃気楼のように堅牢なドームが現れた。私たちは全員同時に、まるで口が一つしかないように、「エスコリアル」と叫んだ。まもなく私たちは寂れて埃っぽい村に到着した。村の中心には優れた建築が建っていた。砂漠に忘れられた素晴らしいドームを見に来た来訪者は私たちだけだった。私たちが呼び鈴を数分間鳴らしていると、一人の年老いた僧侶が現れ、私たちを案内した。別世界のように完璧な静寂が私たちを包み込む。まるで自分自身の内なる音が聞こえるかのように静寂で、以前仏教寺に行ったときのことを思い出した。突然にドームの中の薄明かりがさしている場所に出た。堂々とした丸天井が私たちより五〇メートルも高いところにそびえ立っていた。まるで私たちが緑色の海底に沈んでしまったかのような、また私たちが明るい海面に向かって暗青色の海水を通して憧れを持って見上げているような気分になった。この広い空間の唯一の光源である、丸天井の素晴らしい絵画が描かれた小さなステンドグラスを通して、鈍い太陽光はバラ色の束になって降り注ぎ、空気はキラキラ光る金色の塵《ちり》のように姿を変え、神聖なホールの暗闇から力強い光の柱が降りてくる。私たちはこの圧倒的な丸天井の下で、うずくまっているいる小さな名もないミミズのように蠢《うごめ》いていた。お祈りの椅子の列が並び、高い壁には聖人がいて、目は丸天井の小さな泉の方角へと引き付けられ、その奥から新しい光源が束になって暗闇に突き出ているように感じられた。

夜はこの地の海軍駐在武官のところに招待された。私たちの他には朝日新聞特派員の前田氏がいた。彼は現政権について意見を述べた。

五月二十四日（土曜日）バルセロナ

汽車は夜バルセロナに到着した。同僚はコンパートメントの隅でうとうとしていた。一人の年配のスペイン人が私たちに近づいてきた。私は彼とポルトガル語とスペイン語の数詞について会話をした。二人とも熱心に話しこみ、仲間はそれを迷惑がっていた。夜のバルセロナを通って領事館の車は私たちをホテルまで連れて行った。旅の疲れですぐにベッドにもぐりこんだ。

五月二十五日（日曜日）

朝食後に兼松と私はホテル前の並木道を行ったり来たり散歩をした。日曜日だったので、道路はまだ人気がなかった。そこへ二人のスペイン人の若い女性が私たちに笑いかけながら近づいてきて、メダルと募金箱を差し出した。私たちにそれを買って欲しいということが理解できるまで、彼女たちと長い間英語で話した。ホテルに帰ったあとで、それはスペインのＷＨＷ（Women Helping Women）のために集められているものだとわかった。

戦争が勃発したためにフランスから逃げてきて、領事館で小さな仕事に従事していた日本人画家が私たちを街に案内してくれた。最初に領事館に行き、旅行鞄に誰にも開けられないように封印をしてもらった。兼松は蠟で溶かしながら封蠟を楽しそうにやっていた。

街を通り、歴史あるスペインの建物に感嘆した。赤軍がここを最後の砦としたにもかかわらず、建物には損傷がほとんどなかった。オープンなコーヒーショップで休憩をした。飲み物を店の外の日当たりの良い場所で飲みながら、通りを歩いている人々を眺めた。

夕方になり、私たちは山登りをした。その頂上へは山岳鉄道を使った。麓には街が広がっており、夕暮れのほのかな光が屋根に降り注いでいた。土地の人と覚えたてのスペイン語で限られた語彙《ごい》を駆使しておしゃべりをした。兼松は私に合図を送ってきた。彼はかなり腹を立てていた。私のぶしつけな話し方は、スペイン人の前で日本人の恥をさらすものだと言った。私がよくやってしまうような、これは何？　あれはどうなの？　といきなり質問をしてしまうようなやり方は良くない、彼は私にスペイン語の辞書をめくりながら読んで聞かせた。「すみません、質問をさせていただいてよろしいでしょうか？　セニョール、あなたに質問をしてもお邪魔ではないでしょうか？」そのように彼はたくさんの決まり文句を私に聞かせた。彼はもし私がこの悪い癖を直さないともう一緒には出かけたくないと私に釘を刺した。何かしゃべる前は、何を言いたいかをまず考えなくてはならなかった。

山の中のレストランで夕飯をとった。夜の帳《とばり》に包まれ、谷からは濃い霧が窓の外に立ち込めてきた。遠くには暗闇の中に街の明かりと港がぼんやりと見えた。ますます部屋の中の明かりが強く厳かに感じられた。夕食は実に美味で、私たちの旅の最後の平穏な夕食であるかもしれないと思った。また、バルセロナは心配事もなく夜の明かりを見ることができる最後の街かもしれないとも思った。私たちは暗闇の中に埋もれている海の方角をもう一度思い焦がれて見た。

五月二十六日（月曜日）

スペインの税関でファランへ党のポスターが目に付いた。英国からアフリカ経由で祖国へ戻ろうとしていた大学生のうちの一人の女性が、スローガンの一つは「復活」であることを教えてくれた。

フランスとスイスを経て。

フランスでは鉄道列車「WAGON-LIT」に乗って移動した。夕方はナルボンヌで下車した。私たちは敗戦国で初めて食事をすることになったので、気が気ではなかった。一人のスチュアードが真っ暗な夜の街を、近くのレストランに案内してくれた。他のフランス人乗客と一つのテーブルに座り、豆のスープと赤ワインで空腹を満たした。他の国で噂されているほど食事は悪くなかった。店内のフランス人たちは黙々と平穏に食べていた。まだこの国では争いが行われ、敗戦したとは少しも思えなかった。

　私たちはまた列車に乗り、暗い闇の中を走ったが、真夜中ごろに起こされた。日本からここまでの長旅を共にした私たちの友人ー（井川克一）がここで降りなくてはならなかった。彼はこれからヴィシーへ向かうため、この異国の暗闇の中へと歩んでいった。別れは辛かった。夜の冷気が寝着の中へと押し寄せてくるまで、私たちは窓から身を乗り出して彼を見送った。

五月二十七日（火曜日）

　目が覚めたとき、車内はかなり冷え切っていた。すぐに、私たちが今アルプス山脈を越えていることがわかった。窓からは、緩やかな緑色の斜面で牧草を食《は》む牛が見えた。その後ろには万年雪に覆われたアルプスの山頂がきらきら光っている。あともう少しするとモンブランが見える頃だ。

　ジュネーブには午前中に到着した。列車を乗り換えるためには、タクシーを使って川を越え、向こう側の駅へ行かねばならなかった。レマン湖は遠くまで輝き、国際連盟の白い建物が湖の向こう側で堂々と構えている。列車は湖に沿って走り、私たちはその美しい景観を存分に楽しんだ。

　ベルンでは大使館の官補久保田氏が私たちを迎えた。私たちは三谷（隆信）公使に挨拶した。可能ならばスイスで何日間か過ごしたいと思ったが、連れの商社勤務の大平が滞在許可のないビザだったため、私たちはこの美しい国を後にした。チューリッヒ経由で国境通過地点のザンクト・マルガレーテンには夜の十時に着いた。ここからはドイツへの直通列車がなかったため、私たちは夜の暗闇へと放り出された。

暗闇の中で人に道を尋ねながら、やっとの思いで駅近くのホテルへたどり着いた。ホテルは外とは対照的に明るく、頬が赤くて太めの女主人が私たちを親切に迎え入れた。

言葉では言い表せないほど心地良い温かさをこのホテルで感じることができた。何人かのドイツ人がテーブルを囲むように座り、ビールを飲んで話をしながら寛《くつろ》いでいた。今までの旅行で泊まったホテルとは違い、ここは素朴な宿であった。シンプルで飾り気のない内装はとても魅力的だった。長旅を経て、ようやく目的地に近づいてきたところでやっと、私たちの緊張も緩み始め、ここの親密な雰囲気の中で気持ちも和らいだ。遅い夕食後に私は寝床についた。そして突然に締め付けられるほど辛いホームシックにかかった。部屋には石でできた簡単な水瓶《みずがめ》と洗面器があり、水道がないことに気付き驚いた。部屋の照明は薄暗く、斜めに歪んだ壁はベッドの上へと傾いていた。私は何となくロマンチックで温かい雰囲気に包まれている気持ちがした。宿主は私たちにゆっくり休むようにと言った。それが、私が理解できた初めてのドイツ語だった。うとうとしていたとき、家全体にまで響く元気で楽しそうな男たちの歌声が聞こえてきた。民謡を歌っているようだった。翌日知ったのだが、それは私たちの仲間の商社員が仕組んだものだったのだ。彼はこっそりベッドから抜け出して、農家の人たちに酒をおごり、彼らと共に愉快に歌ったのであった。その上、農家の一人からスキー靴用の配給券を取得し、同じ夜に新品の素晴らしいブーツを手に入れた。彼のこういった才能に私は感嘆した。

五月二十八日（水曜日）

朝食後には故郷へ今回の旅の最後の葉書を書いた。この村の絵葉書をとても気に入った。温かく寄り添う家々の瓦屋根の向こうには、晴天に突き刺すゴシック様式の教会の塔が見え、その後ろにはきらきらと輝く広大なボーデン湖があった。私たちが一夜を過ごした、一見目立たない国境の村であった。ゲルマン魂を誇示するこのゴシック様式の教会の塔に、私の目は釘付けになった。

朝日の中を口笛吹きながら、私たちは駅へと歩いた。足取りは軽く、楽しい気持ちになった。頬が赤く健康そうで、それでいて少しおどおどした女の子が、明るく心のこもった笑顔で私たちの荷物を台車で運んでくれた。慣れてきたいつもの検問を通過し、急行列車に乗ってミュンヘンへと向かった。

列車が国境を越えているとき、隣のコンパートメントにいたスイスの外交官が通路で私に愛想よく声をかけた。彼はブダペストへ向かっているのだと言った。極東の国の外交官である私たちに出会えてうれしく思ったのか、自分の名刺を一人一人に手渡した。私たちの前には深い青色をしたボーデン湖が広がり、無数の波が日光を浴びて輝いていた。この光景を見てとても不思議な気持ちにとらわれた。ここ数ヵ月の間私たちが常に目的地として意識していたこの国に、ようやく無事にたどり着いたのだ。数週間前までは、何事もなくドイツへたどり着くという保証は誰からももらえなかった。私たちは歓喜の叫びをあげ、握手し、全員の目は喜びに満ちていた。

私たちが座っていたコンパートメントにはドイツの街々の写真が飾ってあった。中でも特に注意を引く写真が一枚あった。切妻屋根や塔の後ろには高貴に輝くゴシック様式の高い塔が伸びており、下には「フライブルク」と書いてあった。兼松はこの風景に一目惚れしたらしく、この街の大学に通うことを決心した。

列車は次第に聖霊降臨祭（註＊ペンテコステ）の旅行客で埋まってきた。何人かの日焼けした愉快な女性たちが私たちの間に座り、ドイツ語が上手な仲間の商社員と会話を始めた。彼は故郷への土産としてスペインで買ったオレンジを全員に差し出した。女性の一人は遠足で摘んだという良い香りの鈴蘭の束を持っており、その繊細な花を一本私にくれた。私はそれを快く受け取り、ボタン穴に差して飾った。その匂いを嗅いだとき、ある記憶がよみがえってきた。私はよく故郷の山でこの花を探し歩いたのである。摘んだ花を家へ持ち帰り、庭に植えようとした。子どもだった私たちは花にたくさん水をあげ、たっぷりの愛情で育てた。その上、山の土まで運んで来た。しかし、その努力は残念ながら無駄に終わった。何日か経つと、山の気ままな風が恋しくて泣いているかのように枯れて垂れ下がっているのを見て、非常に切なかった。

私たちはミュンヘンで下車した。早くベルリンへ向かわなければならないのだが、日本でもお馴染みのこの街をそう簡単に離れることはできなかった。ところが、最初に見た光景は私たちを打ちのめした。駅前の、煤で黒ずんだ建物のファサードは、どんよりした空の下でさらに灰色に見え、私たちの抱いていた想像を覆した。

　最初に入ったホテルですぐに部屋がとれた。疲れた足を階段の上へと運んでいたとき、早速一枚の張り紙が私たちの目を引いた。私たちは全員が持っている言語能力を駆使して読み、灯火管制に関する規制が書いてあることがわかった。通りがかりの年配の男性が微笑みながら、ミュンヘンはまだ爆撃にあったことはなく、心配は無用だと説明してくれた。しかし、夜中は全ての明かりを消さなくてはならないと思っただけで、気が重くなった。戦争の真っ只中へと放り出されるという危険を意識しないではいられなかった。

　十分な睡眠の後、私たちは近くにある「ドイツ帝王」というレストランへ夕食に出かけた。小さな扉を抜けて店内に入った瞬間、濃厚で立ち込めた空気が私たちを襲った。大きなテーブルにはたくさんの客が詰めて座りながら飲み食いし、私たちが入ると、その全員の視線がこちらへ向けられた。その矢のような視線にすっかり怖気付いた私たちは、やっと奥の隅に隠れたテーブルを見つけ、席に着いた。メニューを解読するのもまた一苦労だった。仕方なく直感と勢いで注文した食べ物は、運よく私たちにも馴染みのある小麦粉の団子だった。ゆっくりと私は周りを観察し始めた。鹿の枝角ボタン付きのローデンクロスの緑色や茶色の服や、長くてカラフルな羽飾りの付いた帽子は悪くないと思った。日焼けして彫りが深く、ビールの泡が雪のように口髭にこびり付いている様子は、憎めない感じがした。周りの賑やかな会話の混沌と、たまに聞こえてくる甲高い笑い声に耳を傾けていると、次第に私たちの緊張もこの温かい雰囲気の中で緩んでいった。食後は夕暮れの通りを歩いて回った。像や飾りがたくさん施された石造の重い建物は、私たちを息苦しくさせた。

五月二十九日（木曜日）

大平氏は当地に住む阿部氏という日本人の住所を知っていた。阿部氏は親切に私たちを街に案内してくれた。まずはドイツ博物館を見学した。館内を一巡した後、ひどく疲れた。私の頭の中では飛行機、潜水艦、石炭坑と星が混沌となってぐるぐる回っていた。それでも私たちは元気を出し、ゴシック様式の塔や豪華な新市庁舎を通って大学まで行った。驚いたことに、校舎の廊下ではほとんど女生徒しか見かけなかった。通りはたくさんの灰緑色の制服で染められている。ケーニヒスプラッツで初めてナチズムの歴史の一部を目にしたとき、私は今日本ではなく遥か遠くの異国の地、すなわちドイツに居ることを痛感した。

「ホーフブロイハウス」に着いた頃にはもうすでに暗くなっていた。広い部屋から他の広い部屋へと歩き回った。どの部屋もビールを飲む客で溢れ、ただならぬ重い空気が立ち込めていた。細長いテーブルで空いていた席を見つけて座り、私たちはジョッキビールを注文したが、当然ながら私は二〜三口飲むのがやっとだった。

向かい側の席で、恐らく連れがいない頬の赤い女の子が、一リットルもあるジョッキビールを当然のように飲み干すのを、私は目を丸くして見ていた。ビールの匂いが充満する雰囲気の中で、彼女は微笑みながら私たちのほうへ視線を向け、さらに驚いたことに話しかけてきた。

大根が運ばれてきた。隣に座っていた紳士

が、その食べ方を教えてくれた。まずは薄切りにし、しかし完全には切らず、スライスの間に塩をかけ、それを浸透させる。このような調理法には私たちの知っている調理法に近いものがあった。私たちは、唯一の食べ物だったこの大根を美味しく食べた。

ビールを飲んでいる人たちを掻き分けながら、なんとか外へ脱出したとき、私はこの群衆を改めて不思議に思った。個人主義が強く根付いているこの国民は、このように一つの場所に集まっては、一つのテーブルを分け合い、見知らぬ人と会話しながら飲み続け、それでも結局は孤独な一個人として生きているのだろうか。

五月三十日（金曜日）

四時に私たちは起こされた。今日は聖霊降臨祭のため、列車の混雑を計算に入れなければならず、急いで支度をした。私たちは運よく空席にありついた。

列車で通過していった街々はバンベルク、イェーナ、ハレなど知っているか聞いたことがある名は一つもなかった。私はそれらの名を繰り返し言い、頭の中でその街々を想像してみた。しかし私の頭は重く、短い睡眠時間と長旅でひどく眠く、狭くて混んでいる車室の中で新鮮な空気を欲していた。列車は文字通り満員だった。外へ行くのに立っている乗客の間に自分の体を押し込んでいき、私はそのたび「失礼」と一言だけ言った。そして、周りの人たちの親切さに心を打たれた。たくさんの体がぶつかり合う中、私を後ろから持ち上げ、人混みから抜け出すのを手伝ってくれる人もいた。

ベルリンに近づくにつれ、乗客の数も多少減ってきた。私は窓際に立ち、素早く通り過ぎていく白樺を見ていた。その新鮮で薄い緑色の葉は見ているだけで心地よく、白く細い幹はまるで少年の身体のように繊細で若々しい。ドイツの首都の周辺に、このような優雅な白樺の森がたっぷりと生い茂っていることに私は喜びを感じた。白樺は私の一番好きな木である。列車は針葉樹林を通り過ぎ、その深い緑は私を元気付けた。

感動のあまり、私は隣に立っていた女の子に、上手とはいえないドイツ語で話しかけた。私たちは相手の言っていることを理解しようと努力したが、猛速度で走る列車の音に邪魔された。コンパートメントでそれを見ていた私の仲間は、私が恥ずかしいほど貧弱な言語力で、無鉄砲に色々な人に話しかけることを羨《うらや》ましく思っているようだった。

列車がアンハルター駅に到着し、人の渦の中へと降りたときには、すでに夕日が斜めに差し込み、人々の顔を赤く照らしていた。

すぐに、私たちを迎えに来た日本人たちがゲートの前でこちらへ手を振っているのが見えた。私の心は、言葉で言い表せないほど大きな幸福感でいっぱいになった。

あとがき

「はじめに」でも記したが、吉野文六氏は、「西山記者事件」の公判で「密約は存在しない」という証言をし、当時の政府の立場を正当化する上で重要な役割を果たした人物だ。しかし、二〇〇六年二月に北海道新聞の取材に対して、吉野氏は密約の存在を認めた。

〈沖縄の祖国復帰の見返りに、本来米国が支払うべき土地の復元費用を、日本が肩代わりしたのではないかとされる一九七一年署名の沖縄返還協定について、当時、外務省アメリカ局長として対米交渉にあたった吉野文六氏（87）＝横浜市在住＝は、七日までの北海道新聞の取材に「復元費用四百万ドル（当時の換算で約十億円）は、日本が肩代わりしたものだ」と政府関係者として初めて日本の負担を認めた。

（中略）吉野氏は「当時のことはあまりよく覚えていない」と断った上で「国際法上、米国が払うのが当然なのに、払わないと言われ驚いた。当時、米国はドル危機で、議会に沖縄返還では金を一切使わないことを約束していた背景があった。交渉は難航し、行き詰まる恐れもあったため、沖縄が返るなら四百万ドルも日本側が払いましょう、となった。当時の佐藤栄作首相の判断」と述べた。

また、日本政府が、円と交換して得た返還前の通貨、米ドルを無利子で米国に預託し、自由に使わせたことも明らかにした。金額には言及しなかったが、米側文書によると、連邦準備銀行に二十五年間無利子で預け、利息を含め計算上約一億千二百万ドルの便宜を与えたとみられる。

これらの肩代わりや負担は、これまでマスコミや沖縄の我部政明琉球大教授（国際政治）が、米国の情報公開法で米側外交文書を入手し、指摘してきた。しかし、日本政府は否定し続け、情報公開もしていない。外務省は「現在、西山氏から当時の報道は正しかったと謝罪を求める裁判を起こされており、コメントできない」としている。）（『北海道新聞』二〇〇六年二月八日朝刊）

この記事を読んだ瞬間から、私は吉野文六氏という人間に強い関心を持つようになった。他の外務省ＯＢのように、真実について口を閉ざしていれば、マスメディアの取材の渦に巻きこまれることもない。また、このような証言をすれば、外務省との関係も断絶してしまう。しかも、「西山記者事件」の公判で、吉野氏が真実と異なる証言を行ったことに対する責任も追及される。聡明な吉野氏には、これらの事情はすべてわかっていたはずだ。「はじめに」でも記したが、私は、二〇〇六年七月二十六日、横浜市の吉野邸を訪れて、真実を証言した動機について質すと、それについては述べずに「結局、私の署名なり、イニシャルのついた文書が、アメリカで発見されまして、これはおまえのサインじゃないか、イニシャルじゃないかと言われたら、肯定せざるを得ないという話です」と答えた。北海道新聞の記者から、吉野氏のイニシアルが記されている密約文書の写しを示されたら、その瞬間に、何か考えを巡らせる前に吉野氏の口から真実が語られたということである。ここに私は、言葉ではなかなか上手に表現できない、外部からの超越的な力を感じた。「この力を言語化するのがおまえの仕事だ」という天の声が私の原動力になった。

本書のもととなった連載（「国家の嘘　『沖縄密約を証言した男』吉野文六の半生」、初回『現代』二〇〇七年十月号）は、『現代』二〇〇八年九月号で完結した。その翌二〇〇九年十二月一日、西山太吉氏らが国を訴えた国家賠償裁判に吉野氏は原告側証人として東京地方裁判所に出廷し、「西山記者事件」公判での発言を撤回し、「過去の歴史を歪曲するのは、国民のためにならない」と証言し、密約が存在する事実、密約文書にＢＹ（Bunroku Yoshino）、交渉相手だったアメリカのリチャード・スナイダー（Richard Snyder）公使がＲＳと署名した事実を認めた。この裁判からしばらく経った後、私は吉野氏から「あなたの取材を受け、連載を読んでいるうちに、私の中でもやもやしていて、はっきり形にならないものが見えてきました。それで法廷で証言する気にもなりました」と言われた。その言葉を聞いたときに、私は、作家になってよかったと思った。連載完結後も、年に数回は、横浜の私邸におじゃまして、吉野氏から聴き取りを続けている。終戦直後の外務省や佐世保の終戦連絡事務所での仕事など、吉野氏の経験は実に興味深い。いずれ作品にまとめたいと思っている。

本書の刊行にあたっては講談社の中村勝行氏にたいへんにお世話になりました。また、『現代』連載時に担当してくださった岡本京子氏の伴走なくして、この作品を満足する形で仕上げることはできませんでした。この場を借りて深く感謝申し上げます。

二〇一四年八月八日（吉野文六氏の九十六歳の誕生日をお祝いして）

佐藤優

文庫版あとがき

二〇一五年三月三十一日の午前零時三十四分に私の携帯電話が鳴った。ディスプレイに表示された電話番号を見たが、知り合いの電話番号ではない。ただし、局番から判断して、新聞記者からではないかと思って電話をとった。

記者「夜分に失礼します。面識もないのに突然、お電話をして失礼いたしました。佐藤優さんでしょうか」

佐藤「そうです。何事でしょうか」

記者「実は、吉野文六さんが亡くなったという情報があるんです。佐藤さんならば、詳しいことを御存知ではないかと思いまして」

佐藤「初めて知りました」

記者「どこで、いつ亡くなったか、佐藤さんの方で確認することはできないでしょうか」

佐藤「残念ながら、この時間で確認できるルートはないです。お役に立てなくて済みません」

もちろん私は吉野邸の電話番号を知っている。今、電話をかければ、吉野氏と一緒に住んでいる娘さんが電話に出て、事実関係について教えてくれるであろう。しかし、情報を取るために娘さんを煩《わずら》わせる気持ちにはならなかった。

この日の新聞は、吉野氏の逝去についてこう報じた。

〈元外務省局長の吉野文六さん死去　沖縄密約の存在認める

沖縄返還交渉をめぐる日米間の「密約」の存在を認めた元外務省アメリカ局長の吉野文六さんが29日、横浜市の自宅で肺炎のため死去した。96歳だった。通夜・葬儀は近親者のみで行う。喪主は長男豊さん。

1941年に外務省に入省。アメリカ局長として沖縄返還の日米交渉を担当していた72年、米側が負担すべき米軍用地の原状回復補償費を日本側が肩代わりする密約があったとする機密電文の存在が国会で問題化した。その後、電文の写しを持ち出した女性事務官と、持ち出しを依頼した毎日新聞記者だった西山太吉さんが国家公務員法違反容疑で逮捕された。

2000年に密約の存在を裏付ける米公文書が明らかになったが、外務省は一貫して密約を否定。しかし吉野氏は06年、朝日新聞などの取材に対し密約の存在を認めた。09年には密約文書をめぐる情報公開訴訟で証人として法廷に立った。

13年には国会審議中だった特定秘密保護法案について朝日新聞記者の取材に応じ、「秘密が拡大すれば、国民の不利益になる」と話していた。〉（二〇一五年三月三十一日「朝日新聞デジタル」）

三十一日の午前七時半、私は吉野邸に電話をした。電話には娘さんが出られた。死に至る経緯ついて教えていただいた。二〇一四年秋、吉野氏は脳梗塞を起こしたが、その後の経過は比較的良好だった。二週間前に体調を崩し、肺炎を起こして亡くなられたとのことだ。「佐藤さんが、去年八月に本を出していただいて、父もほんとうに喜んでいました」と娘さんはおっしゃった。「葬儀は家族のみで行う」とおっしゃるので、「それでは、少し落ち着いた頃にまた電話をします」と言って電話を切った。

私は息子さんの吉野豊氏に宛てて弔電を送った。

〈吉野豊様

吉野文六大使のご逝去を心からお悔やみ申し上げます。吉野大使の生き方から、私は多くを学ばせていただきました。吉野文六大使は、私が世界でもっとも尊敬する外交官です。

二〇一五年三月三十一日　作家・元外務省主任分析官　佐藤優〉

本書ができる経緯については、単行本のあとがきに記した。そこに付加したいことがある。二〇〇六年七月二十六日、私は講談社の編集者とともに横浜市の吉野邸を訪れた。これが吉野氏との初めての出会いだった。このとき私は自著『国家の罠　外務省のラスプーチンと呼ばれて』（新潮社、二〇〇五年）、『自壊する帝国』（新潮社、二〇〇六年）を吉野氏に手渡した。二〇〇七年五月十六日、吉野邸を再訪し、回想録作成について吉野氏の同意を得た。そのとき吉野氏は、「あなたの書いた二冊の本を注意深く読みました。鈴木宗男さんとの関係で何があったかもよくわかりました。北方領土交渉の難しさは想像できます。ソ連崩壊の現場に立ち会ったことが、あなたの考えに大きな影響を与えたのですね。私はもう社会から完全に引退したつもりでしたが、あなたの取材を受け、二冊の本を読んで、まだもう少しできることがあるのではないかと思うようになりました。あなたがまとめてくれるならば、私も自分の若い頃のことについて、話します」と言った。吉野氏からの聴き取りと、関連文献を精査して、私は、「国家の嘘『沖縄密約を証言した男』吉野文六の半生」を月刊『現代』（初回二〇〇七年十月号、最終回二〇〇八年九月号）に連載した。

しかし、この連載の書籍化は、少し時間を置いてから行うことにした。なぜなら、密約問題が大きな政治案件になり、吉野氏はこの問題との文脈で「時の人」になっていたからだ。現実政治の文脈から切り離して、吉野氏の半生に関する本を読者に読んで欲しいと考えた。

この連載を推敲《すいこう》し、二〇一四年八月八日、吉野氏の九十六歳の誕生日に『私が最も尊敬する外交官　ナチス・ドイツの崩壊を目撃した吉野文六』を上梓した。この日、私は講談社の編集者と横浜市に赴《おもむ》き、この本を吉野氏に渡した。吉野氏は、「いいタイミングで私の話を聞いてくださいました。今なら、こんなに詳細に思い出すことはできません。あなたにしか、私の話をまとめることはできませんでした。どうもありがとうございます」と言った後、愉快そうに笑った。これが吉野氏との最後の面談になるとは思わなかった。

私は、吉野氏との出会いを通じて、「過去の歴史を歪曲するのは、国民のためにならない」（西山太吉氏らが国を訴えた国家賠償訴訟で吉野氏が二〇〇九年十二月一日、東京地方裁判所で行った証言）という神の言葉を聞いた。

今回、文庫版に収録するにあたって編集部の助言を受け、タイトルを『戦時下の外交官　ナチス・ドイツの崩壊を目撃した吉野文六』に改めた。

本書を上梓するにあたっては講談社文庫編集部の岡本浩睦氏にたいへんにお世話になりました。どうもありがとうございます。

二〇二一年一月五日　曙橋（東京都新宿区）の書庫にて

佐藤優

本書は二〇一四年八月、小社より『私が最も尊敬する外交官』として刊行されたものを改題し再編集いたしました。

|著者|佐藤 優　1960年、東京都生まれ。作家、元外務省主任分析官。同志社大学大学院神学研究科修了後、外務省入省。在ロシア日本国大使館勤務などを経て、本省国際情報局分析第一課に配属。主任分析官として対ロシア外交の分野で活躍した。2005年『国家の罠——外務省のラスプーチンと呼ばれて』で作家デビューし、'06年の『自壊する帝国』で新潮ドキュメント賞、大宅壮一ノンフィクション賞を受賞。『獄中記』『外務省に告ぐ』『私のマルクス』『人生のサバイバル力』『世界宗教の条件とは何か』ほか著書多数。

戦時下《せんじか》の外交官《がいこうかん》　ナチス・ドイツの崩壊《ほうかい》を目撃《もくげき》した吉野文六《よしのぶんろく》

佐藤《さとう》 優《まさる》

講談社文庫

定価はカバーに
表示してあります

2021年2月16日第1刷発行

発行者——渡瀬昌彦
発行所——株式会社　講談社
東京都文京区音羽2-12-21　〒112-8001
電話　出版（03）5395-3510
　　　販売（03）5395-5817
　　　業務（03）5395-3615

デザイン—菊地信義
本文データ制作—講談社デジタル製作
印刷———豊国印刷株式会社
製本———加藤製本株式会社

Printed in Japan

ISBN978-4-06-522447-2

講談社文庫刊行の辞

二十一世紀の到来を目睫に望みながら、われわれはいま、人類史上かつて例を見ない巨大な転換期をむかえようとしている。

世界も、日本も、激動の予兆に対する期待とおののきを内に蔵して、未知の時代に歩み入ろうとしている。このときにあたり、創業の人野間清治の「ナショナル・エデュケイター」への志を現代に甦らせようと意図して、われわれはここに古今の文芸作品はいうまでもなく、ひろく人文・社会・自然の諸科学から東西の名著を網羅する、新しい綜合文庫の発刊を決意した。

激動の転換期はまた断絶の時代である。われわれは戦後二十五年間の出版文化のありかたへの深い反省をこめて、この断絶の時代にあえて人間的な持続を求めようとする。いたずらに浮薄な商業主義のあだ花を追い求めることなく、長期にわたって良書に生命をあたえようとつとめるところにしか、今後の出版文化の真の繁栄はあり得ないと信じるからである。

同時にわれわれはこの綜合文庫の刊行を通じて、人文・社会・自然の諸科学が、結局人間の学にほかならないことを立証しようと願っている。かつて知識とは、「汝自身を知る」ことにつきていた。現代社会の瑣末な情報の氾濫のなかから、力強い知識の源泉を掘り起し、技術文明のただなかに、生きた人間の姿を復活させること。それこそわれわれの切なる希求である。

われわれは権威に盲従せず、俗流に媚びることなく、渾然一体となって日本の「草の根」をかたちづくる若く新しい世代の人々に、心をこめてこの新しい綜合文庫をおくり届けたい。それは知識の泉であるとともに感受性のふるさとであり、もっとも有機的に組織され、社会に開かれた万人のための大学をめざしている。大方の支援と協力を衷心より切望してやまない。

一九七一年七月

野間省一